KB075744

북한개발과
국제협력

한국수출입은행 북한개발연구센터 총서 1

북한개발과
국제협력

인　쇄: 2014년 11월 18일
발　행: 2014년 11월 25일

엮은이: 한국수출입은행 북한개발연구센터

발행인: 부성옥
발행처: 도서출판 오름
등록번호: 제2-1548호 (1993. 5. 11)
주　소: 서울특별시 서초구 남부순환로 337가길 70 301호
　　　　(서초동 1420-6)
전　화: (02) 585-9122, 9123 / 팩　스: (02) 584-7952

E-mail: oruem9123@naver.com
URL: http://www.oruem.co.kr

ISBN　978-89-7778-432-1　　93340

* 잘못된 책은 교환해 드립니다.
* 값은 뒤표지에 있습니다.

한국수출입은행 북한개발연구센터 총서 1

북한개발과
국제협력

한국수출입은행 북한개발연구센터 편

머리말

100년 후에도 '조선민주주의인민공화국'이라는 국호를 가진 북한은 지구 상에 존재할 것인가. 아마 많은 사람이 '글쎄'라며 부정적인 견해를 보일 것 이다. 그렇다면, 50년 후에는? 이 경우도 자신 있게 북한의 존재를 이야기할 수 있는 사람은 많지 않을 것이다. 만약 20년 후라면? 이 정도의 기간이라면 존재할 수도 있을 것이라고 답하는 사람의 수가 꽤 될 것이다.

북한이 20년 후에도 지구상에 존재한다면, 비록 국호는 지금과 마찬가지 라고 하더라도 내용적으로는 지금의 북한과는 전혀 다른 나라일 것이다. 20 세기 냉전 시절에는 폐쇄적인 체제로도 살아남을 수 있었지만, 21세기 세계 화 시대에서는 개방과 개혁을 추진하지 않는 한 생존 자체가 불가능할 것이 기 때문이다. 이미 러시아와 중국과의 관계도 옛날과는 크게 다르다.

북한도 이러한 사실을 인식하고 있는 것으로 판단된다. 그래서 김정은 체제에서는 핵 건설을 지속하면서도 경제건설에 초점을 맞추는 병진전략을 추진하기 시작했다. 2013년 5월에는 경제개발구법을 제정했고, 2014년 11 월 현재까지 모두 19개 경제개발구의 지정을 발표했다. 국가와 체제의 생존 을 위해서는 경제성장이 필요하고, 경제성장을 위해서는 외부자본이 필수적이며, 외부자본의 유치를 위해서는 과거보다 과감한 개방이 필요하다는 논리일 것이다. 또한 아직은 미흡하지만, 경제성장을 독려하기 위한 제도적 개선도 시작하고 있다. 개혁을 위한 첫 걸음인 셈이다.

그런데 현재 북한의 경제상황으로 볼 때 병진전략의 성공이든 경제개발구의 성과이든 보다 적극적인 개방과 개혁의 뒷받침 없이는 불가능하다. 설령 북한당국이 개방과 개혁을 추진할 의사가 있다고 하더라도, 과연 북한이 경제성장을 위한 본격적인 개방과 개혁을 추진할 능력이 있는가는 별개의 문제이다.

북한개발을 위한 국제협력이 필요한 이유는 바로 여기에 있다. 북한개발은 지구상의 유일한 외딴섬으로 남아 있는 북한을 국제사회의 책임 있는 일원으로 편입시키는 효과적인 방안이 된다는 점에서 국제사회가 함께 지원할 의무가 있다. 뿐만 아니라 한반도의 평화와 안정, 그리고 동북아시아의 번영이라는 외교적·경제적 실익의 차원에서도 국제사회의 지원 필요성이 있다.

북한개발연구센터는 이러한 시대적 고민을 반영하여 본 연구보고서를 출간하게 되었다. 본 연구보고서는 북한개발과 국제협력에 관심을 두고 오랫동안 연구해온 여섯 분의 전문가들의 분석과 견해를 모은 것이다. 기획에서부터 최종 출판에 이르기까지의 전 과정을 총괄해 주신 당행 북한개발연구센터 김중호 연구위원에게 감사드린다. 아무쪼록 본 연구보고서가 국제사회의 관련 전문가뿐만 아니라 북한의 정책담당자에게도 유용한 참고자료가 되기를 기대하며, 본 연구보고서의 내용이 정책적으로 활용되는 시간이 조속히 다가오기를 희망한다.

2014년 11월
북한개발연구센터 소장
조동호

차례

제**1**장

서론:
북한개발지원을 위한 국제협력
— 방향과 과제

장형수

한양대학교

제1장 서론: 북한개발지원을 위한 국제협력 ─ 방향과 과제

I. 북한개발지원을 위한 국제협력 방향

우리 앞에는 '북한개발'이라는 매우 중요한 문제가 놓여 있다. 북한개발 문제는 아직 충분히 다루어지지 않았다. 경제적으로 매우 낙후한 한반도 북부 지역을 개발하는 문제는 우리의 큰 관심사이다. 그동안 북한을 경제적으로 개발하는 방향과 방안에 대한 논의도 적지 않았지만, 대다수의 북한개발 논의는 우리(정부 또는 민간)가 주도가 되어 북한의 적극적인 협조를 받아서 실행되어야만 하는 방안들로 제시되고 있다. 즉, 이러한 방안들은 거의 대부분 통일 이후에 통일 정부가 실행에 옮길 수 있는 것이거나, 조만간 통일이 가시화될 정도로 북한에 변화가 생겨서 우리가 바람직하다고 생각하는 방향으로 남북 간 경제협력이 충분히 진전될 수 있는 경우에만 가능한 것들이다. 그러나 현실은 그리 녹녹치 않으며, 이러한 상황에 조만간 큰 변화가 생길 조짐은 보이지 않는다. 물론 학자들은 북한개발을 위한 가장 바람직한 방향과 방안들을 검토해야 할 것이다. 그러나 현실성을 중시하는 정책 집행자들에게는 이러한 방안들은 탁상공론에 불과할 수도 있다. 더 나아가 정책 입안자들이 현실성 없는 정책을 수립·채택하는 것은 학자들의 탁상공론과는 달

리 우리나라의 국익에 악영향을 끼칠 수도 있으므로 주의해야 할 것이다.

21세기에 들어오면서 개발(development)에 관한 국제적으로 인정받고 실행되는 원칙, 규범, 모범사례, 관례 등이 정립되고 있다. 경제협력개발기구(OECD)의 개발원조위원회(DAC: Development Assistance Committee)[1]와 세계은행(World Bank) 등이 이 분야의 논의를 주도하고 있다. 북한을 경제적으로 개발하는 데 있어서 아무리 우리가 북한당국보다 뛰어나다 하더라도 북한 지역을 실질적으로 통치하고 있는 북한당국이 이에 대한 우리의 참여를 제한한다면, 북한개발을 위하여 우리가 할 수 있는 일은 별로 없을 것이다. 북한을 우리가 바라는 방식대로 개발하려면 북한에 대한 통치권을 확보하거나 아니면 대규모 원조를 통해 영향력을 행사하는 방법만이 있을 뿐이다. 그런데 두 번째 방법은 개발지원(개발협력)에 관한 국제관례에 어긋난다. 개발지원(development assistance)은 특정 공여국이 원하는 방향으로 수원국에 대한 영향력을 행사하는 통로가 되어서는 안 된다는 것이 국제원조사회의 대원칙이다. 개발지원은 수원국의 경제·사회개발 목적을 위해서만 국제관례에 맞게 공여되어야만 하며 이를 통해 대가를 추구해서는 안 된다. 개발지원을 통해 대가(영향력 등)를 공식적으로 바라는 경우 그것은 개발지원이 아니라 정치적 거래(지원)로 분류된다.[2] 개발지원에 관한 국제규범과 관례는 수십 년간 축적된 국제원조사회의 경험을 반영하고 있으며, 북한개발 문제도 이러한 규범과 관례의 적용에서 크게 벗어날 수 없다.

"북한 정권은 대대로 체제 존속과 정권의 안정을 지키는 데 모든 국가정책의

---

1) DAC은 선진 공여국 간 정책협의 및 조정을 담당하기 위해 OECD 산하에 1961년에 설립되었으며, OECD 산하 경제정책위원회, 무역위원회 등과 함께 OECD 3대 핵심 위원회이다. 우리나라는 2009년 11월 25일에 가입하였으며, 2013년 현재 OECD 회원국 34개국 중 29개국이 DAC에 가입하였다. DAC 가입을 위해서는 일정한 가입 조건이 있으며, 가입 후에는 원조정책 등에서 DAC의 결정에 따라야 한다.

2) 개발지원에 대한 기본 개념, 지원 방식, 남북경협에 대한 적용과 관련한 논의는 장형수, "국제규범에 비추어 본 남북경협," 『통일경제』 2008년 봄호(서울: 현대경제연구원, 2008).

최우선순위를 부여하고 있다… 북한의 정책 결정과정에서 '남한의 존재'는 그
자체만으로도 일정한 영향력을 미칠 수밖에 없다. 북한 지역에 통치권을 가진
북한당국이 존재하고 남한에 대한 두려움과 견제 의식을 가질 수밖에 없는 북
한당국 때문에 우리의 북한 진출에는 부인할 수 없는 한계가 분명히 존재한다
… 북한 정권의 입장에서는 남한이 "경제발전이 뒤떨어진 북한을 도와주기 위
해서" 전면에 나서는 형태의 대북 개발지원 메커니즘은 최소한 공개적으로는
수용하기 힘들 것이다. 따라서 우리가 대북 개발지원을 실제로 선도하더라도
우리가 전면에 나서는 것보다는 국제협력의 형태를 취하는 것이 대북 개발지원
의 효과성을 높이기 위해서 매우 중요하다."[3]

　북한개발을 위한 개발지원을 위해서는 현재 교착상태에 빠져 있는 북핵
문제가 건설적인 방향으로 해결 국면에 진입해야 한다. 이 조건이 충족되지
않는다면 성공적인 북한개발을 위한 논의 자체가 무의미해진다. 따라서 본
연구에서는 지금은 요원한 것처럼 보이지만 향후 북한 핵문제가 해결국면에
들어서는 것을 가정하고 논의를 전개한다. 이때가 되면 현행 국제사회의 대
북제재는 일정부분 완화되기 시작할 것이고, 6자회담 참가국은 물론 유럽연
합(EU), 호주, 캐나다, 스웨덴, 스위스, 싱가포르, 태국 등 국제사회는 자국
의 국익을 위해 북한과의 경제협력을 적극 추진할 것이다. 이런 상황에서는
'남한의 존재'에 부담을 느끼는 북한이 국제사회와 함께 북한개발을 위한 협
력과 경쟁을 추진할 것이므로, 북한개발에 적극 참여해야 하는 우리에게는
국제협력이 선택사항이 아니고 필수적인 조건이 될 것이다.
　북한과의 공식적인 경제협력이 최초로 가능해진 1988년 중반 이후부터
금강산 관광객 피살사건이 발생한 2008년 중반까지 20년 동안 국제사회의
참여 없이 이루어졌던 남북경제협력 관행이나 여건이 앞으로 북한개발문제
에 큰 차이 없이 적용될 것이라고 생각한다면 이는 오판이 될 가능성이 높

---

3) 장형수, "북한 개발을 위한 국제협력 추진 방향," 수출입은행-한국경제신문 공동주최
　세미나 발표 논문(2013년 1월 30일), p.5; 장형수·김석진·임을출, 『북한 경제발전을
　위한 국제협력체계 구축 및 개발지원전략 수립 방안』, 경제인문사회연구회 협동연구
　(서울: 통일연구원, 2012년 12월), p.3.

다. 2010년 우리 정부의 5·24조치 이후 북한당국은 남한으로부터의 경화
유입 없이도 중국에의 의존 심화를 통해 자신들이 원하는 외화를 확보할
수 있었다고 생각하고 있을 것이며, 향후에도 다른 국가와의 경제협력을 통
해서 일정 부분 남북 간 경제협력을 대체할 수 있다고 판단하고 있을 개연
성이 높다. 향후 재개될 남북 간 경제협력관계는 2010년 이전과는 다른 양
상을 띨 가능성이 크다. 또한 중국에의 경제적 의존이 심화되는 것도 마찬
가지로 부담스러운 북한당국은 이전보다 더욱 국제사회와의 협력을 강화하
는 방향으로 나갈 것이다. 최근 북한이 일본과는 납북자 재조사 합의와 관
련하여 일본의 독자적 대북제재 완화를 추구하고 있으며, 러시아와는 나선
개발 등 전방위적인 경제협력 강화에 나선 것이 그 좋은 예이다.

"북한 핵문제가 해결과정에 들어서면, 북한은 조만간 국제통화기금(IMF), 세
계은행(World Bank), 아시아개발은행(ADB) 등 국제금융기구에 가입하게 될
것이다. UN 및 관련 국제기구와 국내외 NGO의 활동도 활발해질 것이다. 이런
다양한 파트너들이 참여하게 될 경우에 대비해 우리 정부는 이들과의 국제협력
에서 주도적 역할을 수행할 준비를 갖춰야 할 것이다. 북한개발지원에서 우리
가 국제협력을 어떤 방식으로 선도할 것인가에 대해서도 충분한 대비를 하고
있어야할 것이다."4)

II. 북한개발지원을 위한 국제협력 과제

본 연구가 설정하는 상황은 국제사회의 북한개발지원이 가능해지는 상황

---

4) 장형수, "북한 개발을 위한 국제협력 추진 방향"(2013), p.7; 장형수·김석진·임을출,
『북한 경제발전을 위한 국제협력체계 구축 및 개발지원전략 수립 방안』(2012), p.4;
장형수·김석진·송정호, 『북한 개발지원을 위한 국제협력방안』, 경제인문사회연구회
협동연구 09-15-04(서울: 통일연구원, 2009), p.5.

이다. 현재의 상황은 북한의 핵개발과 탄도미사일 발사로 인해 유엔 및 주
요국의 양자간 대북제재가 지속되고 있다. 북한에 대한 국제사회의 제재는
북한이 주장하는 것처럼 북한이 '악의 축'이나 '불량국가'로 낙인찍혀서 그런
것이 아니라, 북한이 미국, 중국, 러시아 등 주요 핵무기 보유국이 이끄는
핵무기비확산조약(NPT: Non-proliferation Treaty) 체제에 가입하고도 이
를 어기고 핵개발을 하였기 때문이다. NPT체제에 가입하지 않고 독자적으
로 핵개발을 한 인도, 파키스탄, 이스라엘 등의 경우는 북한의 경우와는 다
르다. 국제사회의 규범과 약속을 어기는 국가에게는 국제사회의 제재가 가
해지는 것이 국제관례이다.

> "북한 핵문제는 북한이 핵을 대가없이 포기하면서 해결될 가능성은 매우 낮
> 다. 중국이 동북아에서 강력한 세력으로 존재하는 한 이 문제를 군사적으로 해
> 결할 가능성도 거의 없다. 현재로서는 미국, 중국, 러시아, 영국, 프랑스 등 안보
> 리 상임이사국을 포함한 국제사회가 북한의 핵보유를 인정해줄 가능성도 거의
> 없다. 그래서 북한 핵문제가 해결과정에 들어선다는 것은 북한의 핵포기에 상
> 응하여 북한에 대한 국제정치적 보장 및 경제지원이 공여된다는 것을 의미한다.
> 북미관계 정상화 및 북일관계 정상화도 연계될 것이 확실하며, 개발협력 프로젝
> 트의… 추진도 이러한 상황 하에서 논의되어야 할 것이다."5)

본 연구는 북한 핵문제가 의미 있는 해결과정에 들어서고 이에 따라 UN
등 국제사회의 대북제재가 상당 부분 해제 또는 완화되기 시작하는 상황을
설정한다. 북한의 국제금융기구(IMF, 세계은행, 아시아개발은행 등) 가입
등 국제사회 편입과정이 진전되면 가입 후 일정 시점 이후에는 이들 국제금
융기구의 대북 자금지원이 시작될 것으로 예상된다. 이러한 가정 하에서 본
연구는 북한개발지원을 위한 국제협력 과제를 면밀히 살펴보고 그 추진 방
안을 제시하고자 한다.

---

5) 임강택·장형수·김석진·서보혁·이기동·임을출·조봉현, 『한반도 개발협력 핵심 프
로젝트의 추진을 위한 남북협력 및 국제협력과제』, 경제인문사회연구회 협동연구 총
서 13-21-02(안양: 국토연구원, 2013년 12월), p.122.

제2장에서는 국제협력의 관점에서 북한개발지원의 시기별 변화 과정과 특징을 살펴보고, 한국정부의 역할과 정책과제를 모색하는 데 초점을 두고 있다.

제3장에서는 북한 경제정책 변화의 흐름과 특징을 분석함으로써 향후 북한이 국제사회가 제공하는 개발지원을 수용할 의지와 역량을 어느 정도로 갖게 될지 그 가능성을 타진할 것이다.

제4장에서는 북한의 국제금융기구 가입 조건과 가입 후 자금지원 수혜 예상액, 동북아개발은행 설립 방안 등 국제금융기구의 개발지원 메커니즘과 북한개발지원 이슈들을 검토할 것이다.

제5장에서는 국제협력을 통한 대북 지원 방안으로서 다자출연 방식의 신탁기금 설립의 필요성을 제기하고, 향후 추진될 수 있는 '북한개발 신탁기금(North Korea Development Trust Fund)'의 효율성, 투명성, 안정성을 확보하는 방향에서 신탁기금의 설립 및 운영 방안을 분석할 것이다.

제6장에서는 구소련 붕괴 후 사회주의 계획경제국들의 체제전환과 민주화를 중점적으로 지원해온 유럽부흥개발은행(EBRD: European Bank for Reconstruction and Development) 사례를 검토하고 대북 시사점을 도출할 것이다.

제7장에서는 북한개발을 위한 국제협력 추진 전략에 초점을 두고 있는데, 특히 시기별·부문별 정책 매트릭스를 통해 개발협력 프로그램들의 상호연계성을 높이고 실행 역량을 강화하는 방안 등을 논의할 것이다.

제8장에서는 동유럽, 중국, 베트남 등의 체제전환 유형과 재원조달방식 간 상관관계를 분석하고, 향후 북한이 직면할 개발전략의 선택과 이에 따른 외자조달 방안을 검토할 것이다.

끝으로, 제9장에서는 새로운 한반도 건설을 위한 전략적 접근법의 방향과 의미를 짚어보면서 각 장의 연구결과를 요약할 것이다.

제**2**장

국제사회의 북한개발지원 동향과 정책과제

맹준호

국무조정실

제2장   국제사회의 북한개발지원 동향과 정책과제

I. 서론

북한경제가 회생하기 위해서는 제도의 개혁과 더불어 사회간접자본의 확충이 필요하고, 이를 위해서는 국제사회와의 협력이 필수적이다. 빈약한 북한의 경제력을 감안할 때 경제개혁과 사회간접자본의 개발에 소요될 자금은 국제사회로부터 조달될 수밖에 없기 때문에, 이를 위한 국제협력은 중요한 과제가 아닐 수 없다.

과거 북한은 '자력갱생'을 지향한 경제정책 때문에 국제사회와의 경제협력에 소극적이었다. 그러나 동구 사회주의권의 붕괴 이후 경제위기가 점차 심화되어가자 1991년부터 나진·선봉지역에 자유경제무역지대(1998년부터는 경제무역지대로 개칭)를 조성하는 등 외국과의 경제협력에 적극성을 보이기 시작했다. 현재 북한은 대외적으로 경제협력에 대한 강한 의지를 나타내고 있지만, 아직까지 국제협력의 폭과 수준은 미약한 상태다. 북한이 외국으로부터 성공적으로 자본을 유치하기 위해서는 보다 체계적이면서도 효율적으로 국제협력을 추진할 필요가 있다.

국제사회의 입장에서 볼 때에도, 북한과의 경제협력 확대는 장기적으로

동북아 경제교류의 활성화를 통한 경제적 이익을 기대할 수 있다는 측면에
서도 중요한 의미가 있다. 그리고 우리나라의 입장에서도 북한이 국제사회
와의 협력을 확대하는 것이 남북경제협력에 도움이 될 것이며, 장기적으로
는 통일비용을 줄이는 데에도 기여할 것이기 때문에 중요한 의미가 있다.

　일반적으로 국제관계는 국가 간의 갈등과 협력을 중심으로 형성되는데,
국가 간의 갈등과 대비되는 개념으로서의 국제협력은 기본적으로 정부 간의
협력 또는 한 국가의 영역을 벗어나는 민간차원의 협력을 의미한다. 국제협
력은 정치, 경제, 사회, 문화 등 다양한 부문에서 이루어진다. 국제협력이
발생하는 이유는 크게 두 가지 측면에서 살펴볼 수 있는데, 첫번째는 협력을
통해 상호이익을 창출하려는 적극적인 의도에 따른 것이고, 다른 하나는 협
력을 통해 국가 간의 긴장과 위협을 회피하려는 소극적 의도에 따른 것이다.
전자의 경우가 주로 경제적 협력으로 구체화된다면, 후자의 경우는 주로 정
치적, 군사적 협력으로 나타난다. 물론 정치적, 군사적 측면의 긴장과 위협
을 경감하기 위해 경제적 협력이 이루어지는 경우도 있고, 그 반대의 경우도
있다.

　국제관계에 관한 이론적 논의는 국제정치와 국제경제 측면에서 전개되었
는데, 제2차 세계대전 이후 미국을 중심으로 한 서방국가들의 협력을 설명
한 '패권안정이론(Hegemonic Stability Theory)'을 계기로 활성화되었다.
1980년대 이후 대두된 엑셀로드(Axelroad)의 이론을 바탕으로 등장한 이른
바 상호주의(reciprocity)의 원칙은 국제협력의 가장 기본적인 원칙이 되었
다. 지금까지 논의되어온 국제관계 이론들은 결국 국가의 경계를 넘어서는
상호간 협력이 협력주체들의 이해득실에 따른 행동결정을 통해 이루어지고
있음을 보여주고 있다.

　본 글에서는 국제협력의 유형을 협력의 주체와 협력의 방식에 따라 구분
해 보았다. 국제협력에 있어서 협력의 주체는 일반적으로 정부와 국제기구
등 공공과 일반 민간기업과 비영리 민간단체 등 민간으로 구분할 수 있고,
이것은 다시 협력주체의 다수 여부에 따라 양자간 협력과 다자간 협력으로
구분할 수 있다. 협력의 방식은 수혜성(또는 시혜성) 협력과 호혜성 협력으

로 구분할 수 있다. 수혜성 협력은 협력주체들 가운데 어느 한편이 협력의 비용을 부담하고 다른 한편이 혜택을 받는 협력을 의미하는 것이다. 수혜성 협력에는 인도적 차원의 식량지원이나 의료지원, 기술지원뿐만 아니라 국제 금융기구의 개발지원 관련 차관까지 포함될 수 있다. 호혜성 협력에는 민간 기업 차원의 교역과 투자협력이 포함되는데, 공공이 주체가 되는 국제적 성격의 인프라개발 사업도 호혜성 협력에 포함될 수 있다.

협력주체와 협력방식 간에는 일정한 상관관계가 있는데, 수혜성 협력은 공공이 주체가 되는 경우가 많고, 호혜성 협력은 민간이 주체가 되는 경우가 많다. 일반적으로 수혜성 협력은 협력의 비용과 편익을 협력주체들이 나누어 갖는 호혜성 협력보다는 상대적으로 '이완된' 협력관계로 볼 수 있다. 예를 들어서 국제기구나 외국의 민간단체가 북한에 식량이나 의료지원을 하는 수혜성 협력의 경우 협력관계가 인도적 차원에서 유지되는 것이기 때문에, 협력의 지속성 측면에서 민간의 교역이나 투자협력사업과 같은 호혜성 협력보다 취약할 수밖에 없다. 대부분의 국가 간 국제협력에 있어서는 수혜성 협력과 호혜성 협력이 병행되는 것이 일반적이기 때문에 이러한 수혜성 협력과 호혜성 협력의 조율이 중요한 의미를 갖는다.

대북 지원에서의 새로운 변화를 모색하기 위해서는 그동안 진행된 대북 지원 전반에 대한 이해가 필요하다. 본 장은 이를 위해 지난 19년 동안의 대북 지원 과정을 간략히 살펴보고, 그 이후에 대북 지원의 규모, 북한 수원 기구, 대북 지원 담론을 중심으로 어떠한 변화가 있었는지를 분석하였다. 그리고 결론 부분에서는 이러한 전반적인 대북 지원의 흐름 속에서 우리의 대북 지원 정책의 나아갈 방향을 간략히 제시하였다.

II. 국내외 북한개발지원의 시기별 변화과정

그동안 국내에서는 여러 종류의 대북 지원 백서가 발간되면서 대북 지원의 역사를 정리하는 과정들이 있었다. 남한의 입장에서는, 대북 지원은 한시적이거나 일회적인 차원에서 진행되는 것이 아니고, 향후 통일을 위한 준비라는 차원에서 중장기적으로 추진해야 하는 것이기 때문에, 이를 역사의 기록으로 정리하고자 하는 강한 동기가 존재한다. 하지만 그동안 남한에서 이뤄진 대북 지원의 시기 구분은 전적으로 남한의 대북 지원 활동만을 대상으로 이뤄졌고 국제사회의 대북 지원은 대상으로 삼지 않았다.

반면에 대북 지원을 하는 국제기구들은 자신들의 대북 지원 활동을 역사로서 기술하려는 동기들을 갖고 있지 않다. 국제사회의 대북 지원 활동 전체를 조망하고 그 역사를 기록하는 것은 국제기구의 관심사가 아닌 것이다. 그래서 국제사회 차원에서 대북 지원의 역사를 다룬 문헌은 아직까지 존재하지 않는다. 따라서 국내외 대북 지원의 변화 과정을 통합적으로 고찰하기 위해서는 남한과 국제사회의 대북 지원 활동을 모두 아우르는 단일한 기준을 잡는 것에서 출발해야 한다. 그래서 여기에서는 첫째, 지원의 내용과 형식의 변화, 둘째, 대북 지원에서 일어난 전환적 사건, 셋째, 대북 지원의 급격한 규모 변화를 시기 구분의 중요 기준으로 설정하였다.

지원의 내용과 형식의 변화는 긴급구호, 개발구호(복구), 개발지원의 개념에 기초해 있다. 이러한 기준을 대북 지원에 적용하면 1995년부터 1998년까지를 긴급구호 시기, 1998년 이후는 개발구호 시기로 볼 수 있다. 그리고 다 아는 바와 같이 북핵 문제 등으로 북한에 대한 개발지원은 아직 본격적으로 시작되지 않았기 때문에 이를 기준으로 한 시기 구분은 존재하지 않는다. 다음으로 대북 지원에서 전환적인 사건으로는 2005년에 북한이 긴급구호를 중단하고 개발지원으로의 전환을 요청한 것이 대표적이다. 이 해에 북한이 개발지원으로의 전환과 국제기구의 철수를 요구하면서 대북 지원을 둘러싼 이해 관계자(공여국, 수원국, 다자기구) 사이의 대립과 갈등이 전면에 드러나게 되었다. 사실상 2005년 이후 몇 년간은 대북 지원에서 그동안 잠복되었던 갈등이 전면에 부상한 시기였다고 할 수 있다. 그리고 대북 지원의 급격한 규모 변화를 기준으로 볼 때는 이명박 정부가 등장한 2008년이 중요한데, 이때부터 국내외 대북 지원이 모두 급감하면서 매우 심각한 침체를 보이고 있다.

이에 여기에서는 이러한 세 가지 기준을 적용해서 대북 지원의 역사를 다음과 같이 네 개의 시기로 구분하였다. 제1기는 긴급구호 시기(1995년~1998년), 제2기는 개발구호 시기(1998년~2005년), 제3기는 개발지원으로의 전환모색기(2005년~2008년), 제4기는 대북 지원의 침체기(2008년~현재)로 규정하였다.

1. 긴급구호 시기(1995년~1998년)

1995년 여름, 북한의 대홍수 피해로 북한 유엔대표부가 유엔인도지원국(UNDHA)에 긴급구호를 요청하면서 대북 지원이 본격적으로 시작되었다. 당시 유엔인도지원국은 북한의 요청을 접수하여 「유엔 재해평가 및 긴급조정팀」을 북한에 파견해서 조사활동을 벌였다. 그리고 이 조사 결과에 기초해서 유엔은 국제사회에 긴급 대북 지원을 호소하였고, 많은 국가들이 유엔의 요청을 받아들여 대북 지원에 나서게 되었다. 그런데 당시 북한은 수해만이 아니라 식량 부족도 매우 심각한 상황이어서 국제사회의 대북 지원은 주로 식량지원에 초점이 맞춰져 있었다. 이에 따라 국제사회가 지원한 식량을 어떻게 분배할 것인가가 이 시기의 대북 지원에서 매우 중요한 쟁점이 되었고, 유엔기구와 북한정부는 북한의 공공배급체계를 이용해서 지원식량을 분배하기로 합의하였다.

한편 국제사회가 대북 지원에 적극 나섰던 1995년부터 1997년까지의 시기에 남한은 대북 지원에서 매우 혼란스러운 모습을 보였다. 당시 북한은 부족한 식량을 외부로부터 도입하기 위해 적극적으로 식량외교에 나섰는데,

그 일환으로 1995년에 북일 수교협상 과정에서 일본에 쌀 지원을 요청하였다. 그리고 이를 배경으로 김영삼 정부 역시 대북 쌀 지원을 위한 남북회담을 추진하였다. 이에 1995년 6월 17일 베이징에서 대북 쌀 지원을 위한 남북회담이 열렸고 이 회담에서 쌀 15만 톤을 무상 지원하기로 합의하였다. 그런데 정부의 대북 쌀 지원 과정에서 불미스러운 사건이 발생했는데, 1995년 6월 27일에 쌀을 싣고 북한의 청진항에 들어간 남한의 씨아펙스호에 인공기를 강제로 게양하도록 한 사건이 있었고, 그 후 8월 2일에는 쌀을 싣고 간 삼선비너스호의 선원이 북한 몰래 사진을 촬영하다가 발각되면서 배와 선원이 모두 억류된 사건도 있었다. 씨아펙스호 인공기 게양사건에 대해 북한이 사과하면서 중단되었던 남한의 식량지원이 재개되었고, 삼선비너스호에 대한 남한의 사과로 선박과 선원이 풀려나게 되었지만 남북관계는 더욱 악화되기에 이르렀다.

그 이후 김영삼 정부는 북한이 식량난을 과장하고 있다고 주장하면서 국제사회의 대북 지원에 반대하는 입장을 보였고, 실제로 정부 차원의 직접적인 대북 지원은 중단되었다. 따라서 이 시기 대북 지원의 특징은 첫째, 북한의 기근이 매우 심각하게 진행되면서 식량지원 중심의 긴급구호가 절대적 비중을 차지하였고, 둘째, 북한의 식량난에 대해 국제기구와 남한정부의 인식 차이가 매우 크게 노정되었고, 셋째, 남한정부의 불참 가운데 유엔기구를 중심으로 한 대북 지원 체제가 만들어져서 가동된 것으로 요약 정리할 수 있다.

2. 개발구호 시기 (1998년~2005년)

북한의 대기근은 1995년부터 1997년 사이에 가장 심각하게 진행되었고 이 시기에 대부분의 아사자가 발생하였다. 국제사회는 처음에는 식량지원에 집중하였지만 점차 단순 식량지원으로는 북한의 기근 문제가 해결될 수 없다는 인식을 갖게 되었다. 이와 마찬가지로 북한도 1997년 말부터는 국제사

회와의 협력을 통해 농업을 복구하겠다는 정책을 추진하기 시작하였다. 그
결과 북한과 유엔개발계획은 1998년 5월에 제네바에서 '농업 복구 및 환경보
호(AREP: Agricultural Recovery and Environmental Protection)' 계획을
위한 라운드테이블미팅을 처음으로 개최하였다. 농업복구 및 환경보호 계획
(AREP)은 대북 지원이 긴급구호에서 개발구호로 전환되는 신호탄과 같은
것이라고 할 수 있다.

물론 북한의 식량 부족은 매년 반복되었기 때문에 이 시기에도 대북 지원
에서 식량지원이 차지하는 비중은 압도적으로 컸다. 다만 이전 시기와 달리
이 시기에 농업복구 및 환경보호계획(AREP)의 추진을 통해서 농업 복구를
위한 지원이 본격적으로 추진되었고, 북한에서의 황폐 산림 복구를 위한 지
원 사업이 추진되었다는 것이다. 또한 이 시기에는 북한의 보건의료 시설을
복구하기 위한 지원도 활발하게 추진되기 시작했다. 그러나 긴급구호에서
개발구호로의 전환을 상징하고 이를 이끌었던 농업복구 및 환경보호계획
(AREP)은 공여국의 저조한 참여 실적과 북한의 소극적 태도로 좌초하게 되
었다. 그래서 2000년 제2차 제네바 라운드테이블을 끝으로 농업복구 및 환
경보호 계획(AREP)은 더 이상 추진 동력을 확보하지 못한 채 막을 내리게
되었다.

한편 남한도 이 시기에는 대북 지원에 적극 나서게 되었다. 1998년에 정
권교체로 등장한 김대중 정부는 앞선 정부인 김영삼 정부로부터 매우 대립
적인 남북관계를 물려받았지만, 적극적인 대북정책의 추진을 통해 남북관계
를 개선시켰다. 김대중 정부의 대북포용정책은 마침내 2000년 6·15남북정
상회담을 이끌어냈다. 그리고 정상회담 준비과정과 6·15공동선언 합의에
따른 이산가족 상봉 행사를 전후해서 정부 차원의 대규모 비료 및 식량지원
이 제공되었다. 비록 6·15공동선언을 계기로 대화를 중시하던 남북관계가
2001년 미국 부시 행정부 등장 이후 북미대립으로 부침을 거듭하긴 했지만,
김대중 정부는 매년 북한에 대한 식량 및 비료 지원을 실시하였다. 그리고
김대중 정부를 이은 노무현 정부도 기본적으로 전임 정부의 대북 지원 정책
을 계승해서 추진하였다.

이 시기 대북 지원의 특징은 다음과 같이 정리할 수 있다. 첫째, 공여국(기구)과 수원국인 북한정부 모두 긴급구호를 종료하고 개발구호로 전환해야 한다는 공감대가 형성되면서 정책 전환을 이뤘다는 것이다. 둘째, 북한이 개발구호 정책을 지속적으로 추진하기 위한 국제정치적 환경을 조성하는 데 실패하였다는 점이다. 특히 미국에서 부시 정부가 등장하면서 제네바 합의가 깨지게 되고 제2차 북핵 위기가 조성된 것이 결정적인 장애가 되었다. 셋째, 국제사회의 대북 지원은 점차 축소되는 가운데 남한의 대북 지원은 증가하면서 전체 대북 지원에서 남한의 비중이 매우 커졌다는 점이다. 특히 이 시기에 세계식량계획(WFP), 유엔아동기금(UNICEF), 세계보건기구(WHO)의 대북 지원 금액에서 남한의 지원 금액이 큰 비중을 차지하면서, 남한은 대북 지원과 관련해서 유엔기구의 주요 공여국으로 자리 잡았다.

3. 개발지원으로의 전환모색기(2005년~2008년)

그동안 대북 지원에 가장 큰 영향을 미쳤던 북핵 문제는 2005년도에 들어서면서 매우 급박하게 전개되었다. 미국의 부시 정부가 2002년 10월에 북한의 고농축우라늄 프로그램 의혹을 제기한 것이 시발점이 되어서 제2차 북핵 위기가 터졌고, 2003년 1월 북한의 NPT 탈퇴선언, 2003년 11월 한반도에너지개발기구(KEDO)의 대북 경수로 사업 중단으로 이어졌다. 그리고 북한은 2005년 2월 10일에 핵보유 선언, 2006년 7월 5일의 미사일 발사 실험과 뒤이은 10월 9일의 지하 핵실험을 강행하였다. 이와 같이 긴장이 고조되는 가운데 6자회담을 통한 북핵문제의 평화적 해결과정이 진행되었는데, 이에 따라 2005년 9·19 공동성명 발표, 2007년 2·13 합의, 동년 10월 3일의 '9·19 공동성명 이행을 위한 제2단계 조치' 합의가 이뤄졌다.

이와 같이 북핵 문제가 요동을 치면서 대북 지원에 잠복되어 있던 갈등들이 터져 나오기 시작했다. 우선 북한은 긴급구호에만 치중하면서 지원 금액은 계속 축소되고 있는 국제사회의 대북 지원에 대해 문제를 제기하기 시작했다. 북한은 2004년 9월에 개발지원으로의 전환을 요청하면서 기존의 긴급구호 중심의 유엔 지원 절차를 거부하였고, 2005년 8월에는 평양주재 유엔기구와 국제 NGO 사무소 대표들에게 인도적 지원사업의 종료와 평양사무소의 폐쇄 및 파견 직원들의 철수를 연말까지 해줄 것을 일방적으로 요구하였다. 이에 따라 그동안 대북 지원을 해온 유엔기구와 유럽 등 공여국정부들은 북한에 대해 큰 좌절감을 안게 되었다.

일부에서는 북한이 이렇게 국제사회의 대북 지원에 대해 강경하게 나올 수 있게 된 배경 중의 하나가 남한의 양자 차원에서 이뤄지는 대북 지원에 있다고 공격을 하기 시작하였다. 즉, 남한이 양자 지원이 아니라 유엔을 통해 다자 지원을 해야 한다는 것이다. 다른 한편에서는 국제사회의 대북 지원 자체에 대해 비난과 공격을 하였는데, 그 중 가장 대표적인 것이 유엔개발계획의 대북 지원에 대한 미국의 공격이다. 미국은 유엔개발계획의 대북 지원 자금이 북한정부에 의해 전용되는 등 커다란 문제가 있다고 비난하였고, 이에 따라 유엔개발계획은 계획하였던 대북 지원 사업을 중단하고 평양사무소를 폐쇄하기에 이른다. 그 이후 외부의 독립감사에 의해 미국의 의혹제기가 대부분 사실무근으로 판명되어서 2009년 말부터 유엔개발계획의 대북 지원이 재개되지만, 이러한 과정에서 대북 지원의 투명성에 대한 신뢰가 땅에 떨어졌다.

또한 남한에서는 2006년 북한의 핵실험으로 인해 대북포용정책에 대한 공격이 거세졌다. 이러한 공격의 핵심은 대북 지원이 북한의 변화를 이끌어내지 못하고 오히려 북한의 핵무장만 강화해줬다는 데 있었다. 이에 따라 남한에서도 대북 지원에 대한 갈등이 매우 심각하게 나타났고, 정부의 정책도 일관성을 유지하기가 어려워졌다. 이 시기 대북 지원의 특징은 첫째, 핵문제 등 정치 군사적 의제가 우선하고 대북 지원은 종속 변수 내지는 협상의 수단이 된 것이다. 이것을 단적으로 보여주는 것이 2007년부터 시작된 미국의 대북 식량지원인데, 이 지원은 사실상 2·13 합의에 대한 보상의 성격이 강하였다. 둘째, 대북 지원을 지속적으로 추진했던 유엔 기구의 역할이 축소되었고 남한만 고립적으로 대북 지원을 지속하는 상황이 연출되었다.

셋째, 이에 따라 대북 지원에 국제기구, 미국정부, 남한정부 사이의 인식이 점차 벌어져서 갈등이 터져 나오기 시작하였다.

4. 대북 지원의 침체기(2008년~현재)

앞선 시기에 대북 지원을 둘러싼 국제기구와 미국, 그리고 남한정부 사이의 인식 차이가 노정된 가운데 몇 가지 중요한 변화가 발생하였다. 그것은 주요 대북 지원 국가인 남한과 미국에서 새로운 정부가 등장한 것인데, 남한에서는 2008년에 이명박 정부가 출범하였고 미국에서는 2009년에 오바마 정부가 등장하였다. 이와 같이 주요 공여국가의 정부가 교체되는 시기인 2009년에 한반도에서의 정치군사적 긴장이 고조되기 시작하였다. 북한은 2009년 4월 5일 인공위성 로켓 발사를 실시하였고, 미국과 남한은 이를 도발로 인식하고 유엔 안보리에 제소하였다. 이에 따라 개최된 유엔 안보리는 강력한 대북제재 내용을 담은 의장 성명을 발표하였고, 북한은 이에 반발하면서 전격적으로 동년 5월 25일에 제2차 핵실험을 실시하였다. 그리고 다음 해인 2010년 3월 26일에 천안함 침몰 사건이 일어났고, 동년 12월 8일에는 북한의 연평도 포격으로 민간인 사상자가 발생하기에 이르렀다.

결국 이러한 정치군사적 사건들은 대북 지원에 결정적인 타격을 주기에 이르렀다. 우선 남한의 정부 차원의 대북 지원이 중단되었고 민간의 대북 지원도 금지되었다. 또한 대부분의 공여국들이 유엔의 대북 지원에 대한 자금 공여를 중단하거나 축소하면서 유엔의 대북 지원 사업도 커다란 타격을 입게 되었다. 이 시기의 대북 지원에서 그나마 긍정적인 측면을 찾는다면, 유엔개발계획의 대북 지원 사업이 다시 재개되었다는 것과, 이를 통해 그동안 대북 지원에 대해 비판적인 그룹에서 제기되었던 지원사업의 투명성 문제 등에 대해 약간의 진전이 이뤄졌다는 것을 들 수 있다.

III. 북한개발지원의 특징

1995년부터 지금까지 국내외 대북 지원의 전개과정을 간략하게 살펴보았는데, 이렇게 시기별로 특징을 기술하면 대북 지원에 대한 전체적인 흐름을 잡는 데 도움이 되지만, 다른 한편에서는 대북 지원에 대한 개괄적 이해를 넘어서기 어렵게 된다. 그래서 여기에서는 대북 지원의 전개과정에서, 특히 2000년대 중반 이후 나타난 변화에 초점을 맞춰서 주제별로 살펴보고자 한다.

1. 국내외 대북 지원 규모의 변화

북한 관련 통계를 접할 때는 항상 통계의 신뢰성이 문제가 되는데, 그것은 북한당국이 공식적인 통계를 발표하지 않고 있기 때문이다. 그런데 대북 지원의 통계 경우에도 통계가 부정확한데, 그것은 북한이 통계를 제공하지 않는 것이 문제가 아니라 공여국(기구)들의 협력 시스템이 충분하지 않기 때문이다. 현재 대북 지원 통계자료를 가장 많이 축적하고 있는 곳은 유엔인도주의조정국(UNOCHA)이다. 유엔인도주의조정국은 인도주의 지원 자금의 효율적 배정에 필요한 정보를 제공하기 위해 재정추적서비스(FTS: Financial Tracking Services)라는 온라인 시스템을 구축하고 있는데, 여기에 2000년부터 2011년까지의 대북 인도적 지원 자금 관련 자료가 정리되어 있다. 그러나 이 자료는 연도에 따라 일부 통계가 누락되어 있기도 해서 이를 기초로 연도별 통계를 비교하려면 몇 가지 수정작업을 거쳐야 한다.

그리고 국내에서는 통일부가 대북 지원 물자의 반출 신청 과정에서 생성된 자료를 기초로 해서 대북 지원 통계를 내고 있다. 국내의 대북 지원은 통일부의 승인 없이 이뤄질 수 없기 때문에 통계가 정확할 것으로 생각하기 쉽다. 하지만 현금으로 구입한 물자의 반출이 아니라 기증받은 중고 의료기기나 재고 의류 등의 현물을 보내는 경우에 문제가 발생하고 있다. 즉, 이들

물자의 현재적 가치를 어떻게 책정할 것인가에 따라서 지원 규모가 엄청나게 부풀려질 수도 있는 것이다. 그래서 국내 NGO의 대북 지원 규모는 어느 정도 거품이 끼어 있다고 봐야 할 것이다.

이와 같이 국내외 통계의 문제점을 염두에 두고 국내외 대북 지원의 규모가 어떻게 변화했는지를 살펴보겠다. 우선 2000년부터 2011년까지의 국제사회의 대북 지원 규모는 〈표 1〉과 같다. 여기에서 알 수 있는 것과 같이 국제사회의 대북 지원은 2004년, 2005년, 2009년, 2010년 등 네 차례에 걸쳐 전년에 비해 급격히 감소한다. 그리고 2008년과 2011년은 전년도에 비해 대북 지원 규모가 급증하는 것으로 나타났다.

이렇게 국제사회의 대북 지원 규모가 감소하거나 급증한 원인은 다음과

〈표 1〉 국제사회의 대북 지원 규모, 2000년~2011년

(단위: 만 달러)

지원 연도	지원액	주요 지원 국가(기관)
2000	20,814	미국, 일본, EC, 호주, 캐나다, 국제적십자사 등
2001	24,198	미국, 일본, 스위스, 독일, 영국, 노르웨이 등
2002	10,677	미국, 독일, UN, 호주, 스웨덴 등
2003	12,645	미국 UN, EC, 러시아, 이탈리아 등
2004	16,899	일본, 스웨덴, 호주, 국제적십자사 등
2005	4,546	EC, 독일, 이집트, 핀란드, 네덜란드 등
2006	2,760	EC, 노르웨이, 아일랜드, 덴마크, 스웨덴 등
2007	5,880	호주, 스웨덴, 독일, 노르웨이 등
2008	7,247	미국, 사우디아라비아, 독일, 스위스 등
2009	4,711	스웨덴, 노르웨이, 캐나다, 호주, 이탈리아 등
2010	2,450	미국, 프랑스, 독일, 이탈리아, TM웨덴 등
2011	9,090	UN, EC, 스웨덴, 스위스, 호주 등

출처: 유엔인도지원조정실(UNOCHA) 통계자료

같다. 우선 국제사회의 대북 지원이 감소한 것을 보면 2004년 이전까지는 매년 1억 달러 이상의 지원 규모를 유지하다가 2005년에 4,545만 달러로 급격히 감소하였고, 2006년에는 다시 2,761만 달러로 감소한다. 그리고 2009년에도 전년도에 비해 대북 지원 규모가 감소하는데 2010년에는 전년의 절반 수준인 2,449만 달러까지 감소하고 있다. 이 중 2005년의 대북 지원 감소 원인은 북한의 정책 변화에 따른 것으로, 북한은 2004년 9월에 국제기구들에게 인도적 지원 사업을 개발지원으로 전환해 줄 것을 요청하면서 그동안 매년 진행되던 유엔의 합동호소절차(CAP: Consolidated Appeals Pro- cess)를 2005년부터 받지 않겠다고 선언하였다. 그런데 북한의 이러한 정책 변화는 국제기구와 충분히 협의를 거치지 않고 일방적인 통고 방식으로 진행되면서 공여국(기구)들의 반발을 불러일으켰고, 이에 따라 국제사회의 대북 지원 규모가 급감을 하게 된 것이다. 이에 반해 2006년은 북한의 미사일 발사와 1차 핵실험, 2009년은 2차 핵실험, 2010년은 천안함 침몰 및 연평도 포격 사건 발생 등이 일어난 해로 한반도 긴장이 고조되고 유엔 안보리의 대북제재가 시행되면서 국제사회의 대북 지원 규모가 감소한 것이다.

반면에 국제사회의 대북 지원이 증가한 연도는 2007년과 2008년, 2011년이 있는데, 2007년은 북핵 해결을 위한 2·13 합의가 이뤄지고 북핵 시설의 폐쇄·봉인, 불능화 및 핵 프로그램 신고 등이 이뤄지면서 한반도 긴장이 완화되는 시기였다. 그리고 2011년은 당시에 유엔 기구가 북한의 심각한 식량난 상황을 보고하면서 긴급지원을 각 공여국에 요청했기 때문이다. 전년도에 연평도 포격 등 한반도 긴장이 최고조에 이르렀음에 불구하고 북한에서 식량난이 재발할 가능성이 있자 인도주의 차원의 대북 지원이 급증을 한 것이다. 즉, 국제사회의 대북 지원에 있어서는 정치군사적 요인보다 인도주의 위기의 심각성 정도가 더 큰 영향을 미친다는 것이 잘 드러난 경우라 하겠다.

이와 같이 국제사회의 대북 지원 규모에 영향을 미치는 요인은 첫째, 북한의 인도주의 위기의 심각성, 둘째, 핵실험 및 남북 간 무력충돌 등 한반도 정세, 셋째, 외부지원에 대해 북한이 취하는 정책의 적실성이라고 하겠다.

이러한 요인에 따라 국제사회의 대북 지원 규모는 큰 폭의 증감을 보여주고 있다.

그런데 국내의 대북 지원 규모 변동은 국제사회와 다른 모습을 보여주고 있다. 예를 들어 2005년의 경우에는 국제사회와 달리 국내의 대북 지원 규모가 감소하지 않았다. 하지만 2005년 외부지원에 대한 북한의 정책 변화는 북한에 상주사무소를 운영하고 있는 유엔기구 및 국제 NGO를 대상으로 한 것이기 때문에 국내의 대북 지원에 부정적 영향을 미치지 않은 것은 당연한 일이라고 할 수 있다. 오히려 특기할 만한 것은 2006년의 북한 핵실험에도 대북 지원 규모가 큰 폭으로 감소하지 않았는 데 비해, 2008년 이명박 정부가 출범하고 나서부터는 상당히 감소하고 있다는 것이다. 즉, 국내에서의 대북 지원 규모에 가장 큰 영향을 미치는 것은 어떠한 성격의 정권이 등장하느냐에 달려 있다고 할 것이다. 그리고 이명박 정부 아래에서는 민간의 대북 지원 규모도 큰 폭으로 감소한 것으로 나타나고 있다. 이렇게 민간의 대북 지원이 급감한 것은 민간의 자원 동원 능력이 떨어진 것보다는 정부의 대북 지원 규제로 민간단체들이 지원 물자를 반출하지 못한 데 있다.

또한 작지만 눈여겨보아야 할 것으로는 이명박 정부가 남북관계가 매우 악화된 상황에서 국제기구를 통한 지원을 2011년에 재개하고 있다는 점이다. 이것은 국제기구를 통한 정부의 대북 지원은 상대적으로 국내정치로부터 자유롭다는 것이고, 이를 통해 정부의 정책 선택폭을 넓혀 나갈 수 있다는 것을 의미한다. 따라서 국제기구를 통한 정부의 대북 지원은 어느 정도 규모를 갖고 지속적으로 추진하는 것이 필요해 보인다.

2. 북한의 수원기구의 변화

북한은 2004년 국제사회에 긴급구호의 중단과 개발지원으로의 전환을 요청하면서 수원기구의 재편을 추진하였다. 이에 따라 국제기구를 담당하는 큰물피해대책위원회가 2005년 말에 해체되고, 기존 큰물피해대책위원회가

담당했던 역할이 외무성 산하의 다양한 부서들로 나눠지게 된다. 큰물피해
대책위원회의 해체 이후 북한에서 국제기구를 담당하는 조직은 크게 세 축
으로 형성되었다. 우선 유엔기구와의 협력사업을 담당하는 기구로 국가조정
위원회(NCC: National Coordinating Committee)가 2006년에 만들어졌다.
국가조정위원회(NCC)는 외무성 산하 기구로 유엔기구의 대북 지원 사업을
조정하는 역할을 맡고 있다. 국가조정위원회에는 외무성 관리들을 비롯해서
농업성, 교육성, 보건성 등의 관리들로 구성되어 있는데, 국가조정위원회 내
에는 유엔개발계획, 세계식량계획, 유니세프 등 각 유엔기구별로 담당 부서
를 두고 있다. 국가조정위원회는 유엔기구의 대북 지원 사업에 대한 협의와
협정서 체결의 당사자로서 역할을 하고 있으며, 유엔기구와 관련 정부 부처
의 직접적인 협력을 촉진하고 조정하는 역할을 맡고 있다.

  그리고 양자 간 원조 업무는 외무성 내의 각 공여국정부를 처리하는 부서
에서 처리하고 있다. 유럽국가, 미국, 호주, 캐나다정부 등에서 대북 지원을
협의하기 위해 방문하면, 북한 외무성이 이들을 안내하는 것부터 업무 협의
까지 모든 것을 진행한다. 이 중 평양에 상주 사무소를 설치하고 있는 스위스
개발협력청(SDC), 이탈리아개발협력청(Cooperazione Italiana allo Sviluppo)
은 양자 및 다자 간 원조를 실시하고 있고, 호주, 캐나다 등 상주 사무소를
설치하지 않고 있는 국가는 세계식량계획(WFP) 등 유엔기구를 통한 다자
간 원조만 실시하고 있다. 국제 NGO의 대북 지원에 대해서는 외무성 산하
에 각 국가별 협력기구를 설치하여 담당하게 하고 있다. 구체적으로는 유럽
NGO의 담당기구로는 '조선-유럽연합협력조정처(KECCA: Korean- European
Cooperation Coordination Agency)'를 설치하고 있고, 미국 NGO를 담당
하는 기구로는 '조선-미국민간교류협회(KAPES: Korea-America Private Ex-
change Society)'를 두고 있다. 그리고 캐나다 NGO의 지원사업을 담당하는
기구로는 '조선-캐나다 협력처(KCCA: Korea Canada Cooperation Agency)'
를 두고 있다. 이 외에 국제적십자사연맹(IFRC)은 조선적십자회(DPRK Red
Cross)를 통해서 사업을 추진하고 있다. 국제적십자사연맹의 지원활동은 회
원국 적십자사와의 협력 방식으로 진행되기 때문이다.

이와 같이 북한은 다양한 원조 공여기구들을 하나의 조직체가 상대하는 것이 아니라 각각의 원조기구를 담당하는 별도의 조직을 설치해서 운영하고 있다. 그런데 지금까지의 과정을 보면 이들 수원 기구들 사이의 협력은 잘 이뤄지지 못하고 있는 것으로 보인다. 여기에다가 남한의 대북 지원을 담당하는 기구까지 고려하면 북한에서의 개발협력 사업이 파편화와 분절화를 겪는 것은 당연한 일이 될 수밖에 없다.

3. 국내에서의 대북 지원 담론의 변화

북한 관련 이슈에 대해서 대부분 그러하듯이 대북 지원 문제에 대한 우리 사회의 입장은 매우 극명하게 나눠져 있다. 그래서 피상적으로는 대북 지원에 대한 찬성과 반대의 입장이 평행선을 달리고 있는 것처럼 보이기도 한다. 하지만 19년째를 맞고 있는 대북 지원의 역사가 말해주듯이 대북 지원에 대한 우리사회의 입장은 다양한 형태로 분화되어 왔고, 상호 수렴되는 과정을 거치고 있기도 하다.

초기의 대북 지원에 대한 논의는 대북 지원을 무조건 찬성하거나 무조건 반대하는 것으로 나뉘어져 있었다. 대북 지원을 무조건 반대하는 입장은 북한체제 붕괴론이라고 할 수 있는데, 북한주민의 생사보다는 북한 체제의 종식을 우선하는 입장이라고 할 수 있다. 이에 반해 무조건 지원하자는 입장은 긴급구호 지원 과정을 거치면서 한 갈래가 감상적 인도주의론으로 나아갔다. 그런데 북한이 고난의 행군기라고 부르는 1995년에서 1998년까지의 시기와 같이 엄청난 대기근의 상황에서는 무조건적 지원이 맞으나, 그 이후 식량 상황이 완화되었음에도 이러한 입장을 견지하는 것은 감상적 인도주의론이라고 할 수 있고, 이러한 입장은 단기적 대응에만 치중하고 구조적 문제 해결을 지연시킨다는 비판을 피할 수 없다.

이러한 대북 지원에 대한 무조건 반대 또는 무조건 찬성 입장은 2000년대 중반 이후 점점 우리사회에서 영향력을 잃어가기 시작하였다. 대북 지원이 장기화되면서 관련 담론도 분화되고 다층적 성격을 갖게 된 것이다. 특히 대북 지원의 담론 분화 및 발전 과정에서는 대북 지원의 협상 수단화 문제와 국제 규범 문제가 중요한 쟁점이 되기에 이르렀다. 초기의 대북 지원에 대한 논쟁이 옳고 그른가에 대한 가치론적 논쟁이었다면 이제는 대북 지원을 해야 한다면 어떻게 해야 하는가라는 방법론적 논쟁으로 발전한 것이다.

현 단계의 대북 지원 담론 중 협상 수단화 입장은 상호주의에 토대하고 있는 것으로, 우리의 대북 지원에 대한 북한의 상응한 대가를 요구한다. 비록 이 입장들 사이에도 엄격한 상호주의니 또는 유연한 상호주의니 하는 정도의 차이를 가지고 서로를 구분하기도 하지만, 이들 입장은 대북 지원의 투명성이나 효과성 등의 문제를 소홀히 한다는 점에서 공통성을 갖고 있다. 이들 입장을 구분하는 가장 큰 잣대는 대북 지원에 대한 북한의 대가를 북한 인권 개선으로 할 것인가 아니면 남북관계 개선에 둘 것인가에 있다. 전자의 경우는 외생적 체제변화론이고 후자는 내발적 체제변화론이라고 할 수 있다. 이들 입장은 결국 대북 지원을 수단으로 하여 북한의 체제 변화를 도모하는 것이다.

우리사회의 대북 지원 담론 중 가장 늦게 나타난 것은 국제규범의 준수를 통해 대북 지원이 이뤄져야 한다는 입장에 기초한 글로벌 인도주의론과 민족적 인도주의론이다. 이러한 담론이 나타나게 된 국내적 배경에는 분배 투명성이 결여된 대북 식량지원 문제가 있다. 대다수 국민들은 우리가 지원한 식량이 북한주민들에게 직접적으로 배급되는 것을 원했던 것이다. 하지만 정부의 대북 식량지원은 분배 투명성 확보에 실패하였고 이로 인해 국민적인 비판에 직면하게 되었다. 그리고 국제적인 배경으로는 2005년에 북한이 일방적으로 평양 상주기구들의 철수를 요구하였는데, 북한이 그렇게 할 수 있었던 것은 남한의 관대한 양자 지원 때문이라는 국제사회의 비판을 들 수 있다. 2000년대 중반 이후 국제사회에서는 남한이 대북 식량지원 방식을 양자지원에서 다자지원으로 전환해야 한다는 문제가 많이 제기되었다.

이와 같이 대북 지원에서 남북관계의 특수성을 강조하면서 상대적으로 국제규범을 경시했던 경향들은 2000년대 후반에 들어가면서 확실히 변화하기 시작하였다. 국내에서 대북 지원에 대한 비판 여론이 커지면서 대북 지원에 대한 국민적 이해를 구하기 위해서라도 국제적 규범에 따른 투명성 확보가 필요하다는 공감대가 형성된 것이다. 그러나 대북 지원에 국제규범의 적용을 어느 수준으로 할 것인가에 있어서는 입장의 차이가 존재한다. 남북관계의 특수성보다는 국제규범을 우선해야 한다는 글로벌 인도주의론이 있고, 국제규범을 적용하되 상대적으로 약하게 연계시켜야 한다는 민족적 인도주의론이 있는 것이다. 이상에서 살펴본 바대로 대북 지원의 담론은 여러 층위를 가지면서 다양하게 분화되어 왔고 이들 담론들은 아직도 경쟁 중에 있다. 그러나 점차 시간이 지나면서 협상수단의 관점에서 대북 지원을 바라보는 담론들보다 국제규범의 준수 시각에서 대북 지원을 접근하는 담론들로 무게 추가 이동할 수밖에 없을 것이다. 북한의 식량난이나 빈곤문제는 남북관계만의 문제가 아니라 동시에 국제적 문제이기도 한데, 국제사회는 이러한 문제 해결에 점점 더 다자적 접근 방식을 강조하고 있기 때문이다.

IV. 국제협력을 위한 정책과제

1995년 이후 시작된 국내외의 대북 지원 활동은 아직 진행 중이다. 대북 지원은 북한에서 더 이상 외부의 지원 필요성이 존재하지 않을 때에야 끝날 것이다. 그런데 현 북한의 사회경제적 상황을 감안하면 앞으로도 상당 기간 대북 지원 문제는 우리사회의 이슈가 될 것으로 보인다. 이와 같은 흐름 속에서 우리정부의 대북 지원 정책이 어떠한 방향으로 나아가야 하는지를 간략히 제시하고자 한다.

첫째, 대북 지원을 독립적인 정책 영역으로 설정해야 한다. 다시 말해서 독자적인 정책 목표를 수립하고 이를 이루기 위한 로드맵과 정책 수단을 갖추어야 한다는 것이다. 이전과 같이 대북 지원의 기능이 다른 정책 목표를 이루기 위한 수단이 되어서는 안 되는 것이다.

둘째, 대북 지원의 법제도적 안정성을 확보해야 한다. 남북관계의 부침에 따라 대북 지원 정책이 요동을 치게 되면 그동안 지원했던 성과가 완전히 없어질 수 있다. 따라서 대북 지원의 목적, 방식, 절차 등에 대한 법률 제정을 통해 안정적으로 정책을 추진할 수 있는 기반을 마련해야 한다.

셋째, 대북 지원에 대한 정부의 전문성을 강화해야 한다. 공여국이 된 지 얼마 안 된 남한은 국가적으로나 사회적으로나 원조 공여 능력이 매우 취약하다. 이는 대북 지원에 있어서는 더더욱 심하게 나타나는데, 대북 지원을 담당하는 정부 부서에 원조 전문가가 전무하다는 것이 그것을 단적으로 말해준다. 정부의 전문성 확보 없이 원조의 성과를 말해서는 안 된다.

넷째, 북한의 빈곤문제 해결과 경제사회 발전에 대한 우리의 기여는 점진적·단계적으로 접근해야 한다. 한 국가의 경제사회 발전은 수원국 정부가 강한 의지와 훌륭한 능력을 갖추고 있고 외부의 지원 등 유리한 국제적 환경 아래에서도 수십 년이 소요되는 매우 어려운 일이다. 따라서 거대 프로젝트는 원조의 선택성(aid selectivity) 측면에서 매우 엄정하게 판단하고 추진해야 한다.

다섯째, 국제사회의 대북 지원과 남한의 대북 지원 사이의 단절을 넘어서 원조 조화(aid harmonization)를 이루어야 한다. 남북관계의 특수성과 단일한 대북 지원 국제체제는 양립 불가능한 것이 아니며, 지금과 같이 국제사회와 남한의 대북 지원이 분리되어 있으면 원조의 효과를 제대로 거두기 어렵다.

위에서 제시된 협력전략이 소기의 목적을 달성하기 위해서는 무엇보다도 단계적인 협력과 상호 연계된 협력이 가능할 수 있도록 북한과 국제사회 양측이 여건 조성에 적극성을 보이는 것이 중요하다. 이하에서는 국제협력을 위한 북한과 국제사회, 그리고 우리나라의 과제에 대해서 보다 구체적으로 살펴보겠다.

1. 국제사회와의 협력을 위한 북한의 과제

수혜성 협력을 기반으로 호혜성 협력이 추진되기 위해서는 무엇보다도 협력 주체 간의 신뢰구축이 필수적인 전제조건 가운데 하나다. 수혜성 협력을 위해서는 북한이 국제사회로부터 신뢰를 획득해야 하는데, 신뢰구축 차원에서 북한당국이 신뢰할만한 실태자료를 공개하고 국제사회로부터의 지원을 요청하는 것이 필요하다. 먼저 정확한 실태파악이 이루어져야 수혜성 협력에 참여할 국가들에도 지원의 명분이 확보될 수 있기 때문이다. 그리고 호혜성 협력을 위해서는 외국으로부터의 투자를 보다 원활하게 하기 위한 제도적 개선이 필수적인 과제이다. 북한은 1990년대 이후 외국인직접투자를 활성화하기 위해 많은 법률들을 제정한 바 있지만 외국기업의 투자 안정성, 효율성을 확보해 줄 수 있도록 제도적 개선이 추진되어야 하고 노동시장 여건의 개선도 추진되어야 할 것이다.

그리고 협력의 투명성 제고와 협력에 소요되는 비용의 최소화 측면에서 인터넷(internet)을 활용한 협력 네트워크 구축도 고려할 필요가 있다. 협력과 관련한 정보들이 공유되면서 보다 많은 관심과 참여가 유발될 수 있을 것이며, 협력의 추진과정이 투명하게 공개되면서 협력에 대한 신뢰도 개선도 기대할 수 있을 것이다. 물론 이것은 북한 측이 이러한 형태의 정보교류에 얼마나 적극적일 것인지에 따라 실현 여부가 결정되겠지만, 인터넷을 통한 국제협력의 유용성에 대한 북한의 이해가 높아진다면 충분히 가능성이 있는 협력수단이 될 수 있을 것이다.

한편, 북한이 국제사회와의 협력을 발전시켜 가는 데에는 내부적 합의와 안정의 유지라는 중요한 과제가 남아 있다. 특히 북한 내부에서 국제협력에 소극적인 일부 집단의 반발을 최소화하는 것이 쉽지 않은 과제가 될 것이다. 북한당국이 외국과의 협력에 합의한다고 할지라도 내부적 동의가 확고하지 않으면 본의 아니게 협력의 약속을 파기하는 결과가 초래될 수도 있다는 것을 유의해야 한다. 북한이 국제협력에 따른 내부적 동의를 확고히 하는 데에는 북한당국의 노력 외에도 우리나라를 포함한 국제사회의 적극적 지원이 필요하다.

2. 북한과의 협력을 위한 국제사회 및 우리나라의 과제

국제사회는 북한이 협력의 장에 나올 수 있도록 여건을 마련하는 것이 중요하며, 이러한 측면에서 수혜성 협력사업에 보다 적극성을 보일 필요가 있다. 물론 이 경우에도 장기적인 호혜성 협력과 연관이 있는 수혜성 사업이 추진되어야 함을 북한 측에 인식시킬 필요가 있을 것이다. 북한 측이 가능한 한 국제협력에 거부감을 갖지 않으면서도 협력의 효율성을 제고시키기 위해서는 수혜성 협력의 추진 시에 인적자원의 개발과 관련한 사업을 우선적으로 추진하는 것이 필요하다. 이러한 측면에서 볼 때 인프라 투자협력사업의 추진 이전에 관련 인력의 교육을 위한 협력사업을 우선적으로 추진하는 것이 필요하다. 단순한 물자지원 수준의 수혜성 협력보다는 장기적으로 호혜성 협력을 추진하는 데에 기반이 될 수 있는 기술 및 인적자원개발과 관련한 수혜성 협력이 보다 적극적으로 추진될 필요가 있는 것이다. 또한 북한이 국제협력의 장에 나올 수 있도록 북한과 우호적인 관계를 유지하고 있는 중국, 러시아, 유럽연합(EU) 등이 중심이 된 국제협력이 보다 적극적으로 추진될 필요가 있으며, 북한에 우호적인 국제민간단체(NGO)들의 적극적 역할도 중요할 것이다.

북한의 국제협력 확대는 우리에게도 여러 가지 긍정적 영향을 미칠 것으로 예상되는데, 한반도의 긴장완화에 기여하게 함으로써 외국인 투자유치에도 긍정적인 영향을 미치게 되고 남북경협도 더욱 탄력을 받게 될 것으로 기대된다. 이러한 측면에서 볼 때 우리는 북한이 보다 적극적으로 국제협력을 추진할 수 있도록 다음과 같은 노력을 기울일 필요가 있다.

첫째, 수혜성 협력의 추진과정에서 우리나라가 중요한 역할을 해야 한다. 호혜성 협력에 비해 상대적으로 국제적 참여가 소극적일 가능성이 높은 수혜성 협력에서는 각국 정부들과 국제개발기구의 선도적 역할이 중요한데,

이 과정에서 우리정부가 중심적 역할을 해야 할 것이다. 이미 우리정부는 신포 경수로 건설사업 과정에서 협력의 중심적 역할을 한 바 있으며, 이러한 경험을 향후 전개될 국제협력에서도 적극적으로 활용할 필요가 있다. 둘째, 호혜성 협력사업의 경우에 있어서는 우리기업들의 역할이 중요하다. 현재에도 외국기업들은 북한과의 호혜성 사업 추진에 소극적인 경우가 많고, 우리 기업들의 사업추진을 주시하고 있는 실정이다. 일단 소규모 사업에서부터 우리 기업들이 북한 측 기업들과 수익성 있는 성과를 거둘 경우 외국기업들의 참여를 활성화하는 계기가 마련될 수 있을 것이다. 북한으로서도 외국기업들과의 본격적인 협력을 위해서 우리 기업들과의 성공인 협력사업 추진을 우선적으로 고려해야 한다.

전체적으로 볼 때, 우리나라의 북한지역 개발사업 참여는 국제사회의 투자확대 여부를 좌우할 시험대가 될 가능성이 크다. 국제사회는 우리가 분명한 협력성과를 거두기 이전에는 적극적인 투자를 유보할 가능성이 높기 때문이다. 따라서 북한이 국제협력을 통해 지역개발을 성공적으로 추진하기 위해서는 우리와의 협력에 보다 적극성을 보여야 한다.

V. 결론

국제관계는 끊임없이 협력과 갈등을 반복하면서 변화해가는 속성이 있으며 북한의 대외관계도 앞으로 이러한 변화를 지속해 갈 것이다. 그러나 현 시점에서 북한에게 필요한 것은 이러한 변화 속에서 그들에게 필요한 국제관계를 어떻게 하면 적은 비용으로 발전시켜 나갈 것인지를 결정하는 것이다. 북한경제가 국제시장으로부터의 고립으로 인해 침체되고 이 때문에 다시 국제시장으로부터의 고립이 심화되는 악순환을 극복할 수 있는 길은 국제사회와의 관계를 동반자적 관계로 재인식하고 보다 적극적으로 실효성 있는 협력을 추진하는 것이다.

이제 북한에게 실효성 있는 국제협력 전략의 수립과 이것의 실천은 선택의 문제가 아니라 시급하고도 절실한 과제인 것이다. 북한이 성공적인 국제협력을 통해 경제발전의 기반을 마련할 경우 더욱 자신감을 갖고 경제개혁을 추진할 수 있을 것이며, 이것은 다시 국제사회와의 협력 확대를 가져오는 경제발전의 '선(善)순환'이 가능해질 것이다. 그러나 아직 국제사회가 기대하는 수준의 협력과 북한이 수용할 수 있는 협력의 수준에는 큰 차이가 존재하고 있는 것이 사실이다. 따라서 핵심적 과제는 이러한 차이를 최소한의 정치·경제적 비용을 통해 줄여 가는 것이다. 북한이 무엇보다도 분명하게 인식하여야 하는 것은 국제협력에 있어서 동반자적 관계의 중요성이다. 국제협력에 있어서 일방적인 수혜는 이제 더 이상 지속가능하지 않다는 것을 분명히 인식할 필요가 있다. 북한은 항상 자신에게만 유리한 방식의 협력이 가능하지 않다는 것을 분명히 인식하고 국제사회의 책임 있는 참여자로서 역할을 하기 위한 노력을 경주할 필요가 있다.

이 글에서 제시된 국제협력전략의 핵심적 내용은 북한과 국제사회가 협력의 실효성과 효율성을 제고시키기 위해 단계적이면서도 상호 연계된 협력 추진을 도모해야 한다는 것이다. 특히 단계적으로 협력주체, 협력사업의 상호 연계를 도모할 필요가 있다. 중단기적으로는 수혜성 협력을 우선적으로 추진하고 이와 연계된 호혜성 협력을 장기적으로 추진함으로써 북한뿐만 아니라 국제사회에도 도움이 되는 국제협력을 도모하는 단계적 접근이 무엇보다도 필요하다. 국제사회와 북한 양측이 협력의 이익과 비용을 분담해야만 지속성과 안정성을 갖춘 국제협력이 가능해질 것이다.

▌참고문헌

권영경. "북한의 경제회복 전략과 남북경협발전 방향." 『북한조사연구』 제5권 1호.
2001.

김연철. 『북한의 산업화와 경제정책』. 서울: 역사비평사, 2001.

김태현. "남북정상회담이후 동북아 지역협력체 구축방안." 2001년도 통일정책건의총람.
2002.

배종렬. "북한의 대외경제정책: 나진-선봉지역 외자유치정책을 중심으로." 북한경제
포럼 발표자료. 1999.

안진환 역, 오마에 겐이치 저. 『보이지 않는 대륙(The Invisible Continent)』. 서울:
청림출판, 2001.

엄철용. "KEDO체제를 통해본 남북협력증진." 『통일과 국토』 제9호. 2002.

이상준 외. 『남북한간 새로운 교류협력기반의 단계적 구축방안』. 경기도: 국토연구
원, 2001.

장형수·박영곤. 『국제협력체 설립을 통한 북한개발 지원방안』. 서울: 대외경제정책
연구원, 2000.

조명철·홍익표. 『북한의 외국인투자유치정책과 투자환경』. 서울: 대외경제정책연구
원, 1998.

최수영. "북한의투자유치정책 10년의 평가와 과제." 『북한의 대외경제정책 10년 평
가와 과제』. 서울: 대외경제정책연구원, 2001.

통일부. 북한동향 제559호(2001), 제587호(2002). 2001, 2002.

한국개발연구원. 『KDI 북한경제리뷰』 2월호. 2002.

제3장

북한의 경제개발 실태와
국제개발지원 수용 가능성

김중호

한국수출입은행

| 제3장 | 북한의 경제개발 실태와 국제개발지원 수용 가능성 |

I. 서론

북한의 경제개발 실태를 명확하게 파악하는 것은 생각보다 쉽지 않다. 왜냐하면 북한 경제 현장과 정보에 대한 외부의 접근이 극도로 제한되어 있기 때문이다. 불투명성과 불가예측성을 특징으로 하는 북한 경제를 결코 정상 상태로 가정할 수는 없다. 북한의 경제적 비정상 상태는 북한 자체의 고민거리일 뿐만 아니라 북한의 이웃 국가들에게 던져진 심각한 도전이기도 하다. 냉전체제의 붕괴로 인해 사회주의 생산방식의 실패를 의미하는 '역사의 종언'까지 선포되었었건만, 북한은 여전히 박제된 역사 속에서 그들의 미래를 모색하고 있다.

북한정부는 지난 60여년이 넘도록 사회주의 계획경제체제를 고집하느라 국민들의 배고픔을 방치해왔다. 오죽했으면 3대세습 지도자인 김정은 제1비서가 자신의 정권이 공식 출범하는 날(2012.4.15) "인민이 다시는 허리띠를 조이지 않게 하겠다"는 말을 내뱉어야 했을까. 신정권의 지도자가 현실의 문제를 인식한 것은 다행이지만, 그것이 진정으로 추진하려는 국가비전이 아니라 주민들을 기만하는 가증스런 정치 레토릭에 불과하다면 불행한

일이 아닐 수 없다. 과연 북한의 김정은 정권은 주민들의 배고픔을 없애는
방법을 제대로 알고 있을까?

그 답은 북한 안에 없다. 북한은 하루 속히 그 답을 국제사회에서 찾아야
한다. 왜냐하면 국제사회는 오랜 기간에 걸쳐 가난을 퇴치하고 배고픔을 해
소하는 방안을 다방면에서 다각도로 실험하고 검증해왔기 때문이다. 오늘날
국제사회가 다양한 경험을 바탕으로 자신있게 제시하고 있는 것은 북한정부
가 경제개발을 위해 총력을 기울일 뿐만 아니라 국제사회의 지원을 적극적
으로 수용하여 개발 효과성을 제고해야 한다는 것이다. 그것만이 북한사회
를 가난 상태에서 벗어나게 하고 '인민의 허리띠'를 느슨하게 해 주는 유일
한 길이다.

북한이 국제사회의 개발지원을 받아들이려면 우선 북한의 경제 상황을
명확하게 보여줘야 한다. 북한의 경제 수준이 어떠한지도 모른 채 주먹구구
식으로 지원해줄 수는 없기 때문이다. 북한 스스로 신뢰할만한 경제 통계를
제공하지 못하는 상황에서 외부 관찰자들의 추정 대부분은 불확실할 수밖에
없다. 그럼에도 불구하고 기존의 연구 결과들은 북한 경제의 대략적인 수준
을 짐작케 하는 데 어느 정도 도움을 준다. 외부의 기준에 따라 추정을 한

〈표 1〉 북한의 주요 거시경제 지표

		1990	1991	1992	1993	1994	1995	1996	1997	1998	1999	2000	2001
명목 GNI	조원	16.4	16.8	16.4	16.4	17.0	17.2	17.3	16.8	17.6	18.7	19.0	20.3
1인당 GNI	만원	81	82	79	78	80	79	79	76	79	83	84	89
경제 성장률	%	-4.3	-4.4	-7.1	-4.5	-2.1	-4.4	-3.4	-6.5	-0.9	-6.1	0.4	3.8
대외무역규모	억 달러	41.7	25.8	25.6	26.5	21.0	20.5	19.8	21.8	14.4	14.8	19.7	22.7
예산 규모	억 달러	166	172	185	187	192	n.a.	n.a.	91	91	92	96	98

		2002	2003	2004	2005	2006	2007	2008	2009	2010	2011	2012	2013
명목 GNI	조원	21.3	21.9	23.8	24.8	24.4	24.8	27.3	28.6	30.0	32.4	33.5	33.8
1인당 GNI	만원	92	94	102	105	103	104	114	119	124	133	137	138
경제 성장률	%	1.2	1.8	2.1	3.8	-1.0	-1.2	3.1	-0.9	-0.5	0.8	1.3	1.1
대외무역규모	억 달러	22.6	23.9	28.6	30.0	30.0	29.4	38.2	34.1	41.7	63.2	68.1	73.4
예산 규모	억 달러	n.a	n.a	25	29	30	32.2	34.7	36.6	52.4	58.4	62.3	67.6

자료: 한국은행

것으로서 한국은행의 북한 거시경제 지표를 참고한다면 북한경제의 변화 추이를 어느 정도 설명할 수는 있다. 〈표 1〉에서 보듯이, 북한의 명목 GNI, 실질 경제 성장률, 예산규모 등은 북한 경제의 흐름을 파악하는 데 도움이 된다. 북한의 경제 규모는 지난 20여년간 매우 완만하게 증가하는 추세를 보여 왔는데, 특히 남북정상회담이 개최되었던 2000년 이후로 꾸준히 플러스 성장세를 보이고 있다. 한편, 북한의 대외무역 규모는 2009년 이후부터 급격히 증가하였는데, 그것의 주요 원인은 다름 아닌 북한-중국 간 무역의 급성장이라 할 수 있다.

1994년 김일성 주석의 사망 이후 북한 경제 지표들이 한동안 악화되었으나 김정일 정권이 출범한 1998년 이후 북한 경제는 조금씩 안정세를 보이기 시작했고 김정은 정권이 출범한 2012년에는 성장세를 보이고 있다. 그러나 〈표 2〉에서 보듯이 북한의 주요 생산 실적 추이를 살펴보면 북한 경제가 여전히 1980년대 후반 수준조차 회복하지 못하고 있음을 알 수 있다.

설령, 북한의 경제 데이터가 명확하지 않다 해도 북한의 경제수준이 외부의 지원을 절실히 필요로 한다는 점은 명확하다. 그러나 지난 20여년에 걸쳐 국제사회가 경험했던 대북 지원의 결론은 북한이 여전히 국제지원을 수

〈표 2〉 북한의 주요 생산 실적 추이

(단위: 억kWh, 만 톤)

	전력	석탄	철광석	곡물	시멘트	강철
1988	279	4,070	1,030	521	978	504
1990	277	3,315	843	402	613	336
1998	170	1,860	289	389	315	95
2002	190	2,190	408	413	532	104
2007	237	2,410	513	400	612	123
2008	255	2,506	532	431	642	128
2009	235	2,550	496	411	613	126
2010	230	2,500	509	-	628	128
2011	209	2,550	523	-	645	123
2012	215	2,580	519	468	645	122
2013	221	2,660	549	481[1]	660	121

자료: 한국은행
주1) FAO/WFP 보고서(2013.12)는 2013년 북한의 곡물생산량이 도정후 기준으로 503만 톤 규모
추정

용할 준비가 되어 있지 않다는 것이다. 폐쇄성이 강한 수령독재체제를 상대로 개혁과 개방을 설득한다는 것은 쉽지 않아 보인다. 그럼에도 불구하고 국제사회는 북한이 개발지원을 수용할 의지가 있는지, 만약 있다면 수용능력 향상을 위해 변화를 시도할 것인지 끊임없이 물어보고 변화의 때를 기다려야 할 것이다. 왜냐하면 북한주민들의 삶의 질 향상을 위해, 그리고 한반도와 동북아의 미래 건설을 위해 반드시 필요한 일이기 때문이다. 그러므로 이 글은 북한이 향후 경제개발을 위해 국제사회의 지원을 적극 수용할 가능성이 있는지에 초점을 두고, 김정일 정권과 김정은 정권의 경제개선조치들을 비교분석함으로써 북한경제의 실태를 평가하고자 한다.

II. 김정일 정권의 경제개발 정책 특징

북한 경제의 비정상성은 북한 체제의 불안정성과 불확실성의 근원이다. 특정 국가 권력기관에 경제활동 권한과 자원 사용권이 편중되어 있고, 특정 산업과 특정 도시에 물자와 재원이 편중되어 있으며, 특정 국가에 대외 무역이 편중되어 있기 때문에 북한 경제가 정상적으로 작동할 수 없는 것은 너무도 당연하다. 경제 관련 법과 제도는 그동안 여러 차례 수정되고 보완되어 왔으나 그 어떤 것도 해외자본을 유치하기에는 조금도 매력적이지 않다. 더군다나 북한의 정치권력이 두 차례에 걸쳐 세습되는 동안 국가 권력구조의 중간 및 상층부 인맥들이 급격히 교체되고 재배치되면서 정치권력과 경제권력의 지형 변화는 북한 체제의 과도기적 혼란 가능성을 증대하는 요인이 되었다. 북한 경제정책의 변화 추이와 특징을 김정일 시대와 김정은 시대로 나누어 살펴보고자 한다.

김정일 시대 북한 경제 정책의 초점은 '사회주의 강성대국' 건설에 있었다. 북한이 국가 비전으로 내세운 강성대국은 "정치사상력, 군사력, 경제력이 강한 나라로서의 강성대국이 아니라, 사회주의가 튼튼히 다져지고 전면적으로 발전되어 그 위용을 만방에 떨치는 나라… 사회주의를 새로운 높은 단계로 발전시켜 주체조선, 김일성조선의 기상을 온 누리에 떨치는 나라"이다.[1] 사실 김정일 시대가 개막한 시점의 내외 환경은 매우 부정적이었다. 그래서 강성대국 비전은 그야말로 추상적이고 비현실적인 정치 레토릭에 불과했다. 그것은 경제발전 구상을 담은 국가 비전이라기보다는 냉전 이후 불리해진 안팎의 상황에서 생존을 위한 마지막 몸부림의 표현이라고 해도 과언이 아니다. 사회주의권이 붕괴하고 북한 경제가 쇠퇴하여 결국 아사상태를 초래한 상황에서 북한은 '우리식' 사회주의 재건을 위해 강성대국 건설론을 내세웠다.

---

1) 철학연구소, 『사회주의 강성대국 건설사상』(평양, 2000), pp.6-7.

북한은 1990년대 초반 냉전질서가 무너진 상황에서 자본주의 진영과의 공존을 고민하지 않을 수 없었다. 그래서 계획경제와 시장경제의 접목을 고민하는 '혁명적 경제전략'을 제시하였는데, 이는 기존의 중공업 중심의 자원배분 체계를 수정하여 경공업과 농업을 우선시하고 수출증대에 초점을 두는 경제전략이었다.

그러나 1998년에 공식 출범한 김정일 정권은 세습 권력의 정통성을 확보하기 위해 위기탈출용으로 군대 중심의 경제건설전략을 내세웠다. 북한이 경제분야에 있어서도 군대를 중시해야 했던 이유는 오랫동안 우선적으로 자원을 분배받은 군수경제 부문만이 경제위기 상황에서 그나마 생산능력을 유지하고 있었고 북한 경제의 복구과정에서 견인차 역할을 할 수밖에 없었기 때문이다. 내각이 운영하는 일반경제와는 달리 군수경제 부문은 무기수출뿐만 아니라 광물자원 개발권 등 외화획득에 유리한 사업들을 장악하고 있었기 때문에 1990년대의 경제위기 상황에서 중심적 위치를 차지하지 않을 수 없었다. 특히, 첫 번째 권력세습을 통해 등장한 김정일 정권의 열악한 출발선에서 체제를 지탱하고 보좌해 줄 수 있는 유일한 도구로서 군대가 지목되었던 것이다.

김정일 정권의 선군경제전략은 군대를 경제건설의 주역으로 등장시키고 있지만, 또 한편으로는 고난의 행군 시기를 통해 자구책으로 시작된 장마당을 경제 회생 과정의 조연으로 기능하게 했다는 특징을 보인다. 즉, 계획과 시장 간의 병존을 허용할 수밖에 없었던 김정일 정권은 선군경제전략과 함께 시장기능을 활용하는 실용주의도 병행하는 이중전략을 추진했던 것이다.[2]

김정일 정권은 1997년 나진·선봉 경제지대에 시장경제기능을 도입·확대하는 조치를 취하였고, 1998년 헌법 개정을 통해 개인 소유의 범위를 확대하고 기업의 자율성과 채산성을 중시하며 대외무역을 강화하는 내용을 추

---

[2] 북한의 계획과 시장의 병존 전략에 관해 다음을 참조 바람. 권영경, "북한의 최근 경제개혁 동향에 대한 분석," 『수은북한경제』 2005년 겨울호; "북한경제체제의 복합적 딜레마와 미래 전망," 『수은북한경제』 2008년 겨울호.

〈표 3〉 김정일 정권의 경제개선 관련 조치의 주요 내용

	7·1조치(2002)	후속조치(2003~2006)	反개혁조치(2005~)

가격·
임금·
환율
	• 물가(25배), 임금(18배),
	  환율(70배) 상승
	• 소비재 무상 급부제
	  폐지
	• 각종 보조금 축소, 폐지
		• 종합시장 등에 외화환전
		  소 설치(2003)
			• 화폐개혁 시 시장가격
			  철폐 시도(2009)

재정·
금융
	• 거래수입금 폐지
	• 토지사용료 신설
		• 종합시장의 시장사용료,
		  국가납부금 신설(2003)
		• 인민생활공채 발행(2003)
		• 징세기관 집금소 설치
		  (2003)
		• 중앙은행법 개정(2004)
		• 상업은행법 제정(2006)
		• 토지사용료를 부동산
		  사용료 확대 개편(2006)
			–

농업	• 곡물수매가 인상(50배)
	• 국가수매량 축소
	• 농장의 경영자율성 확대
	  – 초과생산물 자율처분
	  허용
		• 일부 협동농장에서 포전
		  담당제 시범 실시(2004)
		  – 2~5 가구 분조 편성
		• 개인경작지 30평에서
		  400평으로 확대(2004)
		• 국가납부량 축소(2004)
		• 현물분배에서 현금분배
		  로 전환(2004)
			• 포전담당제 폐지(2005)
			• 개인소토지 금지, 뙈기
			  밭 협동농장 귀속
			• 군량미 징수 확대
			  – 사실상 현물분배 지속

기업	• 번수입체계에 의한 실적
	  평가
	• 독립채산제 본격 실시
	• 지배인 권한 강화
	• 기업의 경영 자율성
	  확대
	• 노동 인센티브 강화
		• 일부 공장·기업소의
		  경영자율성 대폭 확대
		  (2004)
			• 물질적 인센티브제 철회

상업·
유통·
서비스
	–	• 종합시장 개설(2003)
		• 일부 국영상점을 수매상
		  점으로 전환(2003)
		• 사실상 개인의 식당·
		  서비스업 허용(2003)
			• 시장통제(2006)
			• 종합시장 철폐 시도
			  (2009년 화폐개혁 이후)

| 대외
경제
관계 | • 무역의 분권화 확대 | • 신의주 특별행정구 지정
　(2002.9)
• 금강산 관광지구 지정
　(2002.10)
• 개성공업지구 지정
　(2002.11) | |

자료: 김영윤·최수영, 『북한의 경제개혁 동향』(통일연구원, 2005)

가하였다.[3] 그러나 그와 동시에 자본주의 요소의 유입과 확산을 방지하도
록 개방의 폭을 제한하였으며 경제개선 조치의 효과를 정치 잣대로 엄격히
평가하였기 때문에 결국 시장경제 요소의 도입은 형식으로 끝날 수밖에 없
었다. 1998년은 김정일 정권이 주민과 가용 자원에 대한 동원을 극대화하기
위해 국가 비전을 선전하는 시점이었으므로 '자립적 민족경제 건설'과 '사회
주의 강성대국 건설'의 물결은 극히 부분적으로 시도하려던 개혁 실험의 불
꽃을 이내 사그러들게 만들었다.

　그러나 2000년 남북정상회담을 기점으로 한반도의 봄이 찾아오면서 북한은
새로운 경제 실험을 재개하였다. 앞의 〈표 3〉에서 보듯이, 북한은 2002년
'7·1경제개선조치'를 도입하여 시장경제 기능을 부분적으로 허용하였고,
2003년에 선군경제 건설노선을 선포하면서 박봉주를 총리로 기용하여 계획
과 시장의 병존을 추진하는 모양새를 보였다. 그러나 2005년 하반기부터
북한은 7·1조치를 무력화하기 시작했고, 경제 정책의 방향을 중앙집권적
계획경제를 강화하는 쪽으로 수정하였다.

　북한의 경제개선 조치는 중국의 개혁개방 초기와 유사한 모습을 보이는
듯하나, 〈표 4〉에서 보듯이, 실질적인 내용과 변화의 규모는 전혀 다르다.
농업부문에서 중국은 가족농을 허용했으나 북한은 여전히 집단농을 고수하

---

3) 1996~97년에 나진 선봉 경제특구에 도입된 실용적 경제 개선 조치들은 가격현실화,
　월급 인상, 식량 판매 허용, 물질적 인센티브제 도입, 시장환율제 도입, 기업의 독립채
　산제 실시, 주민들의 자영업 허용 등이었음.

〈표 4〉 중국과 북한의 경제개혁 비교

구분	중국(1980년대 초)	북한(2002년)
농업 부문	• 농가생산 청부제 도입: 가족농 • 토지소유권과 사용권의 분리 • 국가수매와 시장판매의 병존	• 집단농 유지 • 토지소유권과 사용권의 미분리 • 분조관리제 개선, 초과생산물의 분조 내 분배 허용 • 국가수매의 전반적 유지
국유 기업 부문	• 경영청부제 도입 • 당과 경영조직의 분리 • 기업 내 이윤유보제 도입 • 기업소유제의 다양화(향진기업 육성) • 계획생산, 시장생산 병존	• 대안의 사업체계 유지 • 경영조직에서 당의 역할 축소 • 일부 이윤유보 허용 • 계획 외 생산물 시장판매 • 국유기업 소유제 개혁 부재
노동· 분배 부문	• 노동계약제 도입(부분 노동시장제) • 성과급·가변임금제 도입	• 유일적·계획고용제도 유지 • 성과급 임금제 도입
가격· 유통 부문	• 가격의 현실화, 점진적 시장가격화 • 이중가격제 도입(국가계획가격/국가지도가격/합의제가격/시장가격 등 혼합가격제) • 시장의 이원화	• 가격의 현실화, 정부지도가격의 유지 • 국정가격/시장가격 병존(혼합가격제의 가능성 잠재) • 시장의 이원화
재정· 금융 부문	• 재정과 회계의 분리 • 이윤 납부의 조세화 • 이원적 금융시스템	• 재정과 회계의 분리 • 사회적 공짜 축소, 국가재산 이용 대상 조세화 • mono-banking system 유지
대외 부문	• 외환유보제 도입, 환율의 현실화 • 국가무역 독점 해체, 청부경영제 도입 • 4대특구, 특구 내 자본주의시장경제제도화, 내륙경제와 연계, 개혁과 연계	• 국가외환 독점제도 유지, 환율의 현실화 • 무역 관리체제의 분권화, 기업의 수출입권 부분 허용 • 3대특구(조차지형특구) 내륙경제와 분리, 개혁과 미연계
사적 경제 부문	• 비국영기업(향진기업) 육성 • 소규모 제조업(종업원 8명 이내), 서비스부문 허용	• 비국영기업 불허 • 일부 서비스, 유통부문 개인영업 허용

자료: 권영경, "북한의 최근 경제개혁 진행 동향에 대한 분석," 『수은북한경제』 2005년 겨울호, p.6

였고, 국유기업부문에서 중국은 향진기업을 육성했던 반면, 북한은 경직된 국유기업을 그대로 활용하였다. 가격유통부문에서 북한은 중국처럼 시장의 이원화를 시도하였으나 국정가격과 시장가격을 병존하였고, 중국과는 달리 단일금융제도를 유지하였다. 대외부문에서 북한은 국가의 외환독점권을 그대로 유지하였고 특구경제와 내륙경제의 연계를 허용하지 않았다.

1993년에 제3차 7개년 경제계획의 실패를 인정한 이후 장기 경제개발계획을 수립하지 못하고 있던 북한은 1998년에 들어가 '과학기술 5개년 계획'을 수립하여 과학기술 분야에 재원을 집중하기 시작했는데, 이는 군사경제부문의 기술 생산력 유지와 개발을 목표로 하는 '선택과 집중'의 전략을 반영한 것이었다.[4] 2001년부터 북한은 산업 생산체계의 정상화를 위해 전체 생산 현장의 생산설비들을 점검하기 시작하였는데, '현대화 전략'으로 불리는 기술개건사업을 통해 북한은 4,700여개 중소 공장과 기업소 가운데 노후되었거나 중복 투자된 1,800여개를 정리하였다.[5] 이러한 공장과 기업소의 정리 작업은 과학기술 중시노선의 관점에서 국방공업과 연관된 산업의 회복에 초점을 두고 실행된 것이었다. 또한 이러한 맥락에서 북한은 2009년에 무연탄, 철강, 비료, 비날론 등을 생산하는 주체공업 분야에 집중적으로 투자하였는데, 결국 과다한 에너지 소모 공법으로 인해 경제효율성이 크게 떨어지는 것으로 판명되자 주체공업 강화 계획은 폐기될 수밖에 없었다.

북한의 정책 변화를 설명할 때 한 가지 고려해야 할 것은 바로 북한의 대외환경 변화이다. 북한이 7·1조치를 도입한 직후인 2002년의 가을에는 신의주 특구 장관으로 지명된 양빈이 중국 당국에 의해 체포되면서 신의주 특구 계획이 무산되었고, 미국의 북한 농축우라늄 의혹 제기로 제2차 핵위기가 발생하였으며, 북일 간 교섭이 일본 국내정치의 기류 변화로 인해 중단되는 등 북한의 대외관계가 악화되는 일련의 사건들이 발생하였던 것이다.

---

4) 북한의 '과학기술 5개년 계획'은 1998년부터 시작하여 현재 제4차계획에 접어들었으며, 향후 2022년까지 제5차 계획을 진행할 예정임.

5) 북한의 '기술개건사업계획'의 내용에 대하여는 다음을 참조 바람. 『2002 북한연감』(서울: 연합뉴스, 2002); 『조선신보』, 2002.1.14.

북한의 대외환경이 나빠지면서 북한은 내부적으로 개혁 조치들을 중단하였고 2006년에는 처음으로 핵실험을 단행하였다.

김정일 정권이 경제정책 또는 경제노선을 바꾸려고 시도하긴 했으나 그것은 국내외 정치 상황에 종속되어 있었기에 독립적으로 지속할 수 없는 한계를 드러내고 말았다. 즉, 김정일 정권의 경제정책 우선순위는 경제 개선 그 자체가 아니라 선군경제전략을 통한 국방공업의 강화, 그리고 그것을 통한 군사력 증대에 있었던 것이다. 1980년대 후반 사회주의권의 몰락과 1990년대 북한 경제위기의 고비들을 지나면서 김정일 정권은 체제의 생존을 위해 경제가 아닌 군사를 선택하였고 군사를 지원하는 수단으로 경제 변화를 실험하였던 것이다. 사실상 김정일의 2012년 강성대국 건설 전략의 목표는 1980년대 후반의 생산력 수준을 복원하는 것에 불과했다. 그러나 북한의 경제 정상화 노력은 기대에 크게 못 미쳤고, 채우지 못한 부분은 세습 지도자 김정은의 몫으로 남겨지게 되었다.[6]

III. 김정은 정권의 경제개발 정책 특징

김정은 정권이 공식적으로 출범한 2012년 4월 이전부터 김정은의 권력 행보는 다양하게 진행되어 왔는데 후계체제를 수립하는 과정에서 경제문제는 중요한 걸림돌로 존재하였던 것 같다. 북한이 2009년 11월 말에 느닷없

---

[6] 김정일 정권이 2012년에 이루어질 것으로 기대하며 내세웠던 강성대국의 달성목표는 현실의 실제 생산량과 큰 차이를 보였다. 전력생산능력의 목표를 776만 kwh로 잡았으나 2011년 실제 전력생산량은 209kwh에 불과했다. 비료생산량은 100만 톤 목표치 중 실제 47만 톤에 그쳤다. 자동차 1만 대 생산을 목표로 정했으나 실제로는 4천 대에 머물렀다. 이와 관련하여 다음을 참조 바람. 권영경, "김정은 시대 북한 경제정책의 변화와 전망,"『수은북한경제』2014년 봄호, p.10.

〈그림 1〉 7 · 1조치 직후~화폐개혁 직전 기간 달러환율 및 쌀값(kg) 추이

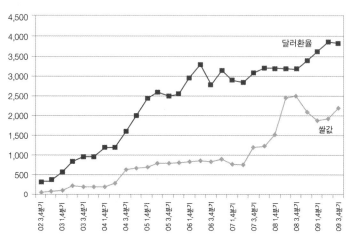

자료: 『데일리NK』

〈그림 2〉 화폐개혁 이후 달러환율 및 쌀값(원/kg) 추이

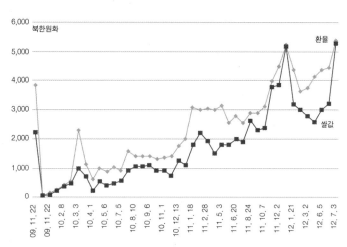

자료: 『데일리NK』
주: 각 날짜는 주간을 의미하나 주간 마지막 날짜로 표기

이 단행한 화폐개혁은 그동안 만성화되어온 북한 경제의 침체를 한순간에 제거하고 비공식경제 영역의 경제력을 공식경제 영역으로 흡수하여 계획경제의 정상화를 시도하려는 '리셋버튼'이었다. 그러나 그것은 북한 경제를 수렁으로 인도하는 잘못된 안내판이었으며 북한의 고질병인 인플레이션을 악화시키는 촉진제가 되었다. 〈그림 1〉과 〈그림 2〉에서 보듯이, 북한의 쌀값과 환율은 2002년 7·1개선조치 이후 증가해왔는데, 2009년 화폐개혁 이후 한풀 꺾였다가 곧이어 급증하여 이전보다 높은 수준에 이르게 되었다. 2009년의 화폐개혁은 북한 정권이 시장세력을 약화시키려는 의도가 있었던 것으로 해석되는데, 이는 물가상승을 부추김으로써 정부의 계획기능은 마비되고 오히려 시장의 기능이 돋보이게 만드는 결과를 낳고 말았다.

이러한 경제상황 변화를 권력 상층부에서 목격하고 준비하던 후계자 김정은이 아버지 김정일의 갑작스런 사망으로 인해 권력을 인수하면서 표방했던 것은 아버지가 만든 '선군'의 틀이었다. 김정은 정권은 2012년 4월 공식 출범한 이후 12월 장거리 미사일 발사를 성공시키고 2013년 2월 제3차 핵실험을 단행함으로써 군사강국 건설의 유업을 충실히 받드는 모습을 과시하였다. 2013년 상반기동안 북한은 미국과의 핵전쟁을 운운하는 등 도발 언행을 지속하였는데, 이는 신생 정권이 국내외에 존재감을 인식시키는 중요한 정치행위로서 김정은 정권의 정통성을 확립하는 데 필수적인 선택으로 해석된다. 그러나 문제는 북한이 도발을 통해 국제사회의 대북제재 수위를 더욱 높게 만들었으며 대외관계의 악화를 초래함으로써 북한이 현실 속에서 절실히 필요로 하는 경제 정상화의 기초가 더욱 약화되었다는 것이다.

김정은 정권은 2013년 3월 31일 당중앙전원회의를 통해 '경제·핵무력 병진노선'을 채택하였다. 이는 크게 보면 김일성 시대의 국방·경제 병진노선, 그리고 김정일 시대의 선군경제노선과 유사한 사상적 지향점을 갖고 있지만, 핵무기 개발의 완성도가 높아져가는 상황에서 이전과는 다른 논리를 보여주는 것이다. 김정은 정권은 핵무력 증강이 "국방비를 늘이지 않고도 적은 비용으로 나라의 방위력을 더욱 강화하면서 경제건설과 인민생활 향상에 큰 힘을 돌릴 수 있게" 한다고 설명하고 있다.[7] 노동신문은 이를 반복하여 강조하고 있다. "핵강국이 되면 강력한 전쟁 억제력에 기초하여 경제건설에 자금과 노력을 총집중함으로써 비약적인 발전을 이룩할 수 있다."[8]

북한의 주장은 핵무기 보유를 통해 군사적인 문제가 해결되었으므로 기존의 군사비용을 경제건설에 투입할 수 있다는 것인데, 과연 기존의 군사부문의 재원 소비가 크게 축소되고 그에 해당하는 몫이 경제부문으로 이전될 수 있을지는 의문이 아닐 수 없다. 김정은 정권이 정치논리상 선군을 앞에 내세우면서도 권력구도 상 아버지 세대의 선군에서 선당으로 변화를 시도하고 있다는 해석은 위의 주장을 뒷받침할만한 자료가 된다.[9]

김정은 제1비서의 국정운영 스타일은 확실히 이전 세대의 리더십과 차이를 보이고 있다. 젊기 때문에 개방성과 투명성, 경험부족이기 때문에 진취성과 공격성, 세습권력이기 때문에 선전성과 기만성을 보인다고도 할 수 있으나, 아직 김정은의 통치기간이 3년에 불과하므로 김정은만의 스타일을 확립할 때까지는 좀 더 두고 봐야 할 것 같다. 〈표 5〉에서 보듯이, 김정은 정권의 경제관련 발언은 긍정적인 것과 부정적인 것을 모두 포함하고 있다.

어쨌거나, 김정은 정권의 경제정책 특징을 이해하려면 2012년 정권 출범 직후부터 일부 경제단위에서 시범 실시하고 있는 '새로운 경제관리체계' 또는 '새로운 경제관리방법'을 살펴볼 필요가 있다.[10] 〈표 6〉에서 보듯이, '6·28조치'로 명명되고 있는 김정은 정권의 경제조치는 기업관리, 농업관리, 재정금융, 유통부문, 가격부문 등에 있어서 자율성과 다양성을 대폭 허용하는 것을 특징으로 하고 있다.

긍정적인 시각에서 보면, 김정은 정권의 경제조치는 첫째, 급진적 개혁·개방의 가능성을 보여주는 것은 아니지만 과거의 경험을 바탕으로 점진적이

7) "김정은 당중앙위원회 2013년 3월 전원회의 보고 전문," 『조선중앙통신』, 2013.4.2.
8) "우리 당의 경제건설과 핵무력건설의 병진로선은 항구적인 로선이다." 『노동신문』, 2013년 5월 3일.
9) 이와 관련하여 정성장 등의 주장을 참조 바람.
10) 2012년 6월 28일 김정은 제1비서가 당중앙위원회 책임일군들과 한 담화('우리식의 새로운 경제관리체계를 확립할 데 대하여')를 참조바람.

〈표 5〉 2012년 김정은 정권의 경제관련 발언

긍정발언	양형섭 최고인민회의 상임위 부위원장, "**다른 나라들의 경제개혁 사례를 들여다보고 있다**"(AP통신과의 인터뷰, 1.16)
	김정은, "중국의 방법이든, 러시아나 일본의 것이든 **사용할 수 있는 수단이 있다면 도입하라**"(당간부들과의 대화, 1.28)
	김정은, "모든 경제문제를 내각에 집중시키고 **내각의 통일적인 지휘에 따라** 풀어나가야 한다."(4.6 담화)
	김정은, "인민이 다시는 허리띠를 조이지 않게 하겠다… **세계적 추세를 따라잡겠다**"(4.15 연설)
부정발언	김정은, "사회주의 강성국가 건설위업을 성과적으로 달성하려면 첫째도 둘째도 셋째도 인민군대를 백방으로 강화해 나가야 한다"(4.15 연설)
	조평통, "그 무슨 정책변화의 조짐이니 개혁·개방의 시도니 떠들고 있는데, 이는 우리에 대한 극도의 무지와 불순한 흉심을 드러낸 가소로운 망발이다 … 지금 우리의 정책은 철두철미 절세의 위인들의 사상과 위업을 대를 이어 계승 완성하기 위한 것으로서 여기서는 **그 어떤 추호의 변화도 있을 수 없다**"(7.29)
	노동신문, "우리 혁명이 전진하는 과정에 임무와 전술, 투쟁방법은 달라질 수 있으나 전략적 로선에서는 변화가 있을 수 없다… 우리에게서 정책변화나 **개혁·개방을 기대하는 것**은 해가 서쪽에서 뜨기를 바라는 것과 같은 **어리석은 개꿈이다**"(8.13)
	우리민족끼리, "오늘의 전변 앞에서 어중이 떠중이들의 개혁, 개방설은 말 그대로 물거품으로밖에 될 수 없다… 온 나라 방방곡곡에서 일어나는 기적과 혁신은 그대로 **대결광신자들의 개혁, 개방설**을 산산조각내는 폭탄이 되고 있다"(8.16)

고 비위협적인 경제안정화 방안을 모색하는 것으로 해석되며, 둘째, 최근 권력구조 개편과 더불어 '선당정치·선경정치' 노선으로 전환할 가능성 때문에 7·1조치보다 큰 폭으로 변화를 추진할 가능성을 갖고 있고, 셋째, 위기 관리를 위한 비상 통치체제 하에서 태동한 선군정치 명분이 약화되는 가운데, 북한식 세계화 전략에 따라 당과 국가가 개혁·개방의 속도를 조절하며 전반적 변화를 모색하는 일환으로 보여진다.

그러나 부정적인 시각에서 보면, 김정은 정권의 경제조치는 첫째, 자원이

〈표 6〉 '6·28새경제관리체계'에 관한 주요 보도 내용

분야	내용
경제정책 주관기관	• 내각이 '경제사령부'로서 주도
농업분야	• 분조단위 축소 　- 현재의 10~25명 단위 → 4~6명 단위로 축소 • 작업분조에 토지 할당; 필요 생산비용 국가 선지불; 협동농장, 기업소, 각급 기관들이 보유한 유휴토지, 작업분조에 임대 • 생산비용, 곡물 수매가격 시장가격으로 계산 • 생산물분배 방식: 정량제에서 정률제로 개편 　- 국가와 작업분조 간 생산물 7:3 비율로 분배, 70% 시장가격 수준으로 국가수매, 나머지는 작업분조에 현물분배, 자율판매 허용 • 목표량 초과분의 작업분조 처분권 부여
국영 기업소 분야	• 최초 생산비 국가가 투자(비용지불) • 기업소 자체 계획에 의해 자율적으로 원자재 구매 • 생산·판매한 후 국가와 기업소 일정비율로 판매수입 분할 　- 생산비용, 생산물의 판매가격을 시장가격으로 계산 　- 생산설비, 자재, 전력 등 기업 간 자유거래 허용 　- 생산물의 시장판매 허용 　- 국가납부금은 외화로 납부 • 기업소 획득 판매수입, 재투자 등 자율 사용 허용 　- 그러나 개인에 의한 공장·기업소 설립은 불허
노무관리 임금소득 배급제 관련	• 공장·기업소 간부는 당이 임명 • 기업소의 개인투자 허용 • 배급제시스템 이원화 　- 국가예산제 공장·기업소(군수공장, 중앙이 관리하는 특급·1·2급 기업) 국가기관 사무원, 교육·의료부문 종사자는 배급제 유지 　- 국가예산제 공장·기업소의 '생필직장', 독립채산제 기업은 전면 임금제 실시(전면 임금제 실시하는 공장·기업소 근로자들의 임금 현실화) 　- 무료교육제도, 무상치료제도는 유지
서비스· 상업분야	• 개인투자 부분 합법화 　- 개인들의 운송, 상점, 편의 봉사소, 식당에 투자를 통한 경영 참여 허용 　- 이윤의 10~20% 국가납부, 개인투자 기관에서의 노동력 고용

집중된 권력기관과 기득권층에 대한 김정은 신정권의 공격 수단일 뿐이며, 둘째, 김정은 체제의 통치기반 강화 차원에서 안정적인 외부환경을 조성하기 위해 중국과 국제사회의 적극적 협조를 구하는 평화공세의 일환이고, 셋째, 권력 장악을 위한 장성택 주도의 작품으로서 개혁·개방을 지향하는 것이 아니라 권력투쟁을 이겨내기 위한 임시방편으로 등장한 것으로 해석된다. 특히, 지난해 장성택 처형사건에도 불구하고 경제조치의 철회가 없는 것은 김정은 권력구도의 중앙으로 진출하려는 특정 기득권 세력이 장성택 세력을 대체하고 경제건설이라는 이권 재분배 과정에 합류했기 때문이라고 보여진다. 3대세습을 통해 등장한 김정은이 현재 권력 장악과 통치력을 발휘해야 하는 과제를 안고 있으므로 본질적인 개혁을 추진하는 것이 매우 곤란한 상태라고 해석된다.

김정은 정권이 맞닥뜨린 정치·경제 과제의 핵심은 바로 통치체제 안정 및 공고화를 위한 자원(resources)의 확보라고 할 수 있다. 즉, 자원고갈 여부가 북한 체제 안정성의 주요 변수로 등장하고 있다.[11] 신임영도자 김정은이 내부 자원을 독점하고 신진 엘리트들에게 배분함으로써 권력을 장악하기에는 기득권 세력의 저항이 클 수도 있다. 그러므로 김정은 정권으로서는 외부자원을 확보하여 신진세력의 영향력 확대를 통해 기득권 세력의 저항을 상쇄시키고 김정은에게 권력을 집중시켜 체제를 안정화시키는 전략을 추진할 수도 있을 것이다. 2013년과 2014년에 걸쳐 김정은 정권은 5개의 중앙급 경제특구와 19개의 지방급 경제개발구를 지정·운영 하려는 계획을 발표하였는데, 이것의 핵심은 외자유치를 촉진한다는 것이다(아래 그림 참조).

김정은 정권은 현재까지 지정된 19개 경제개발구 사업을 통해 새로운 경제동력을 확보하기를 기대하고 있다. 지방급 경제개발구는 불가피하게 지방 내 장마당과 연계되지 않을 수 없다. 무엇보다 외자유치가 관건이지만 현재

---

11) Robert Collins가 정리한 자원결핍과 정권붕괴의 상관성 논리(자원고갈 ⇒ 국가 통치 기능 저하 ⇒ 지방의 독자적 세력 등장 ⇒ 중앙정부의 탄압 ⇒ 반중앙정부 저항 ⇒ 국가 내부 분열 ⇒ 정권 교체)는 특히 김정은 시대에 들어와 그 적용 여부가 주목된다. Robert D. Kaplan, "When North Korea Falls," *The Atlantic*, October 2010.

김토일 기자 / 20140723
@yonhap_graphics(트위터)

북한의 부정적인 대외환경을 고려하면 한동안 기대한만큼 자금이 공급되기
는 어려울 것이며 경제개발구 추진도 지체될 수밖에 없을 것이다.

  그럼에도 불구하고 북한의 경제개발구 설치는 나름대로 의미가 있다. 투
자유치를 명분으로 북한의 대외 접촉점이 될 수 있기 때문이다. 북한은 외
국 기업의 투자뿐만 아니라 외국 전문가들의 지식 공헌의 길을 열어놓고
있다.12) 외부 전문가들의 특구 개발 참여가 허락됨으로써 국제사회의 대북
지식공유 기회가 만들어질 수 있는데, 이로써 북한의 개발역량이 강화될 수
도 있을 것이다. 외부의 선진 기술과 개발 노하우가 들어오지 않고서는 기
존의 노후하고 정체된 생산체제를 개선할 방법이 없기 때문이다. 최근 러시
아는 향후 12년에 걸쳐 북한 철도망(약 7,000km 중 3,200km)에 대한 현대

---

12) 2013년 11월 6일에 채택된 북한 최고인민회의 상임위원회 결정 제147호의 제2장 제6
조는 "관리기관의 성원으로는 해당 부문의 풍부한 사업 경험과 전문지식을 소유한
우리나라 또는 다른 나라 사람이 될 수 있다"고 규정하고 있다. 김성훈, "北 김정은,
中·러 교감속 과감한 문호개방," 『매일경제』, 2014년 11월 4일.

화 프로젝트를 추진하기 위해 250억 달러(약 26조1,800억 원)를 투자하기로 결정했다.13) 북한과 러시아간에 어떤 협의가 있었는지는 모르나 북한의 변화 움직임 속에서 러시아의 협력 조치는 북한 변화 속도를 높여주는 긍정적 신호임에는 틀림없다. 단, 러시아의 대북 경제협력 결정이 실제 추진되는지는 좀 더 두고봐야 할 일이다.

IV. 북한의 국제개발지원 수용 현황과 과제

1. 국제사회의 북한개발지원 현황

북한이 외부의 지원을 수용할 수 있으려면 상당한 정도로 개방될 뿐만 아니라 개혁되어 있어야 한다. 다른 말로 하면, 북한이 최소한의 필요 수준까지 개혁과 개방을 하지도 않은 채 국제사회로부터 개발지원을 받는다는 것은 불가능하다. 왜냐하면 국제사회의 개발지원은 엄격한 규범과 관례에 따라 지원 효과성에 초점을 두고 행해지기 때문이다. 정치적 의도나 목적에 따라 타협할 수 있는 것이 아니다.

그러나 중환자가 스스로 건강을 되찾아 '몸짱 만들기' 프로젝트에 참여하는 것은 불가능하듯이, 구조적인 문제점을 안고 있는 북한 경제체제가 스스로 폐쇄성과 비효율성을 제거하고 생산성 증대를 도모한다는 것 역시 불가능한 일이다. 또한, 건강회복에 대한 환자의 의지와 더불어 가족들의 보호와

13) 알렉산드르 갈루슈카 러시아 극동개발부장관은 지난 10월 28일 북한 철도망 현대화와 신규 철도 노선 건설사업을 추진키로 했다고 발표했다. 그리고 러시아는 투자 대가로서 북한이 보유하고 있는 6조원 가치 규모의 희토류 채굴권을 확보하려는 것으로 알려졌다. 윤대원, "러, 북한 철도망·송전망에 250억 달러 투입,"『전기신문』, 2014년 10월 30일.

병원의 체계적인 치료가 있어야 환자의 재기가 가능하듯이, 북한 스스로의 경제개선 의지와 남북협력 그리고 국제협력이 함께 병행되어야 북한 경제의 정상화는 현실화될 수 있다. 그러므로 국제사회의 북한개발지원은 북한 내부의 경제변화 몸부림 그리고 남북협력 등과의 상호 연계 속에서만 효과를 거둘 수 있다. 북한의 국제개발지원 수용 역량이 증대하지 않고서는 외부의 어떠한 지원도 북한 경제 건설에 긍정적인 도움이 되지 못한다.

그동안 북한이 국제사회로부터 제공받은 지원은 대체로 인도적 지원에 국한되어 있었다. 인도적 지원(humanitarian assistance)이 단기적이고 소모적이라면 개발지원(development assistance)은 장기적이고 생산적이라는 특징을 갖는다.[14] 대북 지원에 참여했던 선진 공여국들은 북한의 핵개발과 같이 민감한 정치적 이슈가 방치된 상황에서는 인도적 지원을 넘어선 개발지원은 불가하다는 입장을 갖고 있다.

〈그림 3〉에서 보듯이, 1990년대 후반부터 2000년대 후반까지 국제사회와 한국의 대북 지원 추이는 상반된 곡선을 그리고 있다. 국제사회의 대북 지원 규모는 1998년에 2억1,600만 달러에서 2006년 1,900만 달러로 축소하였고 2007년에 상향했다가 2009년에 1,800만 달러로 하향하였다. 한국의 대북 지원 규모는 1998년에 3,200만 달러에서 3억500만 달러까지 상승했으나 2009년에 2,600만 달러 수준으로 축소되었다.

과연 국제사회의 대북 지원은 어떤 효과를 갖는가? 인도적 차원에서 볼 때, 그동안 국제사회의 지원은 북한 내 취약계층의 기아문제를 해소하는 데 일정 부분 도움이 된 것으로 평가되기도 한다. 부족한 식량문제를 완화했을 뿐만 아니라 취약계층, 특히 어린이들의 영양상태를 개선하는 데 기여한 측

---

14) 인도적 지원은 자연재해나 전쟁 등에 따른 긴급 상황에서 생명 연장을 위해 필수 물품을 제공하는 지원을 의미하는 반면, 개발지원은 생산의 지속이나 생활수준 향상과 관련된 인적, 물적 역량 구축을 목적으로 하는 지원이다. 인도적 지원이 긴급구호를 목적으로 하며, 공여자 중심의 상황 판단 하에서 조건없이 제공되는 것이라면, 개발지원은 지속가능한 발전을 목적으로 하며, 수혜자의 개발 전략을 체계화하고 개발역량을 배양하는 과정에서 공여자의 요구를 반영하는 조건적인 지원이다. 다음을 참조 바람. 최수영 외, 『북한개발지원의 쟁점과 해결방안』(통일연구원, 2009), p.116.

면도 있다. 또한 국제사회의 지원이 북한의 농업생산성 제고를 통해 식량문제 해결에 기여한 부분도 인정된다. 과거 남한으로부터의 비료 공급(연간 20~35만 톤)은 북한 식량생산성 향상의 주요 원인으로 평가된다. 그리고 국제사회의 지원 과정은 북한 관리 및 주민들의 시장경제 학습의 기회로 작용한 측면도 있다.

그러나 지난 20여년에 걸친 긴급구호가 북한의 빈곤을 퇴치하고 보건의료나 인권 상황을 개선하는 등의 기대효과를 보여주지 못한다는 비판이 제기되면서 이른바 '원조 피로현상'이 발생하고 있다. 북한은 지난 20여년간 수많은 변화의 제스처들을 보여주기는 했으나 결과적으로는 외부관찰자들이 기대하는 유형의 변화를 허락하는 대신 대외개방에 대한 거부반응만 일관되게 보여오고 있다. 북한은 외부인들의 북한 내부 접근을 철저히 차단하고 통제해 왔는데, 경제 개방을 연상시키는 조치들이 도입된 경우에도 북한 주민들의 외부인 접촉은 극도로 제한되어 개방의 효과는 미미할 수밖에 없었다. 〈그림 3〉에서 나타난 대북 지원 추이의 시사점은 국제사회의 대북지원이 핵개발이라는 북한의 정치적 행위에 의해 영향을 받았으며, 한국의

〈그림 3〉 국제사회 및 한국의 대북지원 추이

(백만 달러)

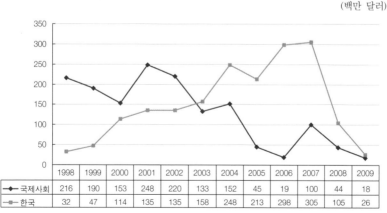

	1998	1999	2000	2001	2002	2003	2004	2005	2006	2007	2008	2009
국제사회	216	190	153	248	220	133	152	45	19	100	44	18
한국	32	47	114	135	135	158	248	213	298	305	105	26

자료: 유엔인도지원사무국(UNOCHA) Financial Tracking Database 및 통일부 남북교류협력동향

대북 지원은 정권교체라는 한국 내부의 정치적 변동에 의해 영향을 받았다는 것이다.

북한 경제위기의 근본 원인이 자연 재해 등 일시적인 것이 아니라 북한 경제 자체의 구조적 한계에 있다는 인식이 확산하면서 인도적 지원의 한계도 부각되고 있다. 그 대안으로 떠오르는 것이 바로 개발지원이다. 북한 개발의 종합적 계획과 전략을 수립하고 다양한 재원 투입과 더불어 국내외 협력체계를 구축해야 할 필요성이 제기되고 있다. 북한은 2005년 9월 UN의 인도적 지원 대신 개발지원을 수용하겠다는 입장을 UN에 통보한 적이 있다.15) 그러나 앞 장에서 서술한 바와 같이, 북한은 계획경제체제를 유지한 채 개발지원에 따른 기술전수, 인프라 건설, 물자 및 자금 유입 등을 통해 경제발전을 추구하고자 한다.

북한에 대한 인도적 지원도 정치적 변수에 의해 영향을 받을 수 있는 현실 속에서는 개발지원을 위한 국내외 여건 조성이 더욱 까다롭다고 할 수 있다. 북한이 국제사회와 함께 핵문제 등 민감한 정치이슈의 해결 과정에 진입했다고 가정할 때에만 북한에 대한 개발지원 논의가 가능해진다. 개발지원이 체계적으로 추진되려면 국제사회의 지원 역량뿐만 아니라 북한 내부의 수용 역량도 일정 수준 이상으로 확보되어 있어야 한다. 국제사회의 펀딩(funding) 규모가 계획 목표에 도달하지 못하여 사업 실적이 저조하게 되는 등 여러 가지 외부 요인으로 인해 국제사회의 지원 계획이 제대로 실행되지 못할 수 있다. 그와 동시에, 지원대상인 북한의 개발지식 및 관리인력의 결여 등 내부 요인에 의해서도 지원 계획은 방해받을 수 있다. 그러므로 북한의 수용역량을 강화하는 방안에 관해 심도있는 검토가 필요하다.

---

15) 북한은 미국이 식량문제를 정치적으로 다루고 있기 때문에 인도적 지원을 중단하라고 요구하였다. 『연합뉴스』, 2005년 9월 24일.

2. 북한의 개발지원 수용 과제

현재까지 북한의 시장화 현상들이 북한 변화의 방향을 가늠하는 핵심요인으로 간주되어왔다. 즉, 북한의 시장경제 요소로 인식되는 장마당의 생성 및 확산 현상이 북한경제 변화의 중요한 지표로 지목되었던 것이다. 2003년 북한이 종합시장을 설치한 것은 시장경제의 본격적인 도입 신호라는 측면에서 외부의 많은 관심을 불러일으켰다. 그러나 북한이 강력한 통제체제를 통해 시장에서 발생하는 이윤을 국가가 환수하는, 즉 '국가가 시장에 기생하는' 기형적 구조를 형성함으로써 장마당 현상에 대한 해석을 낙관적으로만 할 수 없게 만들었다. 그러나 북한주민들이 생존차원에서 선택한 장마당 참여는 부지불식간에 자본주의 학습의 기회가 되고 있다. 장마당 활동이 증가할수록 주민들의 국가의존도는 당연히 낮아지고 자발성은 높아지는 것으로 이해된다.[16]

북한의 계획 기능이 마비되고 장마당 기능이 상대적으로 강화될수록 북한 정권의 통치자금 마련이 시급한 현안으로 떠오르고 있다. 계획경제체제 하에서 국가가 경제 부문에 재원을 제공하는 것이 당연하나 정부 재정의 악화로 인해 각각의 경제 단위들이 독자적으로 재원을 확보해야 하는 상황이다. 재원의 대부분은 무역을 통해 획득한 외화로서 당과 군부가 핵심적인 외화 조달 사업들을 장악할 뿐만 아니라 산하조직으로 운영하는 각종 금융기관을 통해 관리하고 있다.

북한의 핵심 과제는 외자를 유치하는 것이다. 북한은 취약한 자본동원 능

---

16) 그러나 북한주민들은 국가에 대해 집단적 저항을 하지 못한다. 개인의 대인관계에 대한 조직적인 감시가 철저한 통제체제 속에서 살아온 북한주민들은 개인의 선택이 지인에게 미칠 부정적 효과를 알고 있기 때문에 반체제 언행을 자제할 수밖에 없다. 이는 개인주의가 강한 선진 자본주의 사회의 반대 경우에 해당하는데, 개인의 존재가치가 집단과의 연결성에 의해 좌우되는 후진 봉건주의 사회 특성 측면에서 이해된다. 그러므로 화폐개혁 이후 주민들의 대정부 불만이 고조되고 확산되었을 것이라는 외부의 평가와는 달리 북한 내 사회동요 조짐이 발견되지 않는 이유를 여기서 찾을 수 있을 것이다.

력을 보완하기 위해 원리금 상환 부담이 없고 기술까지 도입할 수 있는 외국인 투자에 관심을 둘 수밖에 없다. 1980년대 조총련 자본의 투자 유치와 1990년대 나진·선봉 경제특구가 대표적인 성공 사례로 꼽히지만, 그나마 전력 공급능력의 부재와 남한자본 유입의 거부 등이 겹치면서 실패하고 말았다. 1990년대 중후반 이후 대중국 투자유치도 잇따랐지만 실제 투자로 이어진 경우는 미미하다. 북중 간에 공동 투자 개발하고 있는 두 개의 특구 중 황금평 특구는 거의 정지된 상태이고 나선 특구는 활발히 추진되는 상황이다.

북한이 국내의 개발 특수를 불러일으킴으로써 경제 활성화를 추진하고자 해도 그를 뒷받침할 중요한 조건들이 갖춰지지 않으면 '그림의 떡'이 될 수밖에 없다. 필요한 조건들 중의 하나가 바로 금융이다. 금융제도가 제대로 갖춰지고 작동하지 않는 한 북한 특구에 대한 외부의 자금 투입은 불가능하거나 또는 최소화될 것으로 예상된다. 예를 들면, 북한이 시중 통화를 흡수함으로써 인플레이션 압력을 완화하고 국가재정을 확충할 수 있는 수단으로서 2003년에 '인민생활공채'를 발행한 적이 있으나 결국 구태의연한 '공채헌납운동'으로 전락하고 말았다.

북한은 2002년 7·1경제관리개선조치 이후 중앙은행법과 상업은행법 제정 등 금융 관련 법제도의 변화를 시도하였으나 실제 현실 속에서 효력을 발휘하지 못하고 있는 실정이다.[17] 북한은 2006년에 상업은행법을 제정하여 조선중앙은행 중심의 단일 은행제도를 이원체제로 변경하고 시장경제 도입을 준비하는 것처럼 보였으나, 기대와는 달리 북한 내 상업은행 설립은 매우 요원한 과제로 남아있다.[18] 그동안 무현금거래를 통해 통화유통을 직

---

17) 북한은 2003년에 회계법과 화폐유통법을, 2004년에 재정법과 중앙은행법을, 2005년에 국가예산수입법과 보험법을, 그리고 2006년에 상업은행법과 자금세탁방지법 등을 정비한 바 있다.

18) 북한의 금융은 조선중앙은행이 통화발권(중앙은행 기능)과 자금배분(상업은행 기능)을 모두 독점하는 일원적 은행제도를 특징으로 한다. 조선무역은행은 대외거래를 전담하는데, 외환정책을 수행하면서 외화 관련 상업은행의 역할도 담당하고 있다. 북한 금융의 특징은 당, 군, 내각 등 국가기관들에 소속된 전문은행들이 기관들의 산하 무역 회사들의 경제활동을 지원하기 위해 제각각 특정된 기능을 수행한다는 것이다.

접 관리하려고 했던 북한의 금융제도가 제대로 작동하려면 무엇보다도 중앙은행과 상업은행의 기능을 분리하여야 한다. 이는 북한이 국제사회의 개발지원을 수용할 때 효과성과 효율성을 제고하는 매우 중요한 결정 요인이기 때문이다.

북한이 국제사회의 개발지원을 수용하기 위해서는 금융개혁 이외에도 수많은 내부 장벽을 제거해야 하는데 그 과제들 역시 국제사회의 도움을 받아 해결해야만 한다. 북한의 수용역량을 강화하기 위한 몇 가지 주요 과제는 다음과 같다. 첫째, 북한이 국제사회의 개발지원을 수용하려면 북한정부가 최우선 순위로 강조하는 체제안정과 관련된 딜레마를 극복해야 한다. 북한정부의 체제안정을 해치는 내부 장애물인 경제난을 극복하는 방법은 경제행위자들에게 인센티브를 제공하는 시장경제 요소를 도입하여 생산성을 향상하는 것인데, 보수적인 계획경제 지지자들에게는 시장경제 요소가 체제안정의 위협 요인으로 인식되기 때문에 시장경제 제도의 확대뿐만 아니라 그 것을 요구하는 개발지원의 수용조차 거부하는 딜레마가 발생하는 것이다. 이는 국제사회의 체계적이고 지속적인 설득과 지원을 필요로 하는 동시에 북한 스스로 인식의 변화와 정책적 의지를 보여야만 해결되는 문제이다.

둘째, 이와 관련하여, 개발지원에 있어서 지원의 주체가 외국정부 또는 국제기구라 한다면 사업실행의 주체는 수혜국인 북한일 수밖에 없다. 그러므로 지원을 받는 북한정부가 어떤 태도와 의지를 갖느냐에 따라 개발지원의 규모와 속도가 결정될 것이다. 즉, 북한정부가 주인의식(ownership)을 갖고 적극적으로 내부 개혁을 통해 개발지원이 수용될 환경을 조성할수록 국제사회의 지원은 더욱 확대되고 효과적으로 전개될 수 있는 것이다. 국제사회의 개발지원이 효과를 발휘하려면 북한 스스로 개발사업의 기반을 조성하고 경제구조를 개선하도록 현지에 적합한 전략과 발전계획을 수립해야 한

그러므로 각각의 국가기관이 무역결제 등 금융 업무를 독자적으로 수행할 필요가 있을 때 은행은 수시로 설립하거나 폐지되기도 한다. 이외에도 외환 거래만을 위한 합영은행들이 존재한다.

다. 개발에 필요한 자원과 인력을 동원하고 분배하는 것은 북한당국이 판단
하고 실행할 일이다. 국제사회는 북한의 개발전략이 효율적으로 추진되도록
도와줄 뿐이다.

셋째, 북한의 개발전략 수립이 공여국 원조와 일치하도록 조율되어야 한
다. 북한이 사업의 주도권을 갖기는 하나 사업별 추진전략과 지원규모 등을
일치시키기 위해서는 사업 추진과정에서 공여국 또는 공여기관과의 긴밀한
협의가 필수적이다. 즉, 개발지원의 성공을 위해서는 파트너십 형성이 핵심
사안일 수밖에 없다. 이는 북한개발지원의 효과성 제고를 위해 공여국들 또
는 공여기관들의 원조활동을 상호 조정하는 문제와 맞물려 있기도 하다. 조
율 또는 조화의 문제를 소홀히 하면 중복투자 예방이나 효과적인 사업 우선
순위 선정 등이 불가능해져 개발지원의 효율성이 떨어질 수밖에 없다.

넷째, 무엇보다도 북한 경제의 윤곽을 보여줄 수 있는 정확한 경제 통계
체계가 확립되어야 한다. 이는 북한에 대한 국제 ODA의 체계적인 추진을
위해 절대적으로 필요한 요소이다. 국제사회가 요구하는 수준의 통계 자료
가 제공되지 않는다면 북한 경제 실태에 대한 평가와 대응방안이 일관성을
갖지 못하게 되어 외부의 ODA 계획 수립은 차질을 빚을 수밖에 없다. 북한
의 계획경제체제가 스스로 경제 통계를 생산하기는 매우 어렵기 때문에 국
제사회가 기초적인 통계 작업을 지원해 줄 수 있다. 통계는 북한이 국제원
조사회에 명분과 동기를 제공하는 핵심 장치라 할 수 있다.

다섯째, 국제사회의 대북 개발지원 투명성을 높이려면 지원 프로젝트를
추진하는 외부행위자뿐만 아니라 수원국인 북한의 투명성 확보 노력이 절대
적으로 필요하다. 개발지원과 관련된 프로젝트를 발굴하고 추진하는 과정에
서 심사의 투명성은 핵심이다. 정확한 심사를 통해 사업 타당성이 확보되어
야 지원 프로젝트의 추진 가능성과 사업 안정성이 높아진다. 투명성 제고
모델을 만들기 위해서는 반부패 조치를 취해야 하고, 거버넌스 이슈를 해결
해야 한다. 투명성은 개발사업의 효율적 추진과 깊은 관련이 있는데 이는
체계적인 행정 시스템 구축을 필요로 한다. 가난의 정도는 제도 및 정책의
비효율성과 깊은 연관성을 갖고 있기 때문에 행정 시스템 재정비는 개발지

원의 효과 제고를 위해 반드시 필요하다. 이에 덧붙여, 공여기관과 수원국 북한의 상호신뢰 행위가 반복되고 축적되어야 개발지원의 지속가능성이 보 장된다.19)

 이러한 과제들을 북한이 어떻게 다루느냐에 따라 향후 북한의 국제지원 수용 역량이 좌우될 것이고 북한의 경제문제들이 해결되는 돌파구가 마련될 것이다. 국제사회의 대북 지원 초점이 긴급구호에서 시작하여 개발구호로, 그리고 개발지원으로 이동해갈수록 북한이 감당해야 하는 책임과 역할은 더욱 커져가기 마련이다. 자원, 인력, 지식, 경험 등 여러 면에서 내적 결핍을 경험하는 북한이 국가급과 지방급으로 나누어 규모별로 경제개발을 추진하겠다면서도 국제사회와의 협력을 준비하지 않는다면 그것은 개발 진의를 의심케 하거나 개발 자체를 이해하지 못한다는 오해를 불러일으키는 요인이 된다.20) 북한이 국제사회의 개발지원을 수용하려면 북한 스스로 변화를 창출하고 실천하는 모습을 보여야 할 것이다.

---

19) 예를 들면, 국제농업개발기금(IFAD)이 1998년부터 2003년까지 농축산 복구사업을 위해 대출금 2,890만 달러를 북한에 지원하였는데 북한은 사업 종료 시점 이전인 2001년 말까지 이미 대출금의 95%를 상환하는 등 신뢰관계를 구축하는 모습을 보였다. 이를 바탕으로 IFAD는 북한에 대한 개발지원 사업들을 계속 발굴하며 추진해오고 있다.
20) 외자유치 등 북한의 대외협력 관련 법제도 수정 조치에 대한 해석은 크게 둘로 나뉜다. 하나는 비록 속도가 느리긴 해도 북한이 개혁개방을 준비한다는 것이고, 또 다른 하나는 핵개발 시간을 벌기 위한 북한의 눈속임수라는 것이다. 북한 법제 변화 특성과 특구 지정 의미에 대해 다음을 참조 바람. 배종렬, "북한의 특수경제지대 추가지정과 남북경제협력," 『수은북한경제』 2013년 겨울호; "최근 개정된 북방특구법제의 개혁개방성─라선 경제무역지대법을 중심으로," 『수은북한경제』 2012년 봄호.

V. 결론

이 글은 북한의 경제정책 변화의 흐름과 특징을 분석함으로써 향후 북한이 국제사회가 제공하는 개발지원을 수용할 가능성이 있는지를 타진하였다. 김정일 정권과 김정은 정권의 경제개선 조치들은 그 개념에 있어서 개혁개방의 전단계 조치로 해석될만큼 혁신적인 것들이지만 현실 속에서는 '박제된 파랑새'처럼 폐쇄적인 계획경제체제의 한계를 넘지 못하고 있다. 북한이 이미 시도했거나 또는 시도하려고 하는 경제조치들이 효과를 거두는 비결은 다름 아닌 국제사회로부터의 지원을 과감히 수용하는 것뿐이다. 왜냐하면 국제지원을 수용하는 과정에서 침체된 북한경제의 전환점이 마련될 수 있기 때문이다.

1980년대 후반 이후 국내외 경제환경의 급격한 변화 속에서 북한은 여러 차례 체제생존을 위한 선택의 기로에 서야만 했다. 아무리 폐쇄적인 북한이라 해도 자체적으로 해결하기 힘든 문제들에 대해서는 외부의 개입을 요청하지 않을 수 없었다. 홍수 피해가 컸던 1995년 여름에 북한은 처음으로 UN에 긴급구호를 요청하였는데, 북한이 긴급구호 중단을 요구한 2004년까지 10년간 국제사회의 대북 지원은 북한의 위기탈출에 직간접적으로 기여하는 중요 변수로 기능하였다. 물론 2000년 남북정상회담과 2002년 7·1경제관리개선조치 등 북한의 대내외 조치가 국제지원의 효과를 증진한 측면이 있는 것도 사실이다.

위에서 살펴본 바와 같이, 북한의 김정일 정권과 김정은 정권은 나름대로 경제난 극복의 방법으로서 새로운 경제개선 조치들을 시도해왔다. 그러나 과거의 조치들은 내부 경제체제의 구조적 한계에 기인한 저항에 부딪혀 심화·확대되지 못하고 실험적 사례로 그치곤 했다. 현재 김정은 정권이 해외투자유치 등 국제사회와의 협력의 중요성을 강조하고 있지만, 과연 어느 정도까지 국제협력의 문을 열어주며 어느 범위까지 경제실험을 확대할 것인지는 여전히 불확실하다. 세습권력체제를 이어가야 하는 김정은 정권이 과연

권력의 굴레를 벗어나 자유롭게 경제개선에 집중할 수 있을지 좀 더 지켜봐
야 할 것이다.

한국은행의 분석에 따르면, 지난 수년간 북한의 경제성장율 지표는 플러
스 성장세를 보이고 있다.[21] 그리고 북한의 식량생산량이 최근 3년간 연속
5%씩 증가했다는 주장도 있다.[22] 2002년에 파격적인 경제개선 조치를 도
입했다가 3년 반 만에 철회했던 북한에서 새로운 경제개선 조치가 2012년
부터 재시도되고 있다. 북한의 경제상태가 실제로 안정을 찾아가는지 여부
는 여전히 반신반의의 대상이 되고 있는데, 그 이유는 북한이 당면한 내외
환경이 이전보다 개선되었다는 근거가 없기 때문이다. 그것이 정권 교체기
에 발생하는 일시적인 호전반응인지 아니면 유학파 지도자의 새로운 리더십
으로 인해 경제관리 능력이 개선된 결과인지는 불분명하다. 어쨌거나, 아버
지 세대가 그랬던 것처럼, 현재 북한의 김정은 정권도 체제의 내적 모순을
안고 권력 유지와 강화를 위한 선택의 갈림길에 서 있다.

〈표 7〉에서 보듯이, 북한의 개혁·개방을 선택하거나 거부하도록 촉진하
는 국내외 요인들을 감안하면, 기로에 선 김정은 정권의 고민은 더욱 깊어질

〈표 7〉 북한의 경제변화 결정 요인

	개혁·개방 요인	수구·폐쇄 요인
내부	- 지도부의 외화 수요 - 경제난 극복과 사회 안정	- 김씨 3대 세습체제와 정통성 근거 - 권력 상층부의 기득권
외부	- 중국의 경제성장 파급효과 - 남한의 대북 경협 수요	- 핵협상과 한·미·일 3국의 대북 제재 - 남북 체제 경쟁과 흡수통일

---

21) 한국은행의 북한관련 통계를 참조 바람(http://www.bok.or.kr/broadcast.action?menuNaviId=2237).
22) 북한 식량생산량 증가 추세와 관련하여 다음을 참조 바람. 미국 자유아시아방송(RFA), 2014년 4월 25일.

것으로 보인다. 북한 리더십이 정통성을 강화하려 하고 권력 상층부의 기득권을 중시하며 대외적으로 도발언행을 지속하는 등 수구·폐쇄를 촉진하는 요인들을 우선시 한다면 북한의 경제조치는 최소의 효과를 거두거나 또는 형식에 그치고 말 것이다. 그 반대로, 북한정부가 외화유치를 통해 경제난 극복과 사회 안정을 추구하며 대외 협력관계를 모색하는 등 개혁·개방 촉진 요인들을 선택한다면 북한의 경제조치는 만성 침체를 벗어나게 하는 새로운 성장동력 확보의 계기가 될 것이다.

▌참고문헌

권영경. "김정은 시대 북한 경제정책의 변화와 전망."『수은북한경제』2014년 봄호.

김규륜 외.『북한개발지원의 쟁점과 해결방안』. 통일연구원, 2009.

김연호. "북한의 휴대전화 사용 실태."『KDI 북한경제리뷰』2014년 3월호.

김중호. "북한의 외화수요에 대한 미국의 전략적 대응."『수은북한경제』2011년 가을호.

_____. "대북 경제제재의 효과와 대북 정책 시사점."『수은북한경제』2012년 여름호.

_____. "대북 경제협력의 방향 모색: 국제 개발협력의 접근법과 시사점을 중심으로."『한국의 개발협력』2012년 제2호.

_____. "김정은 체제의 개혁 개방 가능성."『신아세아』, Vol.19, No.3, 2012년 가을호.

_____. "존폐위기의 개성공단: 현황과 전망."『신아세아』, Vol.20, No.2, 2013년 여름호.

_____. "한반도 신뢰 프로세스의 작동 환경 분석 ─ G2 시대의 새로운 동북아시아 질서를 중심으로."『수은북한경제』2013년 가을호.

_____. "북한과 중국은 왜 경제협력을 강화하고 있는가?" 정덕구 외.『기로에 선 북중관계』. 중앙북스, 2013.

대한상공회의소. "외국인 기업이 본 북한의 개혁·개방 가능성과 경제적 영향 조사." 2012.5.1.

박종철 외.『김정은 체제의 변화 전망과 우리의 대책』. 통일연구원, 2013.

박진환.『장마당에 밀려나고 있는 북한의 계획경제』. 국제농업개발원, 2005.

박형중. "김정은정권은 개혁을 준비하고 있는가." Online Series. 통일연구원, 2012. 5.4.

박희진. "김정일 체제의 경제적 유산과 북한경제 전망: 거점개방과 반개혁의 이중주."『KDI 북한경제리뷰』2012년 5월호.

배종렬. "최근 개정된 북방특구법제의 개혁개방성 ─ 라선 경제무역지대법을 중심으로."『수은북한경제』 2012년 봄호.

_____. "북한의 특수경제지대 추가지정과 남북경제협력."『수은북한경제』 2013년 겨울호.

북한경제포럼 편.『북한경제와 남북한 경제협력』. 오름, 2008.

양문수.『북한경제의 시장화』. 한울, 2010.

오경섭. "북한의 신경제관리체계 평가와 전망."『정세와 정책』 2012년 9월호.

윤대규 엮음.『북한 체제전환의 전개과정과 발전조건』. 한울, 2008.

이교덕 외.『북한의 정상국가화 지원방안 연구』. 통일연구원, 2010.

이상숙. "중국의 대북 경제제재와 최근 북한중국 경제 관계의 동향."『주요국제문제 분석』, No.2014-28. 국립외교원, 2014.

이 석. "북한 주민들을 위한 경제지원: 딜레마와 해결 가능성."『KDI 북한경제리뷰』 2014년 5월호.

이종무 외.『북한개발지원체제의 구축방안』. 통일연구원, 2009.

임강택 외.『북한 경제발전을 위한 국제협력 프로그램 연구 — 국제사회의 경험 분석』. 통일연구원, 2011.

임수호.『계획과 시장의 공존』. 삼성경제연구소, 2008.

장형수 외.『북한개발지원을 국제협력 방안』. 통일연구원, 2009.

_____.『북한 경제발전을 위한 국제협력체계 구축 및 개발지원전략 수립 방안』. 통 일연구원, 2012.

정성장. "김정은 체제의 경제 개혁개방 전망과 과제."『국가전략』 18권 4호. 2012.

정영화·김계환.『북한의 시장경제이행』. 집문당, 2007.

조 민. "김정은 체제의 대내외 전략과 통일정책."『통일정책연구』 제21권 2호. 통일 연구원, 2012.

조봉현. 김정은 체제의 대외개방 조치 평가와 전망.『통일경제』 2013년 가을호.

Babson, Bradley O. "Economic Perspectives on Future Directions for Engage-ment with the DPRK in a Post-test World." *Policy Analysis Brief.* The Stanley Foundation, December 2006.

Haggard, Stephan, and Marcus Noland. *Engaging North Korea: The Role of Economic Statecraft.* Honolulu: East West Center, 2011.

Olson, Mancur. "Dictatorship, Democracy, and Development." *American Political Science Review*, Vol.87, No.3, September 1993.

제**4**장

국제금융기구의 개발지원 메커니즘과 북한개발지원

장형수

한양대학교

국제금융기구의 개발지원 메커니즘과 북한개발지원

I. 서론: 북한의 국제사회 편입의 개념과 중요성

최근 우리사회에서는 북한개발을 위한 논의가 활발해지고 있다. 현재 국제사회에는 대다수 국가가 참여할 유인을 가지고 있는 국제경제질서가 존재한다. 제2차 세계대전이 끝난 뒤 형성된 미국과 소련의 냉전체제는 1990년대 초 소련의 붕괴로 인하여 미국 중심의 국제경제체제로 단일화되었다. 1945년 미국 달러화의 기축통화, IMF의 설립 등 미국의 경제패권을 인정한 브레튼우즈체제(Bretton Woods System)를 기반으로 하는 현재의 국제금융체제는 향후에도 급격한 변화는 없을 전망이다. 브레튼우즈체제의 설립을 논의한 1944년 당시 미국의 경제규모는 이미 영국의 5.7배였다. 2013년 현재 EU 유로존의 경제규모가 미국의 85% 수준이며, 그 다음 경제권인 중국의 경제규모가 미국의 55% 정도인 것을 감안할 때 당분간 미국을 압도하여 현재의 국제경제체제를 바꿀만한 경제력과 국제정치적 영향력을 가진 국가가 나타날 가능성은 매우 낮다. 물론 이보다 더 많은 시간이 지나면 어떠한 꿈도 현실이 될 수는 있을 것이다.

비록 미국이 경제규모와 국제적 영향력 면에서 중국, EU 등 다른 국가와 경쟁하는 다극화 시대가 형성된다 하더라도 브레튼우즈체제는 그 독특한 지배구조 상 일정 기간 지속될 수밖에 없는 구조이다. 브레튼우즈체제의 중심에 있는 IMF의 지배구조는 미국이 단독으로 '거부권'을 행사할 수 있게 되어 있다.[1] 따라서 미국의 이익에 반하는 IMF의 해체 또는 급격한 변화는 불가능하다. 그래서 이러한 브레튼우즈체제를 바꾸기 위해서는 새로운 국제경제체제를 만들어야 하는데 이는 기존 체제 하에서의 변화보다 훨씬 어려운 작업일 수밖에 없다. 이 과업은 기존의 경제패권국인 미국보다 압도적인 정치·경제적 영향력과 국력을 가진 국가만이 할 수 있는 일이다. 2014년 7월 중국, 러시아, 브라질, 인도, 남아프리카공화국은 브라질에서 제6차 브릭스(BRICs) 정상회의를 개최하여 위기대응기금(CRA: Contingency Reserve Arrangement)과 신개발은행(NDB: New Development Bank)을 설립하는 협정에 서명하였다. 브릭스 국가들은 이들 국제금융기구가 설립되면 기존의 IMF와 세계은행에 대응할 수 있을 것으로 기대하고 있다. 그러나 이러한 기대가 현실화되기 위해서는 아직 갈 길이 멀다.

성공적인 북한개발을 위해서는 북한이 현행 국제사회의 대북제재 국면에서 벗어나서 국제사회에 편입되는 것이 필수적이다. 즉, 북한 핵문제가 해결 과정에 들어서는 것이 필요하다. 북한이 현재와 같은 불리한 국제경제여건 하에서 할 수 있는 일은 단기적으로는 어쩔 수 없이 중국에 의존하면서도 근본적으로는 러시아, EU, ASEAN, 중동국가 등으로 경제협력관계를 다양하게 확대하여 현재처럼 편중된 북한 경제의 중국의존도를 낮추는 한편, 국제사회의 대북제재 완화를 추구하는 것이다. 그러나 이러한 시도로는 북한 김정은 정권이 추진하는 경제개발구와 신의주 국제경제지대의 성공을 통한 '경제강국'의 건설을 달성하지 못한다. 의미 있는 국제민간투자가 북한에 들어오기 위해서는 북한이 국제사회에 실질적으로 편입되어야 한다.[2]

---

1) IMF의 지분구조, 협정문 등 주요사항을 변경하기 위해서는 IMF 투표권 85%의 찬성이 필요한데, 미국이 약 16.7%의 투표권을 보유하고 있다.
2) 근래 상당히 큰 규모로 이루어지고 있는 이집트 이동통신사 오라스콤의 대북 투자는 북한 내부에 축적된 외화를 주민들로부터 흡수하려는 북한당국의 의도와 이를 대가로

현재의 국제경제체제 하에서 어떤 국가의 국제사회 편입은 브레튼우즈 자매기관이라고 불리는 국제통화기금(IMF)과 세계은행(World Bank)에의 가입으로부터 시작된다. 또한 경제개발 초기에는 미국, EU 등 경제규모가 큰 선진국들과 무역협정을 체결하여 개발도상국에 적용되는 최혜국대우를 확보하여 수출을 통한 경제개발을 추진하는 것이 가장 보편적인 경제개발 방식이다. 개발도상국에 대한 해외투자는 재무적 타당성(이윤)에 영향을 미치는 투자환경에 따라 좌우될 것이다. 개발도상국의 투자환경에 영향을 미치는 요인으로는 투자유치국 정부의 투자유치정책과 이를 지원하는 국제금융기구의 영향력이 중요하다. 국제금융기구가 개발도상 회원국의 해외민간자본 유치를 위해 필수적인 일종의 '인증서'를 발급하는 역할을 하고 있음은 잘 알려져 있다.

북한개발에 필요한 주요 선진국의 개발도상국에 대한 공적개발원조(ODA: Official Development Assistance)[3] 자금지원도 북한의 국제금융기구 가입 여부와 가입 이후 국제금융기구와의 협력 정도에 의해 상당한 영향을 받게 될 것이다. 일반적으로 개발도상국에 대한 민간투자는 투자자가 속한 국가의 공적개발원조와 함께 유입되는 경우가 많다. 그래서 북한의 국제금융기구 가입 이후 IMF, 세계은행 등은 북한당국이 거시경제정책의 안정성, 구조조정정책 등을 얼마나 충실히 수행하고 있는가를 평가하고 이를 정책문서의 형태로 웹사이트에 공지한다. 이러한 국제금융기구의 판단은 주요 선진 원조공여국의 대북한 원조정책을 좌우하게 될 것이다. 이 장에서는 북한의 핵

북한에서의 휴대폰 사업에서 특혜를 받으려는 오라스콤의 의도가 맞아떨어진 결과로서 정상적인 투자행위와는 거리가 있다. 오라스콤은 아직 북한에서 벌어들인 과실을 외화로 본국으로 송금하지 못하고 있다.

3) 공적개발원조(ODA)는 중앙 및 지방정부를 포함한 공공기관이 개발도상국 및 국제기구에 제공한 자금으로서 다음 조건을 모두 충족하여야 한다. 첫째, 자금지원의 목적이 개도국의 경제개발과 복지증진이어야 한다. 둘째, 자금지원의 조건은 다양한 자금지원의 방식을 무상지원으로 환산하여 전체 지원액 중 무상지원 비율을 나타내는 증여율(grant element)이 25% 이상이어야 한다. 셋째, OECD의 DAC가 인정하는 개도국 또는 이를 주요 수혜대상으로 하는 국제기구에 대한 자금지원에 한정된다. 한편 ODA는 그 통계집계방식에는 '개발' 지원 외에도 '인도적' 지원도 포함하고 있다.

문제가 해결과정에 들어서서 북한이 국제금융기구 가입을 통한 국제사회 편입을 시작한다는 상황 설정 하에 국제금융기구의 개발지원 메커니즘을 살펴보고자 한다.

II. 국제금융기구의 개발지원 메커니즘

1. 북한개발 관련 주요 국제금융기구 개요

북한개발에 자금지원을 할 가능성이 있는 국제금융기구는 국제수지 상 위기에 처한 회원국에 대한 긴급자금지원과 빈곤 개발도상국에 대한 경제정책 기반 양허성 개발지원 자금을 공여하는 기능을 가진 국제통화기금(IMF), 개발도상국의 경제 및 사회개발을 위해 주로 공적 부문에 대한 광범위한 개발지원을 제공하는 세계은행(World Bank), 아시아개발은행(ADB: Asian Development Bank)과 개도국 민간 기업에 대한 투융자를 담당하는 세계은행그룹(World Bank Group) 산하의 국제금융공사(IFC: International Finance Corporation), 개도국에 대한 민간부문의 직접투자에 있어 발생할 수 있는 정치적 위험들에 대해 보증해주는 국제투자보증기구(MIGA: Multi- lateral Investment Guarantee Agency), 그리고 체제전환국 민간부문에 대한 개발금융 지원을 위해 설립된 유럽부흥개발은행(EBRD: European Bank for Reconstruction and Development) 등이 있다.

국제금융기구의 북한개발지원 사업은 초기에는 세계은행, ADB 등 위주로 이루어질 것이며, IFC, EBRD 등의 지원은 북한의 민간부문이 충분히 성장해야 가능하므로 상당한 시일이 소요될 전망이다. 특히 EBRD는 설립협정문상 북한이 사회주의를 포기하고 시장경제와 다당제의 공식적인 체제전환을 해야 EBRD 가입 및 자금지원이 가능하다.[4] 여기서는 IMF, 세계은행(IBRD, IDA)과 ADB를 중심으로 소개한다.

IMF의 회원국 수는 IMF는 1945년 12월 IMF 설립 협정문(Articles of Agreement)에 서명한 29개국으로 출발한 이후 2012년 4월에는 남수단이 새로 가입함으로써 188개국이 되었다. UN 가입국 중 북한, 쿠바, 안도라, 모나코, 나우루 등이 IMF의 미가입국이다.5) IMF의 기능은 기본적으로 3가지 영역이다. 첫째, IMF 회원국들의 경제정책 및 금융정책을 주시(monitor) 및 감시(surveillance)하고 정책권고(policy advice)를 실행한다.6) 둘째, 회원국들의 국제수지 불균형을 안정시키기 위한 긴급자금을 지원하고 또한 저소득 개발도상국에 대한 양허성 자금지원을 시행하며, 마지막으로 회원국 정부 및 중앙은행에 다양한 형태의 기술지원(TA: Technical Assistance)과 교육훈련을 제공한다.

세계은행은 국제부흥개발은행(IBRD: International Bank for Reconstruction and Development)과 국제개발협회(IDA: International Development Association)로 구성되는데, IBRD는 중소득국에 대한 개발금융을 담당하고 IDA는 이보다 소득이 낮은 빈곤국에 대한 양허성 자금지원을 담당한다. IBRD는 IMF와 함께 탄생한 브레튼우즈체제의 자매기관이며, IDA는 저소득 개도국의 빈곤퇴치와 장기적인 성장기반 조성을 위한 양허성 장기자금의 공급을 통해 IBRD의 차관활동을 보완하기 위해 1960년에 업무를 시작하였다. IBRD의 회원국은 2014년 11월 말 현재 188개국이다. IDA에는

---

4) EBRD의 역외국인 북한이 EBRD에 가입하더라도 북한은 일정 기간 자금지원 수혜국(operation country)이 아닌 일반 회원국 자격만 받게 되며, 이 경우 일반 회원국은 EBRD의 정규 자금지원을 받을 수 없고 특별기금을 통한 개발자금만 수혜 가능하다. 예를 들면, 몽골은 EBRD의 수혜국 지역제한규정으로 2000년 10월 일반회원국으로 가입한 이후 2001년 4월 기술협력기금을 지원받았으며, 2006년에야 역외 수혜국으로 인정받아 2007년 8월에 첫 프로젝트를 지원받았다.
5) 이 중 쿠바는 원래 IMF 회원국이었으나 쿠바혁명 이후 1959년에 탈퇴하였다.
6) IMF의 회원국에 대한 감시(surveillance)는 IMF 협정문 제4조 협의(IMF Article IV Consultation)를 통해 이루어진다. 이는 IMF와 각 회원국 간의 주요 토론채널로 IMF가 회원국의 거시경제정책을 체계적으로 점검하고 감시하기 위한 것으로 이는 IMF 회원국의 의무이기도하다.

IBRD 회원국만이 가입할 수 있으며 2014년 11월 말 현재 IBRD 회원국 중 172개국이 IDA에 가입해 있다.

아시아개발은행(ADB)은 아시아와 태평양지역의 경제 및 사회개발 촉진을 목적으로 1966년에 설립된 지역개발은행이다. 2014년 11월 말 현재 67개 회원국(역내 48개국, 역외 19개국)이 가입하고 있으며, 우리나라는 설립 당시부터 회원국으로 참여하고 있다. 아시아개발은행에는 세계은행의 IBRD와 IDA, 그리고 세계은행그룹의 IFC, MIGA 등 각각의 국제금융기구에서 맡고 있는 기능을 한 곳에서 모두 담당하고 있다.

2. 국제사회의 공적개발원조 공여의 국제규범

서론에서도 검토되었듯이 한반도 북부지역에 통치권을 가진 북한당국이 존재하는 경우 북한개발을 위한 우리정부의 개발지원은 남북협력의 측면도 물론 존재하지만 상당 부분 국제협력을 필요로 하는 상황으로 전개될 가능성이 더 많다. 북한개발을 위한 국제협력을 위해서 고려해야 될 사항들은 상당수 있다. 여기에서는 북한과 같은 빈곤 개발도상국들에 대해 개발지원을 공여하는 국제사회의 관례와 규범을 먼저 살펴보고자 한다. 이들은 수십 년간 축적된 국제원조사회의 개발 경험을 반영하고 있기 때문에 북한개발 문제도 이러한 국제사회의 규범과 관례의 적용에서 크게 벗어날 수가 없기 때문이다. 특히 우리는 국제사회의 개발지원을 실질적으로 선도하고 있는 IMF, 세계은행 등 국제금융기구의 개발지원 메커니즘을 집중 조명한다. 이러한 논의를 통해서 우리는 북한개발지원에 대한 시사점을 도출해낼 것이다.

국제사회가 빈곤 개발도상국에 대한 개발지원을 공여하는 데 드는 개발금융(Development Finance) 재원은 양자간 자금지원과 다자간 자금지원으로 구분된다. 양자간 자금지원은 그 특성상 공여국이 수원국에 대한 공여 정책을 독자적으로 결정할 수 있다. 따라서 공여국이 자국이 원하는 방식대로 공여하든, 이를 수원국과 협의하여 결정하든 최종적으로는 원조를 주는 쪽에서 모든 것을 결정할 수는 있다. 그런데 개발도상국에 대한 양자간 공적개발원조 공여 시에는 국제사회, 특히 선진 원조국 간에는 지켜야 할 국제규범이 있다. 양자간 원조 공여국은 원조 조건을 공여국에 유리하게 규정하고 싶은 유인이 있다. 수원국이 공여국의 상품이나 서비스를 구매하는 조건으로 원조하는 '구속성 원조(tied aid)'가 그 일례이다. 구속성 원조는 같은 규모의 비구속성 원조에 비해 수원국에 대한 원조 효과성이 떨어진다. 국제원조사회는 원조의 효과를 최대한 보장하기 위해서는 양자간 원조 시 공여국이 지켜야 할 규범을 만들고 이 규범을 지키는 국가들만 선진 원조국 클럽에 가입시키고 있다.

선진 원조국 간 협의체인 경제협력개발기구(OECD) 개발원조위원회(DAC) 회원국들은 국제사회의 공적개발원조에 관한 국제규범 작성을 주도하고 있으며, 또한 회원국들은 이를 준수해야 하는 의무를 지고 있다.[7] 향후 북한과 일본이 외교관계를 정상화하게 되면 일본이 북한에 지불해야 할 과거 식민지배에 대한 배상금(일본은 경제협력자금으로 표기)도 공적개발원조에 준하여 처리될 가능성이 높다. 이 자금의 수원국인 북한당국은 국제사회의 관례에 따라 이 자금을 북한의 경제개발 및 사회개발 등 북한주민의 복리증진을 위한 목적에 한하여 사용할 수 있게 된다. 선진 공여국임을 자처하는 일본이 이 자금의 집행을 일본 기업에 한정하는 구속성원조로만 고집하게 되면 일본은 다른 원조선진국들로부터 비난을 받을 수밖에 없게 된다.

다자간 자금지원의 대표적인 것으로는 국제통화기금(IMF), 세계은행(World Bank), 아시아개발은행(ADB) 등 국제금융기구로부터의 개발금융지원이다.[8] 이들 국제금융기구는 OECD DAC과 함께 국제원조사회의 원칙, 관례, 규범의 확립에 선도적인 역할을 수행한다. 1990년대 초 냉전의 종식과 함께

---

7) 우리나라는 2009년 12월부터 OECD DAC에 정식 회원국으로 참여하고 있다. 이는 '원조선진국'의 반열에 오른다는 상징적 의미와 함께 DAC이 정립한 권고사항을 우리도 이제는 실행해야 한다는 실질적인 의미도 포함하고 있다.

8) 유엔개발계획(UNDP), 유엔아시아태평양경제사회위원회(UN ESCAP) 등 기타 국제기구로부터의 자금지원도 있으나 그 규모가 상대적으로 작아서 여기서는 다루지 않는다.

공산권에 대응하기 위한 서방권의 안보 목적의 정치적 원조의 필요성이 급감함에 따라 국제사회의 원조액도 감소하였다. 또한 공여국과 수원국의 정치적 이해관계에 따라 공여되었던 냉전 시대의 정치적 원조는 막대한 재원의 투입에도 불구하고 기대하였던 개발지원 효과를 내지 못하여 국제원조사회에서는 원조피로(donor fatigue) 현상이 나타났다. 이러한 국제원조사회의 환경 변화는 21세기에 들어오면서 공적개발원조의 근본적인 이슈인 빈곤감축과 실행된 원조의 효과성에 대한 관심을 불러일으켰다. 이러한 국제원조사회의 개발 어젠다의 변천에 있어서 선도적인 역할을 수행한 국제금융기구는 IMF와 세계은행이다.[9]

3. 국제통화기금과 세계은행의 재원조달 메커니즘

1) IMF의 재원조달 메커니즘

세계은행과 아시아개발은행은 그 재원조달과 자금지원 메커니즘이 매우 유사하기 때문에 여기서는 IMF와 세계은행을 중심으로 비교한다. 브레튼우즈체제라고도 불리는 현재의 국제경제질서는 1944년 제2차 세계대전 종전을 앞두고 미국의 주도하에 수립되었다. IMF는 기본적으로 기금(Fund)이기 때문에 회원국의 지분(quota)을 결정하는 출자금(쿼터 납입금: quota subscriptions)과 IMF가 보유하고 있는 금이 IMF 자금지원의 주요 재원이 된다. 이외에도 IMF는 주요 회원국과 차입협정을 맺어서 비상 시 추가적인 재원조달에 나서고 있다.[10]

IMF의 쿼터는 2014년 8월 현재 2,381억 SDR[11]인데, 2010년 IMF 쿼터

---

9) 국제원조사회의 개발 어젠다의 변천과 그것이 북한개발에 주는 시사점에 대해서는 장형수·김석진·김정수, 『국제사회의 개발지원전략과 협력체계 연구』, 경제인문사회연구회 협동연구 11-15-04(서울: 통일연구원, 2011), pp.7-54을 참조.
10) 최근에는 IMF가 직접 채권을 발행할 수 있도록 하였다. 그러나 여전히 IMF의 주요 재원조달 수단은 회원국의 출자금이다.

증액 안이 IMF 총회를 통과하였다. 그러나 2014년 8월 현재 투표권 85% 이상의 찬성을 받기 위한 서면 찬성 절차를 진행 중이나 미국 의회가 아직 쿼터 증액 예산을 승인하지 않아 IMF 쿼터 개혁이 지연되고 있다.[12] 2010년 IMF 쿼터 개혁 안이 완전히 실행되면, IMF 회원국의 쿼터 비중은 미국(17.43%), 일본(6.47%), 중국(6.39%), 독일(5.60%), 프랑스(4.23%), 영국(4.23%), 이탈리아(3.16%), 인도(2.75%), 러시아(2.71%), 브라질(2.32%), 캐나다(2.31%) 등이 주요 출자국이다. 그 때가 되면 우리나라 쿼터는 현재의 1.41%(18위)에서 1.80%(16위)로 증가할 예정이다.

그런데 IMF가 저소득 국가에 대한 양허성(concessional) 자금지원을 하는 경우에는 그 재원조달 창구가 일반적인 IMF 재원조달과는 다르다. IMF의 모든 회원국에 대한 자금지원 조건과는 달리 저소득국에 대한 양허성 자금지원은 공짜로 주거나 원금은 회수하더라도 이자나 수수료가 거의 없기 때문에 선진국이나 한국 등 신흥경제국의 기부금(출연금)에 의존할 수밖에 없다. 이 기부금은 신탁기금(Trust Fund)의 형태로 IMF가 관리하면서 필요시 지출한다.[13]

2) 세계은행의 재원조달 메커니즘

세계은행 중 중소득국에 대한 개발금융을 지원하는 IBRD의 재원조달은

---

11) 특별인출권(SDR: Special Drawing Rights)은 IMF에서 회계의 단위이다. SDR은 국제유동성 부족을 해결하기 위해 인위적으로 만든 장부상으로 창출된 국제결제수단이다. SDR은 일반적인 대외거래의 결제나 외환시장 개입 통화로 사용할 수 없지만, 회원국 간 외국환 결제와 회원국과 IMF 사이에 결제수단으로 사용할 수 있다. SDR은 4개 통화(달러, 유로, 엔, 파운드) 환율의 가중평균치로 IMF가 매일 산정하고 있다. 2014년 8월 현재 1달러는 약 0.653 SDR이다.

12) 2008년 IMF 쿼터 개혁안도 2011년 4월이 되어서야 서면 투표를 통한 투표권 85% 찬성을 얻을 수 있었다.

13) 신탁기금은 국제금융기구를 포함한 원조공여국 및 NGO 등의 자금 출연으로 기금을 조성하여 특정기관(일반적으로 국제기구)에 위탁 관리시키는 것을 통칭한다. 자세한 내용은 장형수·김석진·송정호, 『북한개발지원을 위한 국제협력방안』(서울: 통일연구원, 2009), pp.28-33을 참조.

회원국의 출자금보다는 국제금융시장에서의 차입금에 더 의존한다.[14] 미국 등 전 세계가 보증하는 IBRD 발행 채권은 IBRD가 설립된 이후 지금까지 한 번도 최고의 신용등급인 AAA에서 벗어난 적이 없었다. IBRD는 이처럼 국제금융시장에서 세계에서 가장 싸게 자금을 조달하여 그 조달 이자율에 약간의 수수료만 추가한 이자율로 중소득국에 개발자금을 지원한다. IBRD는 2013 회계연도(2012.7.1~2013.6.30)에 국제금융시장에서 채권발행을 통하여 221억 달러를 조달하였다.

설립 당시 100억 달러였던 IBRD의 수권자본금은 그동안 4차례에 걸친 일반증자와 11차례의 특별증자로 2011년 6월 말 현재 2,784억 달러로 증액되었다.[15] 이 중 2011년 2월 말 현재 출자자본금(subscribed capital)은 1,897억 달러(납입자본금 115억 달러, 최고자본금 1,782억 달러)인데, 2011년 3월 IBRD는 출자금을 862억 달러(납입자본금은 51억 달러) 증액하기로 하였다. 2013년 6월 말 현재 이 중 322억 달러(납입자본금 19억 달러)의 출자금 증액이 완료되었다.[16] IBRD에서의 회원국의 투표권은 IBRD의 총출자금 중 회원국의 출자금에 거의 비례하여 주어진다. 2011년 2월 말 현재 IBRD의 6대 출자국은 미국(15.85%), 일본(6.842%), 중국(4.42%), 독일(4.00%), 영국(3.75%), 프랑스(3.75%)이다. 한국은 IBRD 투표권이 1.57%(16위)이다.

세계은행의 양허성 자금지원 창구인 IDA의 재원조달은 IBRD와는 달리

---

14) IBRD 회원국의 출자자본금은 납입자본금(Paid-in Capital)과 최고자본금(Callable Capital)으로 구성된다. 납입자본금은 회원국이 총회가 정하는 바에 따라 10%는 달러, 유로 등 교환성 통화로 나머지 90%는 가맹국 통화로 실제 납부하는 자본금을 말한다. 최고자본금은 실제 납부하는 것이 아니기 때문에 융자재원으로는 직접 사용될 수는 없으나 IBRD가 채무변제를 위하여 납입을 요청할 경우 납입의무가 발생하므로 국제금융시장 차입 시 담보가 될 수 있어서 IBRD의 융자재원 조달에 간접적으로 기여하는 자본금을 말한다. 실제로 IBRD는 납입자본금 외에 아직까지 최고자본금을 사용해본 적이 없다.

15) 한국은행, 『국제금융기구 2011』(서울: 한국은행, 2011), p.375.

16) World Bank, *Annual Report 2013*(Washington, DC: World Bank, 2014), pp.48-49.

대부분 선진국 및 신흥경제국의 출연금(contributions)으로 이루어진다. 이
외에도 IBRD와 IFC로부터의 이전수입과 증여가 있다. IDA는 3년마다 한
번씩 열리는 재원조달회의에서 주요 공여국들에게 향후 3년 동안의 양허성
자금지원 계획을 보고하고 이 중 세계은행이 자체 조달할 수 있는 액수를
제외한 나머지 필요액에 대해서 기부·출연을 받는다. 결국 이러한 기부 또
는 출연 방식의 자금조달은 (거의 공짜 또는 공짜로 지원하는) 양허성 자금
지원을 하는 모든 국제금융기구에 공통된 재원조달 방식이 될 수밖에 없다.
세계은행의 2012~2014 회계연도에 해당하는 제16차 IDA 재원조달회의
(IDA 16)에서는 총 509억 달러가 조달되었다.[17]

4. 국제통화기금과 세계은행의 자금지원 메커니즘

1) 국제통화기금의 긴급자금지원: 스탠바이협약

IMF 회원국은 단기적인 국제수지 악화 시 IMF에 긴급자금지원을 요청할
수 있다. IMF는 스탠바이협약(Stand-by Arrangements)과 확대금융제도
(Extended Fund Facility)를 통해 회원국을 지원한다. 회원국이 스탠바이협
약에 의한 자금지원 및 확대금융제도를 이용하기 위해서는 IMF와 스탠바이
협약 또는 확대협약을 체결해야 되는데, 스탠바이협약과 확대협약은 융자기
간의 차이 외에는 동일한 융자조건이다. 스탠바이협약의 신용인출기간은
12~18개월이며 상환기간은 2년 3개월~4년이 일반적이나 국제수지 상황이
호전되지 않으면 3년 3개월~5년으로 상환기간 연장이 가능하다. 확대협약
의 상환기간은 통상 4년 6개월~7년으로 균등 분할 상환되지만 최대 10년까
지 연장 가능하다. 두 협약의 연간 융자한도는 쿼터의 100%이며, 총 인출한
도는 쿼터의 300%이지만 특별한 경우에는 IMF 상임이사회의 승인으로 쿼
터와 관계없이 자금지원이 가능하다.

---

17) World Bank, *Annual Report 2013* (Washington, DC: World Bank, 2014), p.50.

회원국이 IMF와 스탠바이협약을 맺으면 동 협약에서 정한 정책준수사항 (conditionalities) 및 관련 프로그램을 이행하여야 하며, 확대협약을 체결하면 IMF와 향후 3년간의 정책프로그램을 수립하고 이를 이행해야 계속적인 지원이 가능해진다. 또한 대다수 회원국이 통상 1년에 한 번 이행하는 IMF와의 정책협의는 IMF로부터의 긴급자금지원을 받으면 6개월 또는 3개월마다 시행된다.

2) 국제통화기금의 양허성 자금지원

국제원조사회는 부족한 개발재원이 진정으로 필요한 개발도상국에 공정하게 배분되도록 노력하고 있다. 양허성 자금지원을 받을 수 있는 적격국가 여부는 1인당 소득, 도서국가 여부, 대외채무 상환능력, 국가신용도 등에 따라 결정되는데, 그 기준은 국제개발금융기구에 따라 조금씩 차이가 나지만 대동소이하다. IMF는 '빈곤감축 및 성장지원기금(PRGT: Poverty Reduction and Growth Trust)'을 통해 만성적인 국제수지적자 및 외채문제를 안고 있는 저소득국을 지원한다. PRGT는 구조조정을 통하여 수원국의 지속적인 경제성장 기반을 조성하기 위해 장기 저리로 개발자금을 지원하는 양허성 융자제도로서 2012년 현재 188개 IMF 회원국 중 71개 저소득국이 융자대상 적격국에 포함된다.

PRGT는 저소득국가의 다양한 개발수요에 대한 맞춤식 지원을 위해 산하에 확대신용지원금융(ECF: Extended Credit Facilities), 스탠드바이신용지원금융(SCF: Standby Credit Facilities)과 신속신용지원금융(Rapid Credit Facility) 등 3개 융자제도로 구성된다.[18] 이 중 IMF의 양허성 개발자금지원에 가장 주축이 되는 ECF는 2010년 이전의 PRGF(Poverty Reduction and Growth Facility)와 유사하다.[19] ECF의 총인출한도는 수원국 쿼터의 140%

---

18) SCF는 저소득국가의 단기·예방적 차원의 국제수지 상 필요를 지원하는 제도이다. RCF는 저소득국가의 긴급한 국제수지 상 필요를 신속히 지원하기 위해 정책준수사항 (conditionalities)을 최소화한 제도이다.
19) 그 이전에는 ESAF(Enhanced Structural Adjustment Facility)라고 불렀다.

〈표 1〉 IMF 스탠바이협약(확대금융제도 적용)과 IMF 확대신용지원금융

	스탠바이협약(확대금융제도 적용)	확대신용지원금융
기능	단기적인 국제수지악화를 겪고 있는 회원국에 대한 자금지원	저소득 개발도상국가에 양허성 자금지원
인출한도	IMF 쿼터의 300%(+무제한)	IMF 쿼터의 140~185%
상환기간	4년 6개월~10년	5년 6개월~10년
이자율	SDR금리 적용(현재 1.08%), 지원금액이 쿼터의 200% 이상이면 100bp, 300% 이상이면 200bp 가산금리 부과; 선약정수수료와 인출수수료 있음	현재 0%*, 인출수수료와 선약정수수료 없음

* 지난 1년 평균 SDR금리가 2% 미만이면 0%, SDR금리가 2%에서 5% 사이면 0.025%, SDR금리가 5%를 초과하면 0.5%를 부과함
자료: 저자 작성

이지만, 국제수지적자가 심각하고 또한 이를 개선하기 위해 구조조정을 적극적으로 실행한다고 IMF 상임이사회가 판단할 경우 쿼터의 185%까지도 지원이 가능하다. 이자율은 약 0.5%이며, 인출수수료와 선약정수수료는 부과되지 않는다. 상환기간은 5년 6개월에서 10년이며, 6개월마다 분할 상환 조건이다.

PRGT 수혜대상국은 2012년 기준으로 1인당 GNP가 1,175달러 이하인 저소득 회원국 중 국제금융시장에 안정적으로 접근하지 못하는 국가만이 수혜할 수 있으며, 1인당 GNP가 1,175달러 이상이더라도 경제규모가 작아서 국제금융시장에서 불리한 위치에 있는 도서국가 등 소국들은 1인당 소득이 2,350달러 이하면 PRGT를 지원해주고 있다.

3) 세계은행(IBRD)의 자금지원

세계은행은 IBRD와 IDA라는 독립된 국제금융기구로 구성되어 있다. 세계은행 직원(staff)들은 자신이 맡고 있는 회원국과 그 업무의 성격에 따라

그 결과가 IBRD 상임이사회 또는 IDA 상임이사회에 보고될 수 있다. 어떤 직원은 IBRD 업무와 IDA 업무를 동시에 맡을 수도 있게 된다. 세계은행 직원의 업무는 최종적으로 회원국 정부와의 자금지원/기술지원 계약으로 귀결된다. 세계은행의 자금(기술)지원 공여 계약서는 결국 IBRD 총재(또는 IDA 총재)와 자금지원을 받는 회원국 재무부장관의 서명으로 마무리된다. IBRD 총재와 IDA 총재는 모두 세계은행 총재가 담당하며, 회원국 정부는 자신이 서명한 국제금융기구에 채무를 지게 된다.

그런데 두 국제금융기구가 지원하는 자금의 조건이 판이하다. 일반적으로 IBRD는 1인당 GNI가 2012년 기준 1,175 달러 이상 6,925달러 이하인 중소득 개발도상국을 위주로 지원하고 있는 반면, IDA는 2012년 기준 1인당 GNI가 1,175달러 이하의 저소득 개발도상국을 지원한다.[20] 그러나 실제로는 소규모 도서국가, 분쟁국 등 국가신용도가 매우 낮아서 자금조달이 어려운 국가들은 1인당 GNI가 1,175달러를 넘더라도 IDA의 자금지원을 받을 수 있다. 또한 소득이 1,175달러 이하이더라도 국가신용도가 양호한 경우에는 IDA 자금지원과 IBRD 자금지원을 모두 받을 수 있다. 인도와 파키스탄이 좋은 예이다. IBRD-only 국가에 대해서는 IBRD가, IDA-only국가에 대해서는 IDA가 제한 없이 지원할 수 있으며 Blend 국가에 대해서는 IBRD와 IDA가 동시에 지원하는 것이 가능하다.[21]

IBRD의 자금지원 조건은 6개월물 런던은행간금리(LIBOR)에 조달비용을 감안하여 산정한 변동스프레드(variable spread) 또는 고정스프레드(fixed spread)를 가산하여 매 6개월마다 금리를 산정한다. 수수료는 0.25% 수준이며, IBRD의 자금지원 상환기간은 수원국의 1인당 GNI 수준에 따라 상이하나 대체로 12~18년(거치기간 3~5년 포함)이다.

---

20) IBRD의 자금지원 적격국가는 1인당 소득 6,925~12,500달러의 국가도 포함하지만 이들 국가군에 대한 자금지원은 많지 않다.
21) 실제로 국가별 적격 여부는 1인당 소득 외에도 많은 요건에 의해 좌우된다.

〈표 2〉 세계은행의 자금지원 대상국 분류

(2011년 6월 현재)

그룹	특성	설명
IBRD-only 국가	IBRD만 수혜 가능	일반적으로 1인당 GNI(2010년 기준)가 1,175~6,925달러인 국가로서 신용도가 높아 국제금융시장에서 자금차입이 어느 정도 가능한 국가(62개국)
Blend 국가	IBRD와 IDA 둘 다 수혜 가능	1인당 GNI가 1,175달러 이하이지만 신용도가 높아 IBRD 자금 이용도 가능한 국가(예: 인도, 파키스탄). 1인당 GNI가 1,175달러 이상이지만 신용도가 낮은 국가(12개국)
IDA-only 국가	IDA만 수혜 가능	1인당 GNI가 1,175달러 이하이고 신용도도 낮아 국제금융시장에서 자금차입이 불가능한 국가. 다만 일부 소규모 도서국가나 대규모 구조조정 중에 있어 IBRD 자금수혜가 불가능한 국가에는 예외를 인정(54개국)

자료: 저자 작성

4) 세계은행(IDA)의 양허성 자금지원

IMF가 국제수지 적자가 심각한 저소득국에 구조조정을 조건으로 비교적 단기성 자금을 공여하는 반면, 세계은행의 양허성 자금지원 창구인 IDA는 저소득국에 대한 35~40년 만기의 장기 개발자금을 공여한다. IDA-only 국가의 경우 상환기간은 거치기간 10년 포함 40년이고 Blend 국가의 경우 거치기간은 같고 상환기간은 35년이다. IDA의 자금지원은 무이자이고 그 외 추가 부담은 미미한데, 연 0.75%의 취급수수료(service charge)가 부과되며 약정액 중 미인출잔액에 대해 0.2~0.5%의 약정수수료(commitment fee)를 부과하여 IDA 지원사업을 수혜국이 신속하게 집행하도록 유도한다. IDA는 양허성 자금지원[22] 외에도 무상지원(grant)도 공여하는데 그 비율이

---

22) IDA 자금지원 조건은 순현재가치(net present value) 대비 약 80% 이상의 무상지원 효과(grant element)가 있다. 즉, 1억 달러를 지원하면 그 중 8,000만 달러는 무상지원하는 것과 같은 자금지원 조건임을 의미한다. 한편, IDA는 무상공여 제공에 따른 무임승차문제를 해결하기 위해 IDA-only 국가에만 무상공여 혜택을 부여하며, 무상

30%를 초과한다.

IDA 자금지원은 IMF의 양허성 자금지원제도인 ECF보다 더 양허적이고 자금지원을 받기 위한 정책준수사항(conditionalities)도 덜 엄격하기 때문에 모든 저소득국은 가능하면 IDA 자금지원을 많이 받기를 원한다. 그런데 IDA 자금지원의 재원조달은 그 특성상 주요국 정부로부터 기부를 받아야 하기 때문에 그 재원이 한정되어 있다. 그래서 IDA 자금을 IDA 적격국에 어떻게 배분하는가가 국제원조사회에서는 매우 중요한 이슈이다.

IDA 적격국가가 실제로 IDA로부터 지원받는 규모는 20세기에는 인구가 많을수록, 1인당 소득이 낮을수록 증가하였다. 그러나 21세기에 들어오면서 이러한 상수적인 요인보다는 경제운용, 경제구조 조정정책, 공공부문 관리 및 제도, 사회통합·평등정책 등 지원대상국의 개발성과에 따라 차등지급하는 변수적인 요인이 IDA 자금지원 배분에 더 큰 영향을 미친다. IDA는 회

〈표 3〉 IMF의 확대신용지원금융(ECF)과 IDA의 양허성 자금지원

	IMF의 확대신용지원금융(ECF)	IDA 양허성 자금지원
기능	저소득국에 양허성 자금지원	저소득국에 양허성 자금지원
자금지원 한도	수원국 IMF 쿼터의 140~185%	국별 기본배분액 + 성과배분액; (성과배분액은 인구, 1인당 소득과 실적평가점수의 복합가중액)
상환기간	5년 6개월~10년	30~40년
이자율/ 수수료	이자율 0.5% & 인출수수료와 선약정수수료는 부과되지 않음	무상지원 또는 이자율 0% & 0.75% 취급수수료 & 미인출액에 0.2~0.5%의 약정 수수료

자료: 저자 작성

공여 수혜국이 IDA 이외의 다른 국제기관으로부터 재원을 차입하면 무상공여 제공을 중지하게 된다.

원국의 개발 업적에 따라 성과가 배분되는 '실적기준배분제도'를 채택하고
있다.23) 이처럼 객관적인 지표의 작성과 대외 공개를 통한 IDA 자금의 국
가 간 배분 제도는 향후에도 투명성 측면에서 더욱 정치해질 전망이다.24)

III. 북한의 국제금융기구 가입 및 재원조달 여건

1. 북한의 국제금융기구와의 접촉 사례

북한이 국제금융기구와 접촉하게 된 계기는 아마도 1990년대 초 구소련
붕괴로 촉발된 전대미문의 북한경제의 위기(고난의 행군)가 큰 영향을 미쳤
을 것으로 추정된다. 1995년 북한은 '자존심'을 거두고 국제사회에 처음으로
긴급구호를 요청하게 되었고, 동시에 양허성 자금지원을 제공한다고 알려져
있는 국제금융기구에 대한 관심이 고조되었을 것으로 보인다. 북한은 미국
클린턴 행정부가 들어선 뒤 미국과의 직접 대화를 통한 관계정상화에 적극
적이었으며, 1999년 말 북한과 미국은 최고위급 인사의 상호방문을 통해
역사상 가장 비적대적인 분위기를 연출하였다. 이러한 분위기 속에서 북한
은 국제사회로 편입되는 첫 단계인 국제금융기구 가입을 시도하였다.

우선 북한은 1997년 아시아개발은행(ADB)에 가입 신청을 하였으나, 주
요 주주인 미국과 일본의 반대로 가입 안건은 총회에 상정되지도 못하고
무산되었다. 북한은 미국이 주도하고 자금지원 조건이 더 까다로운 브레튼

---

23) 보다 자세한 설명은 장형수·송정호·임을출,『다자간 개발기구의 체계 및 활동』, 경제
   인문사회연구회 협동연구 08-08-06(서울: 통일연구원, 2008), pp.44-47과 장형수·김
   석진·김정수,『국제사회의 개발지원전략과 협력체계 연구』(2011), pp.39-43을 참조.
24) 아시아개발은행도 비슷한 실적기준 배분제도를 2001년 이후 채택하고 있으며, IDA와
   국가정책 및 제도평가 방법론에 대한 검토 과정을 공유하고 있다.

우즈 기관인 IMF보다는 지역개발금융기구인 ADB가 가입하기 더 쉬울 것으로 판단하였던 것 같다. 2000년 북한은 다시 ADB에 가입의사를 표명하였고, 북한의 가입은 물론 무산되었다. 이러한 사례로 볼 때, 아마도 북한은 IMF에 가입하지 못한 국가가 지역개발금융기구에 가입한 전례가 없으며, 지역개발금융기구도 브레튼우즈체제의 영향력 하에 있다는 것을 당시 간과하였던 것 같다.

1997년 여름 북한은 IMF의 북한 방문을 공식 초청하였다. 그해 9월 6일~13일 3명으로 구성된 IMF 출장팀은 평양을 방문하여 북한 재정성, 국가계획위원회, 조선중앙은행, 조선무역은행, 대외경제위원회, 농업위원회 관료 등과 IMF 가입 등의 전제조건이 없는 순수한 조사목적의 협의를 진행하였다. IMF는 북한경제 상황을 파악하고 북한당국에 국제사회에서의 IMF의 역할과 IMF 가입에 따르는 책임에 대한 정보를 제공하였다고 한다. IMF 상임이사회에서의 IMF 조사단의 구두보고에 의하면, 방북 당시에 북한이 IMF 가입을 비공식적으로 타진한 것으로 알려져 있다.[25] 당시 북한당국은 IMF 조사단의 출장보고서를 일정 기간 외부에 공개하지 말 것을 요구했기 때문에 IMF는 조사단의 북한방문 만 1년 후인 1998년 9월에 이 출장보고서를 일반에 공개하였다.[26]

IMF의 역사적인 북한 방문 5개월 후인 1998년 2월에는 세계은행의 고위인사가 북한을 비공식 방문(courtesy visit)하여 북한 재정성, 조선중앙은행, 조선무역은행 등에서 세계은행 가입 여건을 포함한 세계은행 전반에 대한 설명회를 개최하였다.[27] 한편 국제금융기구는 비회원국에 대해서는 원칙적으로 자금지원을 할 수 없기 때문에 세계은행과 IMF는 비공식적으로 참여

---

25) 장형수·이창재·박영곤, 『통일대비 국제협력과제: 국제금융기구 활용방안을 중심으로』(서울: 대외경제정책연구원, 1998), p.69.

26) IMF의 북한 출장 보고서의 구체적인 내용은 다음에 잘 소개되어 있다. 장형수·이창재·박영곤, 『통일대비 국제협력과제: 국제금융기구 활용방안을 중심으로』, p.76, pp. 117-126.

27) Ibid., p.70.

하고 유엔개발계획(UNDP)이 자금을 지원하는 북한 공무원 교육프로그램을 1998년 4월 평양에서 개최하는 데 합의하였으나, 북한이 마지막 순간에 국제 언론에 대한 과다 노출을 문제삼아 취소한 적이 있다. 북한은 2000년 9월 체코 프라하에서 열린 IMF/세계은행 공동연차총회에 특별게스트(Special Guest)로 초청받았으나 이번에도 마지막 순간에 준비할 시간이 부족하다는 이유로 불참을 통보하였다. 북한과 국제금융기구와의 공식적인 접촉은 이것이 마지막이었다. 이후에도 북한 관료들이 미국을 방문할 때 대부분 세계은행, IMF 관계자들과 비공식 회동을 자주 가져왔으나, 북한의 핵개발이 국제사회의 이슈가 되기 시작한 2002년 이후 IMF, 세계은행, ADB 등 국제금융기구는 비회원국인 북한에 대해 이전과 같은 관심을 표시하지 않고 있다.[28]

2. 북한의 국제금융기구 가입 절차[29]

북한이 국제금융기구에 가입하려고 하면 먼저 IMF에 가입해야 한다. IMF에 가입해야만 세계은행의 IBRD에 가입을 신청할 수 있고, IBRD에 가입해야만 IDA와 IFC 등 세계은행그룹에 가입을 신청할 수 있다. 그런데 실제로는 IMF에 가입하게 되면 IBRD 등에 가입하는 것은 시간문제이다. 그런데 ADB는 별도의 가입조건과 가입절차를 가지고 있다. 그러나 앞에서 언급한 것처럼 현재의 국제경제질서 상 IMF 미가입국이 ADB에 가입하는 것은 불가능하다. 본 연구에서는 IMF 가입 절차를 중심으로 논의를 전개한다.

다당제 민주주의제도의 채택과 시장경제체제로의 전환을 가입조건으로

---

28) 그럼에도 불구하고 북한은 여전히 국제금융기구 관계자들에게는 관심의 대상이다. 북한이 국제금융기구에 가입하는 경우 이들에게는 블루오션이 될 것이기 때문이다. 2004년경부터 세계은행 내부에서는 북한을 연구하는 비공식 그룹이 구성되어 미약하나마 북한이 세계은행에 가입하는 경우를 상정한 토의를 하였다고 전해진다. 그러나 이 그룹도 5년 정도 후에는 유명무실화되었다고 한다.

29) 보다 자세한 논의는 장형수, "북한과 국제금융기구: 이슈와 대응," 『수은북한경제』 봄호(서울: 한국수출입은행, 2008)를 참조.

명시하고 있는 EBRD와는 달리, IMF는 가입 희망국의 자격에 대해 특별한
제한을 두고 있지 않다(IMF By-laws, Section 21-a).[30] 그러나 신규회원국
의 가입 시 IMF 쿼터를 배정하는 것이 필요하기 때문에 신규회원국은 외환
보유고, 무역액, 국민소득 등에 관한 경제통계를 제출해야 한다. 가입 후
모든 회원국은 IMF 협정문에서 정한 제반 의무사항을 준수하여야 한다. 이
는 IMF 협정문(Articles of Agreement) 제4조 제1항에 명시된 안정적인 환
율제도의 유지와 협정문 제8조 또는 제14조에서 정하고 있는 경상지급에
대한 제한 철폐의 두 가지이다.

"비회원국이 IMF에 가입을 신청하면, IMF 상임이사회는 먼저 충분한 토론과
예비조사를 시행한 뒤 가입희망국에 대한 공식조사(formal investigation)를 시
행할 것인가에 대한 결정을 내린다. 상임이사회가 가입희망국에 대한 공식조사
를 실시하기로 결정하면 IMF는 가입 신청과 관련된 모든 적절한 정보를 취득할
수 있으며, 가입 신청과 관련된 사항을 가입희망국과 토의한다. 모든 상임이사
는 자신이 결정을 내리는 데 적절하다고 생각되는 정보를 가입희망국에 요청할
수 있다. 공식조사 후 상임이사회는 이사회의 의견을 첨부하여 가입 건을 총회
에 제출하여 별도의 회동을 갖지 않고 총회의 투표에 부칠 것인지, 아니면 다음
총회까지 가입 신청 건을 보류할 것인지를 결정한다. 만약 상임이사회가 가입
희망국에 대한 공식조사를 하지 않겠다고 결정하였다면 상임이사회는 이 결정
에 대한 이유와 함께 총회에 보고하여야 한다."[31]

---

30) IMF By-laws, Section 21-a, "Any country may apply for membership in the
Fund by filling with the Fund an application, which shall set forth all relevant
facts."

31) IMF Rules and Regulation, D-1, "When a country applies for membership in
the Fund, the application shall be placed promptly before the Executive Board,
and a reasonable time shall be allowed for discussion and preliminary
investigation by the Executive Board before a decision is reached to proceed
with the formal investigation. If this decision is in the affirmative the Fund may
proceed to obtain all relevant information and discuss with the applicant any
matters relating to its application. Any Executive Director may request such
information to be added to the list requested of the applicant as in his opinion
is relevant to the decision to be made. The Executive Board shall then decide

   IMF 상임이사회가 가입희망국의 가입 추천을 총회에 할 때, 상임이사회
는 사전에 가입 희망국과 협의하여 IMF 쿼터 규모와 출자금 납입방식 등
총회의 주요 관심사항을 함께 총회에 추천하여야 한다.[32] 가입희망국이
IMF에 가입하기 위해서는 전 회원국을 대상으로 하는 서면투표에서 총 투
표권의 2/3 이상을 보유하는 과반수 가입국이 참가하여 이들이 행사한 투표
권의 과반수 찬성이 필요하다.

   아시아 국가가 ADB에 가입하기 위해서는 UN ESCAP, UN 또는 UN 전
문기구의 가맹국이어야 한다. 가입희망국은 ADB 총회에서 총 투표권의
3/4 이상을 보유하는 2/3 이상 가입국의 찬성을 받아야 한다. ADB 회원국
의 투표권은 일본과 미국이 각각 12.84%와 12.74%씩을 보유하여 최대주
주이고 중국(5.44%), 인도(5.35%), 호주(4.92%), 인도네시아(4.65%), 캐나
다(4.47%), 대한민국(4.32%), 독일(3.75%) 등이 주요 주주이다. 따라서
ADB의 투표권 25.5% 이상을 보유하고 있는 미국과 일본 두 나라만 반대하
면 북한의 ADB 가입은 불가능하다.

---

   whether to submit an application for membership with its views to the Board
   of Governors for a vote without meeting or hold the application until the next
   meeting of the Board of Governors. If the Executive Board decides not to
   proceed with its formal investigation of an application for membership, it shall
   report that decision to the Board of Governors with the reasons for the
   decision."

32) IMF By-laws, Section 21-b, "The Executive Board shall report on all application
   to the Board of Governors, when an application is submitted to the Board of
   Governors with a recommendation that the applicant country be admitted to
   membership, the Executive Board after consultation with the applicant country
   shall recommend to the Board of Governors the amount of the quota, the form
   of payment of the subscription, and such other conditions as, in the opinion
   of the Executive Board, the Board of Governors may with to prescribe."

3. 북한의 국제금융기구가입 시 양허성 자금지원 수혜액 추정

향후 북한이 IMF, 세계은행, 아시아개발은행(ADB)에 가입한다면 이들 국제금융기구들로부터 과연 얼마나 자금지원을 받을 수 있는가가 북한 개발재원을 다자간 협력을 통해 확보하고자 하는 정책입안자들에게 큰 관심사이다. 일단 북한이 양허성 자금지원 대상국이 될 것은 확실하다. 북한의 IMF 가입 후 시장환율로 환산한 북한의 1인당 소득(GNI)은 1,000달러에 미치지 못할 것이 확실하므로 IMF의 PRGT 수혜대상국에 포함될 것이며, 세계은행으로부터는 IDA 자금지원만 수혜 가능한 IDA-only 국가로 분류될 것이다.

북한이 국제금융기구로부터의 의미 있는 자금지원을 받기 위해서는 각 기구가 프로젝트별로 부여하는 일정한 정책준수사항(conditionalities)을 이행해야 하며, 특히 IMF의 양허성 자금인 PRGT 자금지원을 받기 위해서는 거시경제 안정화, 빈곤감축을 위한 보고서 작성 등 전반적인 경제구조조정 프로그램을 성공적으로 수행해야 한다. 그래서 국제금융기구와의 협력 경험이 거의 없고 자존심이 강한 북한이 실제로 IMF의 자금지원을 얼마나 받을 수 있을지 미지수이다. PRGT의 인출한도는 회원국 쿼터의 140~185%이다. 기존 연구에 의하면, 북한이 IMF에 가입하는 경우 IMF 쿼터는 8,000만 달러 정도가 가능하다고 한다.[33] 이 경우 북한은 PRGT로부터 연간 최대 1.12억 달러에서 1.48억 달러의 자금지원 수혜가 가능하다는 계산이다.

세계은행의 IDA 자금지원과 ADB의 ADF 자금지원은 각 국제금융기구가 투명성 있게 발표하는 실적기준배분제도에 따라 결정된다. IDA가 한 국가에 연간 공여가능한 양허성 자금지원의 최대치는 북한의 경우 인구가 2,500만 명이므로 약 5억 달러(1인당 20달러 한도)이다. 그러나 IDA의 양허성 재원 배분을 결정하는 가장 중요한 변수인 실적평가점수가 좋지 않으면, 실제로 IDA로부터 공여받는 자금지원액은 연간 최대치에 훨씬 못 미치는 5,000만~2억 달러를 넘기 힘들 것이다.[34] 북한이 ADB에 가입하면 북한은

33) 장형수·김석진·송정호,『북한개발지원을 위한 국제협력방안』, p.13.

낮은 1인당 소득과 열악한 채무상환능력 등으로 아시아개발은행의 양허성
자금지원 창구인 아시아개발기금(ADF: Asian Development Fund) 자금지
원 대상국이 될 것이다. 그런데 ADF는 IDA보다 지원 규모가 현저히 작다.
ADF의 연간 대북 지원액은 3,000만~1억 달러 정도를 넘지 않을 것으로 전
망된다.[35] 북한이 IMF, 세계은행, 아시아개발은행에 가입하여 회원국으로
서의 의무를 준수하고 이들 국제금융기구들과 양호한 협조관계를 유지한다
면 북한은 연간 2~4억 달러 정도의 양허성 자금지원 수혜가 가능할 전망이
다.[36]

IV. 다자간 개발금융의 진화

1. 다자간 개발금융(Multilateral Development Finance)의 진화와 세계은행그룹의 형성

세계은행(World Bank)은 IMF와 함께 1945년 이후 창설된 브레튼우즈체
제의 핵심 국제금융기구로서 미국 주도의 세계경제질서의 한 축을 형성하고
있다. IMF가 '미국 달러화를 기축통화로 하는 고정환율제도(달러본위제도)'
를 유지하기 위한 목적으로 창설된 반면, 세계은행은 사회주의권에 대항하
여 서방권에 대한 개발금융을 공여하기 위해 만들어졌다. 개발금융의 개념
과 그 변화과정을 이해하기 위해서는 현재의 세계은행그룹(World Bank
Group)의 역사를 살펴보는 것이 첩경이다. 개발금융의 개념도 시대에 따라

---

34) Ibid., p.12.
35) Ibid., p.12.
36) Ibid., p.13.

변화를 겪었으며 새로운 개발수요가 나타남에 따라 진화를 거듭하였다.

　현재의 세계은행은 IMF와 함께 1945년에 설립된 국제부흥개발은행(IBRD: International Bank for Reconstruction and Development)과 국제개발협회(IDA: International Development Association)로 이루어진다. 우리가 가끔 혼동하여 세계은행이라고 부르기도 하는 IBRD는 초창기에는 주로 서부 및 남부 유럽과 중남미 신흥경제권에 대한 자금지원에 집중하였다. IBRD는 주로 월스트리트에서 채권을 발행하여 개발재원을 조달하였기 때문에 이를 자금회수가 확실하게 보장되는 생산적인 부문에 집중 지원하였고, 자금지원의 효과가 즉각적으로 나타나지 않는 농촌이나 빈곤층에 대한 지원은 회피하였다. 당시에는 현재와 같은 개발금융(development finance) 개념이 아직 정립되지 않아서 광업, 운송과 해운 등 생산적인 활동 위주로 개발금융이 지원되었고, 주택, 교육, 상하수도와 같은 사회개발사업은 아직 개발의 영역에 포함되지 않고 있었다.[37]

　IBRD의 이러한 자금지원 경향에 결정적인 변화를 가져온 것이 IDA의 설립이었다. 1960년대의 아시아, 아프리카 등 신생독립국의 탄생과 이들 국가를 브레튼우즈체제로 편입하기 위한 노력이 IDA의 설립을 가져왔다. 이들 신생독립국은 대부분 저소득 개발도상국이었고, 당시 소련과의 냉전체제 하에서 이들 국가들을 서방 경제권에 편입시키기 위해서는 기존의 IBRD와 달리 빈곤국에 대한 양허성 자금지원에 특화하는 새로운 기구가 필요하였다. 1960년 IDA의 탄생과 함께 개발금융의 개념도 상당히 바뀌게 된다. 세계은행은 기존의 IBRD 외에도 IDA가 설립됨에 따라 중소득국과 저소득국의 개발을 지원하는 국제개발은행으로 확대·개편되었다. 정식 명칭도 세계은행(World Bank)으로 바뀌었으며, 자금지원의 초점도 빈곤감축, 교육, 보건, 농촌개발 등 사회개발지원으로 이동된다.

　사실 IDA가 탄생하기 전에 이미 개발금융계에 진입하였던 국제금융기구는 1956년에 설립된 국제금융공사(IFC: International Finance Corporation)였

37) 장형수·김석진·김정수, 『국제사회의 개발지원전략과 협력체계 연구』, p.10.

다. 세계은행이 대부분 정부나 공공기관의 개발활동을 지원하는 데 반해서,
IFC는 민간부문의 개발활동을 지분투자, 준지분투자, 직접 자금지원, 보증,
위험관리 등을 통해 지원한다. 한편 제1, 2차 석유위기와 중남미 외채위기
를 겪으면서 일부 개발도상국들이 외국투자기업들을 국유화시키는 사태가
발생하였고 이러한 정치적인 위험들로 인해 개도국에 대한 선진국들의 직접
투자는 급격히 감소하였다. 이에 세계은행은 개도국에 대한 민간부문의 직
접투자에 있어 발생할 수 있는 정치적 위험들에 대해 보증해주는 국제투자
보증기구(MIGA: Multilateral Investment Guarantee Agency)를 1988년
설립하였다. 이처럼 현재의 국제개발은행은 개발은행(development bank)
본래의 기능 외에도 이후 시대 상황의 변화에 따라 양허성 자금지원 기능,
민간투자 지원 기능 및 정치적 위험 등 개발도상국에 대한 투자 보증 기능
을 보완하여 크게 네 가지 종류의 개발도상국 지원 메커니즘을 갖게 되었다.
세계은행그룹은 이들 네 가지 기능을 담당하는 별도의 국제금융기구로 이루
어져 있는 가장 좋은 예이다.[38]

또 한 가지 잊지 말아야 할 것은 국제개발은행은 국제공적기관이라는 사
실이다. 즉, 시장기능이 작동하지 않는 경우에만 개입하는 공적기관의 특성
을 가지고 있다는 것이다. 정부가 민간부문이 정상적으로 작동하는 영역에
뛰어들면 안 되는 것처럼 국제공적기관은 국제민간부문이 정상적으로 이익
을 낼 수 있는 부문에 뛰어들어서는 안 된다. 예를 들어, 세계은행그룹의
IFC가 민간자본이 충분히 합리적으로 투자되어질 수 있는 민간기업에 투자
하지 않는 것은 이 때문이다. 그래서 대표적인 개발금융인 공적개발원조
(ODA)의 개념을 정의할 때, 이를 경제·사회개발 목적에 부합하는 자금지
원으로서 그 공여 조건에 충분한 양허성이 있으며, 지원 대상은 민간부문이
독자적으로 이윤을 창출할 수 없는(상업성이 없는) 프로젝트에만 한정하고
있는 것이다.[39]

---

38) 이에 반해서 아시아개발은행(ADB)은 이들 네 가지 기능을 하나의 국제금융기구 안에
    서 모두 담당하고 있는 사례이다. 대부분의 국제개발은행은 ADB 체제를 따르고 있다.

2. 다자간 지역개발은행의 탄생

1950년대 말이 되면서 "글로벌개발은행"인 세계은행만으로 전 세계의 개발수요를 충분히 충족시키는 것은 힘들다는 공감대가 형성이 되었다. 한편 세계은행의 자금지원이 아시아, 특히 인도와 파키스탄에 집중되는 것에 대해 개발도상국 간에 불만이 고조되고 있었다고 한다.[40] 가장 먼저 창설된 지역개발은행은 미주개발은행(IADB: Inter-American Development Bank) 이었다. 1959년 설립된 IADB는 당시 세계은행이 중남미 지역에 전문화된 국가개발전략을 제시하지 못하고 있으며, 빈곤감축 등 사회개발수요에 충분히 대응하지 못한다는 중남미 국가들의 지지를 받았다. IADB의 설립에는 미국과 중남미 국가들과의 튼튼한 연결고리가 중요한 역할을 담당하였다.

두 번째로 설립된 지역개발은행은 아프리카개발은행(AfDB: African Development Bank)이었다. 그런데 1964년 설립된 AfDB는 미국 등 서방권의 적극적인 참여가 있었던 IADB와는 달리 미국의 주도적인 역할이 없었다. 아프리카지역에 광범위한 식민지를 가졌던 영국과 프랑스가 AfDB의 설립에 호응하지 않는 상황에서 미국도 참여하기 어려웠기 때문이다.[41] 그래서 AfDB는 설립 초기 별다른 성과를 내지 못하였다. 또한 소득수준이 낮은 국가들이 대부분인 아프리카에서는 양허성 자금지원 창구가 필수적이었다. 1972년 아프리카개발기금(AfDF: African Development Fund)이 발족한 이후에야 AfDB는 의미 있는 지역개발은행이 되었다. 기본적으로 AfDB는

---

39) 그런데 대부분의 IFC 지원 프로젝트가 이윤을 창출하고 있다. 그 이유는 어떤 프로젝트가 민간부문 단독으로는 이윤을 창출하기 힘들지만 IFC라는 공신력 있는 국제금융기구가 함께 투자(또는 자금지원)하는 것만으로도 국제민간부문의 신뢰와 협력을 이끌어낼 수 있어서 이윤 창출 가능성이 급증하기 때문이다. 이것이 바로 IFC의 설립 이유의 하나이기도 하다.

40) Robert Wihtol, *Whither Multilateral Development Finance?* ADBI Working Paper Series, No.491, July 2014(Tokyo: Asian Development Bank Institute), p.4.

41) Ibid., p.5.

수혜국의 구성 상 국제금융시장에서의 대출에 의한 개발자금 공급보다 주요 선진공여국의 기부·출연으로 아프리카 빈곤국에 대한 양허성 자금지원 재원을 마련하는 것이 더 중요한 업무가 된다. 그런데 주요 선진공여국들은 세계은행의 IDA에 기부하는 것을 선호하는 등 AfDB는 재원조달에 지속적으로 어려움을 겪고 있다.

1966년 설립된 아시아개발은행(ADB)은 앞선 두 지역개발은행 설립 경험의 이점을 안고 당시 세계 최대 경제대국 미국과 일본의 공동주도로 설립되었다. 본부는 미국 영향권인 필리핀 마닐라에 두고 ADB 총재는 일본인이 맡기로 합의하였다. ADB 설립 초기에 선진 유럽국들의 참여도 적극적이었다. 또한 ADB는 중소규모 아시아 개발도상국에 대한 자금지원을 극대화하기 위해서 가장 큰 개발수요를 가진 인도가 ADB 초기에는 자금지원을 받지 않도록 합의하기도 하였다. 중국과 인도가 ADB에 가입한 것은 1986년이었다.[42]

세계경제가 발전해나감에 따라 브레튼우즈체제를 보완하기 위해 설립된 지역개발은행들은 국제원조사회의 규범, 모범사례와 관례에 입각하여 세계은행과 협력하고 있다.

---

42) Ibid., p.5.

V. 가칭 동북아개발은행(안) 설립 논의의 방향

1. 동북아개발은행 논의의 변천

가칭 '동북아개발은행'을 설립하자는 논의는 1990년대 초부터 일본, 한국의 일부 학자들을 중심으로 제기되어왔다. 1990년대 당시 동북아시아 지역은 중국의 개혁·개방이 광동성, 푸젠성 등 동남부 연안지역을 시작으로 상하이 등 중부 연안지역으로 급속히 확산되던 시기였다. 중국의 동북 3성 지역인 헤이룽장성, 지린성 및 랴오닝성은 전통적인 공업지역이었으나 중국 개혁·개방 이후에는 오히려 중국 내 낙후지역으로 전락하였다. 러시아 연해주지역도 유럽 위주의 러시아 연방정부의 관심에서 멀리 벗어나 있었다. 몽골은 소련 붕괴 후 체제전환을 비교적 성공적으로 수행하고 있었으나, 북한은 소련의 붕괴 이후 급속한 경제침체로 초유의 국가 위기에 빠져 있었다.

당시 1990년대 초중반은 소련의 해체로 새로이 생겨난 20여개 구사회주의권 국가들이 국제통화기금(IMF)과 세계은행, 아시아개발은행, 유럽부흥개발은행(EBRD) 등에 새로이 가입한 시기였다. 국제사회는 이들 국가의 체제전환을 위한 기술지원과 자금지원에 초점을 맞추고 있어서, 동북아지역에 상당한 개발금융수요가 있었음에도 불구하고 이 지역에 대한 국제개발은행의 실제 자금지원액은 개발수요에 훨씬 미치지 못할 수밖에 없었다. 동북아개발은행 설립 논의는 1997년부터 시작된 아시아 외환위기로 인하여 관심권에서 멀어지게 되었다.

이후 2000년대 초에 남북 간 경제협력이 활성화되면서 한국 일각에서는 기존의 동북아개발은행 논의를 북한개발을 위한 재원조달 차원에서 다시 제기하게 된다.[43] 이처럼 시대 상황에 따라 부침을 거듭하던 동북아개발은행

---

43) 북한개발에 대한 재원조달 차원의 동북아개발은행 논의에 대한 기본적인 검토는 다음을 참조. 장형수·박영곤, 『국제협력체 설립을 통한 북한개발 지원방안』(서울: 대외경제정책연구원, 2000), pp.45-49.

논의는 최근에는 통일이 한반도 주변국가에도 이익이 된다는 '통일 편익의 국제적 공유 논의'와 함께 다시 관심을 끌고 있다.

한편 최근 중국이 주도하여 가칭 '아시아인프라투자은행(AIIB: Asian Infrastructure Investment Bank)'을 설립하자는 안이 제시되어 있다. 우리정부도 향후 중국 측에서 구체적인 내용이 나오면 그 참여여부를 검토하기로 하였다. 현재까지 알려진 바로는 AIIB는 일반적인 투자은행이라기보다는 개발도상국에 대한 인프라 지원에 방점을 둔 다자간 지역개발은행의 성격을 띠고 있어 그 내용이 가칭 동북아개발은행 설립 안과 비슷한 성격인 것으로 보인다. 본 연구에서 동북아개발은행에 대해 검토하는 주요 사항들은 거의 대부분 AIIB의 설립 관련 논의에도 적용될 것이다.

2. 동북아개발은행 논의의 주요 고려사항

1) 재원조달과 지배구조

아시아개발은행(ADB)이 아시아 지역에 특화된 개발은행임에도 불구하고 동북아지역에 특화한 지역개발은행을 새로이 창설하기 위해서는 여러 가지 고려사항이 있다. 그 중 가장 중요한 것은 재원조달과 지배구조(governance)이다. 이 두 가지는 서로 밀접하게 연관되어 있다. 앞에서 살펴본 것처럼 다자간 개발은행의 재원조달은 국제민간금융시장에서의 채권발행으로 주로 이루어진다. 다자간 개발은행은 일반적인 민간상업은행과 달리 그 자금지원의 재원조달을 은행의 출자자본금에 크게 의존하지 않는다. 민간상업은행의 재원조달은 고객들의 예금이며, 고객들은 은행의 자본금이 많아야만 유사시 예금을 돌려받을 수 있기 때문에 자본 확충이 잘된 은행을 선호한다. 이러한 논리는 다자간 개발은행에도 적용된다. 다자간 개발은행은 신용등급이 매우 높아야 한다. 세계은행의 IBRD가 설립 이후 AAA 신용등급을 계속 유지하고 있기 때문에 자금조달 금리가 매우 낮다. 조달금리가 매우 낮아야만 대출 금리를 낮게 유지해서 개발도상국에 양질의 개발금융을 제공할 수 있게 된다.

다자간 개발은행의 신용등급이 개발자금을 원활히 조달할 만큼 충분히 높아지기 위해서는 개발은행의 지배구조가 국제금융시장에서 최고의 신뢰를 받을 수 있어야 한다. 즉, 미국, 일본, 선진유럽국가 등 세계경제를 움직이는 국가들이 국제개발은행의 주요 주주로 참여하여야 한다. 우리정부가 설립을 검토하고 있는 동북아개발은행이 국제민간금융시장에서 성공적으로 자금을 조달하려면 AAA의 최고 신용등급이 필요한데 이를 위해서는 한국, 일본, 중국 정도의 참여만으로는 부족하다. 모든 성공적인 국제개발은행의 지배구조에는 미국과 선진유럽국가의 참여가 필수적이다. 아시아개발은행의 최대주주는 미국과 일본이 동일 지분 12.56%씩을 소유하고 있으며, 개발은행의 주요 의사결정을 하는 상임이사국 중 1/3은 아시아국가가 아닌 역외국가에 배정되어 있다는 사실이 이를 반증한다. 이에 반해서 미국 등 선진국의 참여가 없이 창설되었던 아프리카개발은행(AfDB)의 성공적이지 못했던 출발도 참고해야 할 것이다.

물론 다자간 개발은행의 신용등급이 반드시 AAA일 필요는 없다. 그보다 낮은 신용등급으로도 국제금융시장에서의 재원조달은 가능하다. 그리고 납입된 자본금이 충분하다면 자본금을 재원으로 개발자금을 개발도상 회원국에게 대출해주면 된다. 그러나 이 경우 몇 가지 문제점이 발생한다. 우선 국제금융시장에서의 조달 금리가 크게 높아지거나 필요한 만큼의 채권을 발행하지 못하게 된다. 두 경우 모두 개발도상 회원국에 대한 개발자금 지원에 있어서 차질이 발생하게 된다. 신용등급이 AAA인 세계은행의 IBRD나 아시아개발은행이 지원하는 개발자금보다 "비싼" 금리로 빌린 개발도상 회원국에 대해서는 그만큼 개발지원 효과가 낮아지며, 동시에 그 자금의 상환 불능 가능성도 높아진다. 실제로 상환지연이나 불능 상황이 발생하면 개발은행의 자본금으로 메우게 된다. 한편 충분한 개발자금을 기채하지 못하게 되면 부득이 개발은행은 자본금으로 개발자금 대출에 나서야 한다.

일반 민간상업은행과 달리 다자간 개발은행 지원자금의 상환기간은 최소 15년 이상 장기이며, 거치기간도 길다. 개발금융은 민간금융과 달리 근본적으로 자금순환이 원활하지 못한 구조를 가지고 있다. 따라서 개발은행의 자본금만으로 대출재원을 조달하게 되면 이는 지속가능하지 않으며 이러한 개발은행의 신용도는 더욱 하락하는 악순환에 빠지게 된다. 다자간 개발은행이 재원조달을 출자자본금에 크게 의존하게 되면 이는 주요 주주들이 차라리 개발도상국들에게 양자간 자금지원을 직접 공여하는 것과 크게 다르지 않게 된다. 그러면 다자간 개발은행의 존재 이유가 상당 부분 사라지게 된다. 따라서 다자간 개발은행의 신용도는 매우 중요하며 이는 그 지배구조와 크게 연계된다는 점이 개발은행 설립 시 고려해야 할 가장 중요한 점이다. 그래서 세계 주요 경제대국의 적극적인 참여가 필수적이다.[44]

2) 자금지원 대상국의 여건과 전망

1990년대 초 동북아개발은행 논의가 처음 시작된 당시에는 북한, 중국, 몽골, 러시아는 물론 우리나라마저도 다자간 개발은행의 자금지원 적격국이었다. 그런데 지금 동북아개발은행이 설립된다고 가정하자. 일반적으로 개발은행을 설립하기로 원회원국이 합의한 이후 실제 자금지원이 시작되기까지는 3~5년이 걸린다. 2015년에 참여국이 동북아개발은행 설립의정서에 서명하고 2020년경에 자금지원을 시작한다고 하자. 러시아는 2013년 현재 이미 세계은행 기준 1인당 소득이 13,860 달러로서 일반적인 다자간 개발은행 자금지원 적격국이 아니다. 중국은 2013년 기준 1인당 소득이 6,560 달러이며 현재의 고속 경제성장 추세가 다소 약화되더라도 2020년경에는 1인당 소득이 12,500 달러를 넘어 일반적인 다자간 개발은행의 자금지원 적격국을 졸업할 것으로 보인다.[45] 또한 중국의 동북아지역은 중국 내 소득수준이

---

44) 2014년 8월 현재 거론되고 있는 AIIB 논의에는 미국과 일본의 참여는 없을 것으로 보이며, 초기 설립자본금 500억 달러의 대부분을 중국이 부담하는 것으로 되어 있다.

45) 일반적으로 1인당 소득이 10,000~12,500달러를 넘으면 세계은행의 자금지원 적격국에서 제외된다. 그러나 1인당 소득이 상한을 초과하더라도 그 국가가 국제금융시장에서 자국의 신용으로 안정적으로 개발자금을 조달하지 못한다고 판단하면 세계은행에서 졸업하지 않아도 된다. 그렇지만 1인당 소득이 높아지면 자금지원 가능성은 계속 낮아지므로 세계은행에서 '졸업' 하는지의 여부는 큰 의미가 없다. 참고로 한국은

평균 이상이므로 중국 동북지역에 대한 예외적 개발금융지원도 쉽지 않다. 북한은 IMF, 세계은행 등 국제금융체제에 편입되어 있지 않기 때문에 동북아개발은행에만 예외적으로 가입시키기는 쉽지 않다. 그래서 현재의 상황과 추세가 그대로 지속된다고 가정하면, 동북아지역에서 동북아개발은행이 설립되었을 때 일반적인 자금지원을 받을 수 있는 적격국가는 몽골밖에 남지 않을 것으로 보인다.

3) 동북아개발은행의 주력 개발금융 방식

북한 핵문제가 해결과정에 들어서서 북한이 동북아개발은행에 가입한다고 가정하자. 그런데 현재 북한의 현재 1인당 소득수준이나 대외채무상환능력 등을 고려하면 북한은 국제원조사회에서 가장 열악한 '최빈국'으로 분류될 것이 확실하다. 최빈국은 개발은행의 비양허성 자금지원을 국제관례상 받을 수 없다. 최빈국은 무이자로 30~40년 만기의 장기 개발금융지원이나 무상지원 등 양허성 자금지원만을 받게 된다. 이는 최빈국에 비양허성 자금지원을 공여하면 거의 대부분 상환지연이나 불능 상태에 빠지게 되기 때문이다. 만약 동북아개발은행이 비양허성 자금지원을 북한에 공여한다면 이는 동북아개발은행의 신용등급 급락으로 연결된다. 따라서 동북아개발은행이 북한 경제지원에 나서기 위해서는 양허성 자금지원 창구가 설립되어야 한다. 양허성 자금지원의 재원조달은 선진회원국이나 신흥경제국의 출연금(기부금)으로 조달되어야 한다.

북한에 대한 지원이 가능한 개발금융방식으로서 동북아개발은행이 북한에 투자할 예정인 해외민간부문의 투자 위험도를 낮춰주기 위한 '정치적 위험 보증(PRG: Political Risk Guarantee)'을 제공하는 것도 있다. 이는 북한과 같이 투자위험이 높은 저소득 개발도상국에 투자하는 민간투자은행 등이 만일 국유화, 과실송금제한 조치 등으로 피해를 입는 경우 이를 동북아개발

1998년 외환위기로 세계은행의 자금지원을 다시 받은 이후 아직도 IBRD 자금지원 적격국으로 남아 있다.

은행이 보상해주는 내용의 보증을 제공하는 것이다. 대부분 국제금융기구가 이러한 보증을 제공해주는 것만으로도 그 프로젝트의 성공가능성은 크게 높아진다. 국제금융기구가 보증하였다는 것은 사업이 진행될 국가에 대한 투자 위험을 현저히 낮춰주며 동시에 그 사업에 참여하는 민간부문의 재무적 타당성도 높여준다. 한편 북한의 민간부문이 충분히 성장해야 그 혜택을 받을 수 있을 것이지만, 동북아개발은행에 세계은행그룹의 IFC 방식의 개발금융 방식을 도입하는 것도 중장기적으로 필요하다.

3. 동북아개발은행 설립 논의의 방향

결론적으로 동북아개발은행이 실질적으로 북한개발에 도움을 줄 수 있는 방향으로 설립되는 것이 가능한가에 대한 검토가 필요하다. 먼저 북한 핵문제가 최소한 해결과정에 진입하고 북한이 국제사회에 편입하려는 의사를 밝혀야 하겠지만, 최빈국인 북한에 대한 개발 자금을 공여하기 위해서는 동북아개발은행 내에 세계은행의 IDA, 아시아개발은행의 아시아개발기금(ADF)와 같은 양허성 자금지원 창구가 설립되어야 한다. 또한 투자위험도가 높은 개발도상국에 대한 의미 있는 해외민간투자 유치를 위해서는 투자자가 직면할 수 있는 잠재적인 정치적 위험에 대한 동북아개발은행의 보증 기능도 필요하다. 동북아개발은행 설립 시 초기에는 국제기준을 충족하지 못하는 북한의 원조 수용 능력을 감안하여 다양한 형태의 기술지원을 체계적이고 대규모로 공여하는 시스템을 구축할 필요가 있다.

VI. 결론: 북한개발에 주는 시사점

우리는 성공적인 북한개발을 위해서는 남북한 경제협력도 중요하지만 동시에 해외민간자본의 북한으로의 투자 유치가 필수적이며, 이를 위해서는 북한의 국제사회 편입이 매우 중요하다는 것을 알았다. 북한의 경제성장을 위해서는 중국에 극도로 편중된 북한 대외무역의 정상화가 필요하다. 세계 무역(특히 수입)의 대부분을 차지하는 미국, 일본, EU와의 무역에서 개발도상국에 부여되는 최혜국대우를 받지 않고는 북한 무역의 획기적인 성장은 불가능하다. 1986년 12월 어렵게 도이모이 정책을 도입하였던 베트남도 실제로 경제성장궤도에 올라서게 된 직접적인 계기는 1990년대 초중반 베트남정부와 국제금융기구와의 양호한 협력관계 재건 및 2000년 7월 미국과의 무역협정 체결이었다.[46] 북한의 국제사회 편입의 첫 단계는 북한의 국제금융기구 가입이며, 북한이 국제금융기구에서 배제되면 현재의 국제경제질서 하에서는 거의 모든 것에서 배제되는 상황이 될 수밖에 없다. 미국, 일본, EU와의 국교정상화 및 무역협정체결 등은 북한의 국제금융기구 가입과 불가분의 관계에 있다.

북한의 국제금융기구 가입과 양허성 자금지원 수혜는 무엇보다도 북한개발을 위한 국제민간자본 유치를 위한 국제금융기구의 북한경제 전반에 대한 '인증서 발급'을 위해 필수적인 과정이다. 성공적이고 효율적인 북한개발을 위해서는 북한이 국제금융기구에 최대한 빨리 가입하여 북한이 경제·사회개발을 위해 필요한 장기·저리의 양허성차관을 도입하고 국제민간부문의 투자를 유치하도록 우리정부가 지원하는 것이 우리 국익에 부합한다. 그런데 우리정부의 대북정책인 한반도 신뢰프로세스와 비전코리아 프로젝트에는 북한 핵문제가 완전히 해결되면 북한의 국제금융기구 가입을 우리정부가 지

---

46) 임강택·박형중·손승호·이종무·장형수·조봉현, 『북한 경제개발계획 수립 방안 연구: 베트남 사례를 중심으로』(서울: 통일연구원, 2010), p.113.

원한다는 내용이 포함되어 있다. 북핵 문제의 완전 해결을 위해서는 상당한 시간이 필요하다. 북한이 핵을 완전히 포기한다고 진정성 있게 나오더라도 이를 검증하고 되돌릴 수 없게 만들기까지는 쉽지 않은 과정이 필요하다. 그 긴 시간 동안 우리는 무엇을 할 것인가?

북한이 IMF, 세계은행, 아시아개발은행 등 북한에 대한 개발지원을 공여할 국제금융기구에 가입하는 것은 북핵문제가 의미 있는 해결과정에 들어서면 가능한 한 초기에 이루어지는 것이 바람직하다. 북한이 국제금융기구에 가입하더라도 의미 있는 자금지원을 받기 위해서는 여러 가지 과정을 거쳐야하며, 이에는 현재 북한의 원조수용능력 상 상당한 준비기간이 필요할 것으로 보인다. "북한개발은 어떤 면에서는 북한의 개혁·개방과 동의어라고 해도 무방할 것이다.[47] 개발도상국이나 체제전환국의 개혁·개방정책을 기술지원과 자금지원을 통해서 지원하는 곳이 국제금융기구들이다… 북한이 국제금융기구에 가입하면, 이들 국제금융기구가 행정 역량 강화, 시장경제 전수, 국제관례 연수 등 북한의 개혁·개방에 도움이 되는 방향으로 정책권고를 하고 기술지원을 공여하게 된다."[48] 북한의 개혁·개방을 위한 지름길은 바로 북한의 국제금융기구 가입이다. 북한이 개혁·개방하면 도와준다는 정책보다는 북한의 개혁·개방을 촉진하는 정책이 상책이다.

---

47) 개혁·개방의 개념과 진화에 대해서는 다음을 참조. 장형수, "북한경제의 개혁·개방 촉진을 위한 개발협력 추진 과제와 전망," 『수은북한경제』, 2012년 가을호(서울: 한국수출입은행, 2012), pp.41-60.
48) 장형수, "북한 개발을 위한 국제협력 추진 방향," p.14.

▌참고문헌

임강택·박형중·손승호·이종무·장형수·조봉현.『북한 경제개발계획 수립 방안 연구: 베트남 사례를 중심으로』. 서울: 통일연구원, 2010.

임강택·장형수·김석진·서보혁·이기동·임을출·조봉현.『한반도 개발협력 핵심 프로젝트의 추진을 위한 남북협력 및 국제협력과제』. 경제인문사회연구회 협동연구 총서 13-21-02, 국토연 2013-51-1, 안양: 국토연구원, 2013년 12월.

장형수. "국제규범에 비추어 본 남북경협."『통일경제』. 2008년 봄호. 현대경제연구원.

_____. "북한과 국제금융기구: 이슈와 대응."『수은북한경제』, 2008년 봄호, 서울: 한국수출입은행.

_____. "북한경제의 개혁·개방 촉진을 위한 개발협력 추진 과제와 전망."『수은북한경제』. 2012년 가을호, 41-60. 서울: 한국수출입은행.

_____. "북한 개발을 위한 국제협력 추진 방향." 수출입은행-한국경제신문 공동주최 세미나 발표 논문. 2013년 1월 30일.

장형수·박영곤.『국제협력체 설립을 통한 북한개발 지원방안』. 서울: 대외경제정책연구원, 2000.

장형수·이창재·박영곤.『통일대비 국제협력과제: 국제금융기구 활용방안을 중심으로』. 서울: 대외경제정책연구원, 1998.

장형수·송정호·임을출.『다자간 개발기구의 체계 및 활동』. 경제인문사회연구회 협동연구 08-08-06. 서울: 통일연구원, 2008.

장형수·김석진·송정호.『북한개발지원을 위한 국제협력방안』. 경제인문사회연구회 협동연구 09-15-04. 서울: 통일연구원, 2009.

장형수·김석진·김정수.『국제사회의 개발지원전략과 협력체계 연구』. 경제인문사회연구회 협동연구 11-15-04. 서울: 통일연구원, 2011.

장형수·김석진·임을출.『북한 경제발전을 위한 국제협력체계 구축 및 개발지원전략 수립 방안』. 서울: 통일연구원, 2012년 12월.

한국은행.『국제금융기구 2011』. 2011년 12월. 서울: 한국은행.

Wihtol, Robert. *Whither Multilateral Development Finance?* ADBI Working
     Paper Series, No.491, July 2014. Tokyo: Asian Development Bank
     Institute.
World Bank. *Annual Report 2013.* Washington, DC: World Bank, 2014.

IMF 공식 웹사이트(www.imf.org).
세계은행 공식 웹사이트(www.worldbank.org).
아시아개발은행 공식 웹사이트(www.adb.org).

제5장

신탁기금을 활용한 북한개발지원 방안

이종운

극동대학교

| 제5장 | 신탁기금을 활용한 북한개발지원 방안 |

I. 서론

남북한은 북핵 문제를 해결해 가는 과정에서 다자간 국제협력체계를 구축하여 미국, 중국 등의 관련국과 국제기구가 공동으로 대북 경제지원에 참여하는 방안을 모색하여야 한다. 본고는 국제협력을 통한 대북 지원방안으로 다자출연 방식의 신탁기금 설립의 필요성을 제기하고, 향후 추진될 수 있는 '북한개발 신탁기금(North Korea Development Trust Fund)'의 효율성과 투명성, 안정성 확보를 위해 신탁기금의 설립과 운영에 대해 구체적으로 분석하고자 한다. 다자간 신탁기금 조성을 위한 국제협력의 필요성은 크게 대북 원조의 양적 증대와 효과성 향상, 북한의 적극적인 대화 유도와 개발협력사업의 상호책임성 강화, 주요 공여국의 정책조정 및 일관성 확보, 대북 지원사업의 효율적 관리와 투명성 향상으로 설명할 수 있다. 특히 북한경제 복구에 소요되는 비용을 남한과 일부 공여국이 감당하기에는 경제적 부담이 크기 때문에 관련국과 국제기구들이 공동으로 참여하는 다자간 원조 방식을 적극적으로 추진할 필요가 있다.

국제협력의 틀에서 대북 지원을 보다 효율적으로 운영하기 위해서는 원조조정체계를 구축하여 지원 규모를 확대하고 원조의 질적 향상을 모색하여야 한다. 원조조정은 개발도상국과 최빈국에 제공되는 원조를 공여기관 간의, 공여국과 수원국 사이의 정책협의와 성과관리를 통해 비효율적인 원조집행을 개선하고 수원국에서의 개발효과를 향상시키기 위한 국제적 파트너십을 의미한다. 최빈국 수준에 머물고 있는 북한주민의 빈곤과 산적한 인도적 문제를 해소하기 위해서는 해외자본의 유입과 개발원조자금의 집행이 강조되고 있다. 하지만 북한의 경우에는 핵문제 해결을 위한 협상이 진전을 보이더라도 주요 국제금융기구이자 원조조정의 주관기구로 활동하는 세계은행에 정식으로 가입하는 데 상당한 시일이 소요될 것으로 예상된다.

국제금융기구에 가입하기 위해서는 각 기구에서 규정하고 있는 선결요건 충족과 주요 회원국의 동의가 필요하다. 더욱이 북한이 가입의사를 표명하더라도 국제금융기구로부터 양허적 성격의 자금을 지원받는 데는 자금지원에 동반되는 정책권고를 준수하기 위한 북한의 내부적인 제도 정비와 정책역량 강화가 필요하다. 따라서 북한의 국제금융기구 가입 이전에 남한과 관련국들이 자금을 출연하여 다자공여 신탁기금(Multi-Donor Trust Fund)을 조성하는 방안을 모색할 수 있으며, 비핵화 과정에서 대북 경제지원을 위한 국제사회의 정책협의체로 '북한개발 신탁기금'을 운용할 수 있을 것이다.

다자출연 방식의 신탁기금 설립은 유엔개발그룹(UN Development Group)과 세계은행(World Bank)이 본격적으로 대북 원조사업에 참여할 수 있는 방안이 될 수 있으며, 북한에게는 국제기구의 전문성을 활용할 수 있고 대북지원에 참여하는 국가와 단체를 확대하는 데 도움이 될 것이다. 북한의 빈곤감축, 농업복구, 사회개발, 환경 및 에너지 분야 등에 개발지원을 확대하는 것은 새천년개발목표(MDGs) 달성을 위한 국제사회의 노력과 부합하고 북한의 개혁·개방으로 유도한다는 측면이 강하므로 우리정부가 주요 관련국과 국제기구들에 제안할 경우 다자간 신탁기금 조성은 실행 가능성이 높다. 신탁기금의 설립은 향후 북한의 경제회복을 위한 재원조달을 확대하는 데 기여할 수 있으며, 공여국(단체)들은 공동으로 원조점검회의와 모니터링·평가를 통해 사업성과를 관리하여 대북 경제지원의 투명성을 향상시킬 수 있을 것이다.

　신탁기금은 설립 목적과 대상 국가, 관리 방식에서 다양한 형태로 운영되고 있기 때문에 본고에서는 국제기구와 해외 사례를 참고하면서 대북 지원에 적합한 방안을 모색하고자 한다. 북핵문제 해결을 위한 국제적 회담에서 대북 지원사업을 위한 하나의 방안으로 신탁기금 설립에 대한 논의가 있을 것으로 예상되는 바, 북한을 대상으로 한 신탁기금의 조성에 참고할 수 있는 개도국 및 분쟁지역 지원을 위한 유엔과 세계은행의 신탁기금 사례를 분석할 필요가 있다. 본고는 대북 원조의 효과성 향상을 위해 '북한개발 신탁기금'의 설립 필요성을 제기하면서 신탁기금의 설립 절차와 운영에 대한 구상을 제시할 것이다.

II. 다자간 신탁기금의 국제적 운영 현황

　다자간 신탁기금은 특정한 개발 목적과 사업 수행, 국가 지원을 위해 다수의 공여자가 자금을 출연하여 국제적 관리기관을 통해 수원국 정부와 협의를 통해 집행하는 기금이다. 일반적으로 유엔기구 또는 세계은행과 같은 국제금융기구들이 관리기관으로 지정되어 기금운영과 지원 사업을 관리한다. 신탁기금은 2000년대 들어 가장 활발히 활용되고 있는 다자간 원조방식의 하나로서 빈곤국 기아퇴치, 기후변화, 보건의료 향상, 분쟁지역 재건과 같은 국제사회의 공동 개발목표를 추진하기 위해 조성되고 있다. 공여국은 원조의 효과성이 높다는 이유로 신탁기금을 통한 지원을 선호하고 있으며, 수원국은 자금의 규모가 양자원조에 비해 크고 지원의 예측성이 높은 신탁기금에 관심을 가지고 있다. 본고에서는 유엔개발그룹과 세계은행의 다자간 신탁기금 관리 방식과 운영체계를 살펴보면서 북한 지원을 위한 시사점을 모색하고자 한다.

1. 유엔개발그룹의 다자공여 신탁기금

신탁기금은 유엔의 개발활동을 지원하기 위한 재원 조성과 원조조정을 통한 개발 효과성 제고를 위한 유엔의 노력에서 중요한 역할을 하고 있다. 유엔체계 내에서 활동하는 많은 부속기구, 전문기구, 프로그램, 기금 등이 독자적으로 신탁기금을 운영하면서 발생하던 원조사업의 분절화와 중복 등의 문제점을 개선하기 위해 유엔개발그룹(UNDG: UN Development Group)은 2000년대 중반부터 유엔 조직들이 공동으로 기금을 모으고 집행을 관리하는 다자공여 신탁기금(MDTF: Multi-Donor Trust Fund)을 적극적으로 추진하고 있다. 유엔개발그룹은 유엔이 수행하는 다양한 개발업무들의 정책 일관성을 강화하고 개발지원의 효율성과 효과성을 향상시키기 위해 32개의 유엔 산하 단체의 연합체로 조직되어 있다.[1] 방만한 유엔의 조직운영을 개선하기 위해 추진 중인 '하나의 유엔을 위한 개혁(UN Reform to Deliver as One)'이 진행되는 과정에서 다자공여 신탁기금은 유엔개발그룹 기관들이 개발지원의 기획과 실시, 평가에서 조정력과 효과성을 제고하는 주요 수단으로 활용되고 있다.

유엔개발그룹은 다자공여 신탁기금의 효과와 가치를 다음과 같이 평가한다. 유엔의 합동 프로그램 원칙에 따라 운영되는 다자간 신탁기금은 수원국의 개발을 지원하기 위한 보다 유연하고, 조정적이며 예측성이 높은 재원을 조달하는 것을 목적으로 한다. 유엔 조직들이 통합된 경로로 원조를 제공함으로써 신탁기금은 효율적인 금융서비스와 수원국의 역량 강화를 통해 지원의 효과를 증가시킨다. 또한 모든 참가주체들 사이의 조정력을 향상시킴으로써 신탁기금은 공여국과 수원국 간의 정책조율 및 사업성과 관리, 유엔기구 간의 정보 교환과 상호 연계성을 강화하는 기반을 제공한다.[2]

---

1) 유엔개발그룹 홈페이지(http://www.undg.org) 자료 참조.
2) UNDG, *UNDG Guidance Note on Establishing, Managing and Closing Multi-Donor Trust Fund* (2011b), p.3.

유엔개발그룹 차원에서 이루어진 최초의 다자공여 신탁기금(MDTF)은 2004년에 설립된 UNDG-이라크 신탁기금(UNDG-Iraq Trust Fund)으로 알려져 있다. 2003년 10월에 스페인 마드리드에서 개최된 이라크 재건을 위한 국제공여자회의에서 '이라크 재건을 위한 국제기금(International Reconstruction Fund Facility for Iraq)'의 설립이 결의되고, 후속 조치의 일환으로 세계은행이 운영하는 신탁기금과 함께 유엔개발그룹 차원에서 국제사회가 출연한 재원을 관리하고 집행하는 신탁기금이 조성되었다. UNDG의 이라크 신탁기금은 25개의 공여국(단체)이 참가하여 14억 달러 규모의 기금을 조성하여 2013년까지 이라크 재건을 위한 각종 프로그램 지원을 위해 운영되었다. 이라크 신탁기금은 하나의 유엔 조직으로 자금을 모으고 개별 기구들이 통합된 관리체계에서 사업을 집행하는 유엔개발그룹의 신탁기금 모델을 발전시키는 계기가 되었으며, 이후에 추진된 다자공여 신탁기금에서 적용된 많은 관리절차(공여자 및 참가기관 대상의 기본합의, 재원 약정, 기금관리조직의 운영 등)를 마련하는 데 기여하였다.

유엔개발그룹은 증가하는 신탁기금을 체계적으로 관리하기 위해 2006년에 유엔개발계획(UNDP)의 관리부서(Bureau of Management) 산하에 다자공여 신탁기금 사무국(Multi-Donor Trust Fund Office)을 설치하고 유엔기구 간에 합동으로 운영되는 신탁기금을 관리하기 위한 기관으로 지정하였다. 2011년 7월에 다자 파트너 신탁기금 사무국(MPTFO: Multi-Partner Trust Fund Office)으로 명칭을 변경한 동 기관은 유엔기구와 정부 및 민간단체들에게 신탁기금 활동과 관련한 계약체결, 재무, 회계감사, 사업평가 등의 규칙 마련, 정보 제공, 관리자 교육과 통계분석 등을 책임지고 있다.[3]

유엔 체계에서 운영되고 있는 다자간 신탁기금의 수는 2013년 중반 기준으로 63개이며, 2004년 이후에 약 70억 달러 상당의 재원이 조성되어 인도적 지원, 분쟁지역 재건, 개발지원의 목적으로 활용되었다.[4] 〈표 1〉에서

---

[3] 유엔의 신탁기금 운영과 각종 통계정보는 MPTFO Gateway(http://mptf.undp.org)를 통해 제공되고 있다.

보듯이 유엔의 다자간 신탁기금은 이라크, 수단, 에티오피아, 아프가니스탄, 아이티, 네팔, 레바논을 포함하여 30여개의 수원국을 대상으로 국가 프로그램을 지원하였다. 다자공여 신탁기금(MDTF)는 유엔 개발지원시스템에서도 새로운 자원운용 방식이기 때문에 신탁기금 관리현황, 사업수행 효과 등에 대한 객관적인 평가문헌은 아직까지 많지 않다. 그럼에도 유엔의 자체 현황 보고서를 살펴보면 다자간 신탁기금은 활동하는 기금의 수, 수원국의 수, 출연금의 규모, 참가하는 유엔기구와 관련 단체의 수에서 모두 증가하는 추세를 알 수 있다. 다자간 신탁기금에 기탁된 연간 금액은 2004년부터 2011년까지 평균적으로 6억7천8백만 달러 수준이었으며, 2008-11년의 후반부 4년의 경우는 평균 8억3천5백만 달러가 매년 유엔에 위탁되어 신탁기금의 규모가 최근에 증가하였음을 알 수 있다.5)

　　유엔이 주도한 다자간 신탁기금에는 최근까지 94개의 공여자가 참여하였으며 전통적 공여주체인 정부기구뿐만 아니라 민간기금과 단체를 포함하고 있다. 또한 유럽연합(European Commission)과 세계은행도 일부 신탁기금에 출연하였다. 15개의 정부와 국제기구가 5개 이상의 유엔 다자공여 신탁기금에 출연을 하였으며, 7개의 공여국이 전체 기여액의 81% 가량을 차지하였다. 28개 국가와 단체는 두 개 이하의 신탁기금 조성에 참여하였다. 주요 공여국은 영국(21%), 스페인(19%), EC(12%), 네덜란드(8%), 노르웨이(8%), 일본(7%), 스웨덴(7%)으로 조사되었으며, 영국과 스페인은 10억 달러 이상을 신탁기금에 출연하였다.6) 약 20% 정도의 다자공여 신탁기금은 소수의 공여자가 대부분의 출연금을 제공하고 있어서 주요 공여국의 양자원

---

4) Multi-Partner Trust Fund Office, *Financing Development Together: The Role of Pooled Financing Mechanisms in Enhancing Development Effectiveness* (2013), p.5.

5) Multi-Partner Trust Fund Office, *2011 Annual Report of the UNDP MPTF Office as Administrative Agent of Multi-Partner Trust Funds and Joint Programmes* (2012), pp.3-4.

6) Multi-Partner Trust Fund Office(2012), 앞의 자료, p.6.

〈표 1〉 유엔개발그룹의 다자공여 신탁기금 설립 현황

	범지구적 개발이슈 지원	국가 단위의 지원
인도적 지원		- 수단 공동인도지원 기금(Sudan Common Humanitarian Fund, 2006년, 8억9,900만 달러) - 콩고 공동지원 기금(DRC Pooled Fund, 2007년, 6억6,200만 달러) - 중앙아프리카 공동인도지원 기금(CAR Common Humanitarian Fund, 2008년, 4,200만 달러) - 소말리라 공동인도지원 기금(Somalia Common Humanitarian Fund, 2010년, 1억3,100만 달러)
분쟁지역 재건 및 전환 지원	- 평화건설기금(Peacebuilding Fund, 2006년, 4억1,800만 달러) - 유엔 분쟁지역 성폭력 대응 기금(UN Action Against Sexual Violence in Conflict, 2008년, 1,300만 달러)	- 유엔개발그룹 이라크 신탁기금(UNDG Iraq Trust Fund, 2004년, 13억5,800만 달러) - 레바논 재건 기금(Lebanon Recovery Fund, 2006년, 4,600만 달러) - 유엔 네팔 평화 기금(UN Peace Fund for Nepal, 2007년, 2,500만 달러) - 남수단 재건 기금(South Sudan Recovery Fund, 2008년, 1억1,600만 달러) - 콩고 재건·안정화 기금(DRC Recovery and Stabilization Fund, 2009년, 1,700만 달러) - 유엔개발그룹 아이티 재건 기금(UNDG Haiti Reconstruction Fund, 2010년, 1억2,800만 달러) - 팔레스타인지역 신탁기금(Occupied Palestinian Territory Trust Fund (2010년, 2,300만 달러)
개발 지원	- 새천년개발목표 달성 기금(MDG Achievement Fund, 2007년, 7억600만 달러) - 인간안보를 위한 유엔 신탁기금	- 알바니아, 카보베르데, 모잠비크, 파키스탄, 르완다. 탄자니아. 우루과이, 베트남에서의 8개의 '하나의 유엔 선행 기금(One UN Pilot Funds,

(UN Trust Fund for Human Security, 2007년, 1,600만 달러) – 유엔 저탄소 프로그램 기금(UN-REDD Programme Fund, 2008년, 1억1,800만 달러) – 유엔 시민사회 신탁기금(UN Civil Society Trust Fund, 2010년) – 인권 주류화 신탁기금(UNDG Human Rights Mainstreaming Trust Fund(2011년) – 장애인 인권 향상 유엔 협력 신탁기금(UN Partnership to Promote the Rights of Persons with Disabilities MDTF, 2011년)	2006~07년)' – 부탄, 키리바티, 키르기스스탄, 레소토, 말라위, 몬테네그로우, 파퓨아뉴기니, 시에리온 등에서 2008~10년의 '하나의 유엔기금(Delivering-as-One)' 집행 – 보츠와나, 에티오피아, 이라크, 몰디브 등에서 2011년 이후 '하나의 유엔 기금' 집행

주: 표기된 연도와 금액은 신탁기금이 설립된 시점, 2011년 12월까지 유엔에 실제로 위탁된 기금의 총액
자료: Multi-Partner Trust Fund Office(2012), pp.3-6; MPTFO Gateway(http://mptf.undp.org) 참조

조에 대한 의존도를 완화하기 위해 여타 공여주체의 참가를 촉진할 필요성이 제기되었다.

유엔 조직이 관리하는 다자간 신탁기금은 수원국의 특수한 상황, 기금의 목표와 규모, 기부자와 국가파트너, 참가기관의 성격에 따라 다양한 형태로 운용되고 있다. 다양한 신탁기금 사례에도 불구하고 유엔개발그룹 차원에서 조성된 다자간 신탁기금은 유사한 설립절차와 기금운영, 사업집행, 모니터링, 평가 및 보고 체계를 가지고 있다. 다자 파트너 신탁기금 사무국(MPTFO)은 복수의 공여자로부터 위탁받은 자금을 혼합하여 개별 유엔기구들이 집행하는 방식의 신탁기금 운영에서 발생할 수 있는 행정적·관리적 문제를 최소화하기 위해 신탁기금의 관리 과정 및 방식, 조직구성에 대해 표준화된 지침을 따르도록 참가기관에 권고하고 있다. 따라서 유엔의 다자공여 신탁기금의 설립과 관리에는 공여자, 운영위원회, 관리기관, 참가하는 유엔기관, 집행기관으로 구성되는 공통된 조직체계가 존재한다.

  운영위원회(Steering Committee)는 유엔 조직, 공여자 대표, 수원국 정부, 참여기관들이 함께 참가하여 자금 모금과 사업 집행을 위한 전체 전략을 마련하고 기금사업 전반에 대한 감독을 책임지는 정책협의체이다.[7] 운영위원회는 유엔의 개발협력을 위한 정책 지향과 신탁기금의 설립 목적에 부합되게 조성하는 기금의 전략적 방향을 마련한다. 또한 재원 분배를 위한 우선순위를 설정하고 지원 프로그램에 대한 결정을 한다. 따라서 운영위원회는 신탁기금 자금을 사용하기 위한 사업신청에 대한 승인 권한을 가지고 있으며, 아래에서 살펴볼 신탁기금 관리기관이 정기적으로 보고하는 사업진행과 재정상황에 대해 평가하고 최종 승인한다.

  관리기관(Administrative Agent)은 신탁기금의 준비와 집행과정에서 행정적 지원과 재원 분배, 사업 감독, 활동 보고 등과 관련된 업무를 총괄한다. 유엔개발그룹이 마련한 신탁기금 양해각서의 조건에 따르면 유엔에 소속된 기관은 공여자와 참가단체의 결정에 의해 다자공여 신탁기금의 관리기관으로 활동할 수 있다. 원칙적으로 모든 유엔 기구가 신탁기금 관리기관으로서의 자격은 있지만, 최근까지 조성된 거의 모든 다자간 신탁기금은 UNDP 산하의 다자 파트너 신탁기금 사무국(MPTFO)을 통해 관리되고 있다.[8]

  개별 신탁기금이 위임한 관리기관으로서 MPTFO는 자체의 규정에 따라 운영위원회를 지원하여 조성된 기금을 관리하고, 신탁기금 사업에 참가하는 다양한 공여자, 수원국, 유엔기구, 민간단체 간의 정책조율과 사업조정을 담당한다. MPTFO는 운영위원회(또는 운영위원회를 대신한 유엔 상주조정관)의 지시에 따라 신탁기금에 출연된 재원을 유엔 산하의 기구에게 분배하여 사업을 집행하도록 지원한다.[9] 따라서 신탁관리자로 활동하는 MPTFO는

---

7) UNDG(2011b), 앞의 자료, pp.4-6.
8) 관리기관으로서 MPTFO는 유엔개발그룹 차원에서 운영되는 전체 다자간 신탁기금 수의 95% 이상을 관할하고 있으며, 기금의 금액으로는 99%를 관리한다. 유엔 차원에서 관리하는 다자공여 신탁기금 중에서 2건의 경우가 유엔아동기금(UNICEF)과 유엔프로젝트서비스기구(UNOPS)가 관리기관으로 참가하였다. UNICEF는 2008년부터 2010년까지 운영된 파키스탄 인도지원 기금(Pakistan Humanitarian Response Fund)을 UNDG의 표준화된 신탁기금 지침에 따라 관리하였다.

〈그림 1〉 유엔 다자공여 신탁기금의 운영구조

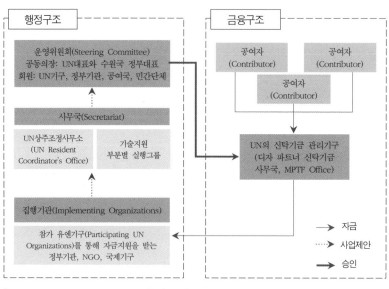

자료: Multi-Partner Trust Fund Office(2013), p.22

기금사업에 참여하는 모든 기관과 단체를 공평하게 취급할 책임이 있다. 유
엔개발그룹 내에서 신탁기금에 대한 전반적인 관리를 담당하는 유엔개발계
획(UNDP) 산하의 MPTFO가 대부분의 다자공여 신탁기금의 개별 관리기관
으로 활동함에 따라 UNDP 사업과의 업무 중복, 감독 책임에 대한 우려가
존재한다. 이에 UNDP는 자체의 사업에서 MPTFO의 신탁기금 관리 업무와
의 이해관계를 배제하기 위해 기관보고 체계와 재정운영 틀에 대해 분리
운영을 원칙으로 한다.[10) 또한 MPTFO의 자금 모금과 은행계좌 등의 사용
에서도 UNDP의 독자 사업과 중복이 되지 않도록 조치하고 있다.

개별 유엔기구는 MPTFO와 양해각서를 체결하고 다자공여 신탁기금에

9) UNDG(2011b), 앞의 자료, p.6.
10) UNDG, *Operational Effectiveness of the UN MDTF Mechanism* (2011a), p.11.

참가조직(Participating Organization)으로 활동한다. 유엔 산하 기관이 아닌 국제단체는 유엔 국가팀(UN Country Team)의 일원으로 활동하면서 유엔 조직과 유사한 수준의 규범을 갖춘 경우에 한하여 MPTFO와 별개의 양해각서를 체결하고 신탁기금 사업의 참가조직이 될 수 있다.[11] 신탁기금을 활용하는 유엔기구는 각자의 규정과 정책에 따라 활동하지만, 신탁기금의 자금 운영과 집행은 관리기관(Administrative Agent)이 정한 지침에 따라 사업을 수행한다. 사업 진행과 관련된 재정 및 활동사항에 대해서는 관리기관에 정기적으로 보고해야 한다.

유엔기구들은 신탁기금에 의해 추진되는 원조사업을 수행하기 위해 수원국의 정부기관, 국제기구, 민간단체로 구성된 집행기관(Implementing Partners)과 함께 사업을 진행한다. 집행기관은 신탁기금의 참가조직으로 분류되는 유엔기구를 통해 재원을 지원받는다. 유엔기구가 지원사업과 재정과 관련된 업무 책임을 지고, 집행기관은 이전된 자금의 관리와 관련하여 유엔기관이 정한 표준적 절차와 규정을 따른다.

2. 세계은행의 신탁기금

세계은행의 신탁기금 규모는 2000년대를 거쳐 크게 증가하였으며, 신탁기금을 통한 지원이 2000년대 중반부터는 세계은행그룹에서 저소득국을 대상으로 양허성 자금을 제공하는 국제개발협회(IDA: International Development Association)의 기여금보다 큰 것으로 보고되었다.[12] 〈그림 2〉에서 보듯이 세계은행은 205개 정도의 공여주체들이 출연한 1,000개가 넘는 신탁기금을 관리하고 있다. 다자기구와 일부 민간기금, NGO가 세계은행에

---

11) UNDG(2011b), 앞의 자료, p.5.
12) IEG, *Trust Fund Support for Development: An Evaluation of the World Bank's Trust Fund Portfolio* (2011), pp.11-15.

〈그림 2〉 세계은행의 최근 신탁기금 운영 현황

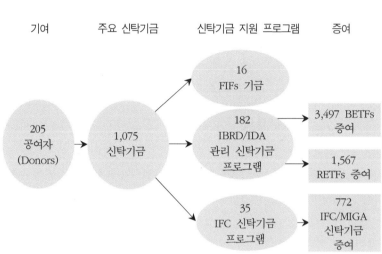

기여   주요 신탁기금   신탁기금 지원 프로그램   증여

205
공여자
(Donors)

1,075
신탁기금

16
FIFs 기금

182
IBRD/IDA
관리 신탁기금
프로그램

3,497 BETFs
증여

1,567
RETFs 증여

35
IFC 신탁기금
프로그램

772
IFC/MIGA
신탁기금
증여

주: 2009-10 회계연도
자료: IEG(2011), p.14

자금을 기탁하는 경우도 있지만, 지원 규모 면에서 주요 공여주체는 세계은행 회원국 정부이다. 특히 상위 10개의 공여국의 출연금이 대부분을 차지하고 있으며, 2002년부터 2010년까지 세계은행에 기탁된 신탁기금 총액(약 575억 달러)의 74%에 해당하는 430억 달러를 상위 10개국 정부가 출연하였다. 주요 공여주체로는 미국, 영국, 유럽연합(European Commission), 네덜란드, 일본, 캐나다, 독일, 프랑스 등이 있으며, 최대 공여국인 미국과 영국이 세계은행 신탁기금의 26%를 차지하는 150억 달러를 출연하였다.

세계은행그룹은 기금의 운영주체로서의 역할과 관리방식, 특성에 따라 신탁기금을 ① 국제부흥개발은행/국제개발협회 신탁기금(IBRD/IDA trust funds), ② 금융중재기금(FIFs: Financial intermediary funds), ③ 국제금융공사 신탁기금(IFC trust funds)으로 크게 분류하여 관리한다. 2013년 6월 기준으로 세계은행그룹에 기탁된 신탁기금의 총액은 289억 달러에 달하는데, FIFs 기금은 전체의 63%, IBRD/IDA 신탁기금은 32%, IFC 기금은

2%의 규모로 운영되고 있다.[13]

　IBRD/IDA 신탁기금은 세계은행그룹 산하의 국제부흥개발은행(IBRD)과 국제개발협회(IDA)가 집행하는 기금사업의 프로그램과 각종 활동들을 지원한다. IBRD/IDA에 기탁되어 있는 신탁기금의 연간 재원 규모는 2012년에 97억 달러로 최고치를 기록하였으나, 아프가니스탄 지원과 관련한 공여국의 출연이 감소하면서 2013년에는 92억으로 다소 감소하였다.[14] IBRD/IDA 신탁기금의 약 42%는 다자출연 방식으로 조성되었다. IBRD/IDA 신탁기금은 세계은행이 기금의 지출을 직접 관리하는 세계은행 집행 신탁기금(BETFs: Bank-executed trust funds)과 수원국 또는 위임받은 제3의 개발주체가 신탁기금이 지원하는 사업을 관리하는 수원기관 집행 신탁기금(RETFs: Recipient-executed trust funds)으로 다시 구분된다.

　수원국(단체)과 세계은행의 협정에 따라 운영되는 RETFs는 세계은행이 운영자로서 사업평가와 감독을 담당하지만, 수원기관이 신탁기금의 지원을 받는 프로젝트를 직접 수행한다. 개발 관련 투자와 기술지원을 위한 금융지원을 하는 RETFs를 활용하여 세계은행은 2011년 32억 달러, 2012년 36억 달러, 2013년 33억 달러를 개도국에 지원하였다. RETFs 집행액은 세계은행의 전체 프로젝트 파이낸싱의 11%를 차지한다.[15] RETFs의 80%는 IDA 자금 지원 대상으로 분류되는 최빈국과 저소득국가에 지원되었다. RETF 기금의 주요 지원분야로는 공공행정·법률·사법(32%), 교육(17%), 보건·사회분야 서비스(13%), 농업(8%) 등이다. 아프리카와 남부아시아를 주요 지원대상지역으로 하는 RETF 기금은 분쟁지역과 취약국가의 인프라 투자와 기술지원에서도 중요한 자금원의 역할을 하고 있다.

　세계은행이 직접 관리하고 집행하는 BETFs는 재원의 대부분이 세계은행의 자체적인 신탁기금 준비와 사업 타당성 분석, 지식공유·자문, 교육 및

---

13) World Bank, *Trust Fund Annual Report* (2013), p.9.

14) World Bank(2013), 위의 자료, pp.25-26.

15) World Bank(2013), 위의 자료, pp.28-29.

훈련, 비금융 기술지원, 프로젝트 홍보 및 관리, 효과성 평가와 같은 사업 활동에서 발생하는 행정비용에 사용되고 있다.16) 따라서 세계은행이 행정적으로 분류하고 있는 BETFs와 RETFs는 많은 경우에 함께 운영되고 있다. 세계은행의 비용을 지원하는 BETFs는 수원국에서 집행되는 RETFs가 지원하는 개발사업의 준비와 기술지원, 감독 및 평가를 위해 활용된다고 볼 수 있다.

세계은행그룹에는 국제부흥개발은행(IBRD)과 국제개발협회(IDA) 외에도 산하기구인 국제금융공사(International Finance Corporation)와 다자투자보증기구(Multilateral Investment Guarantee Agency)에서 상대적으로 소규모의 신탁기금이 운영되고 있다. IFC 신탁기금은 주로 개도국의 민간부문 활성화와 외국인 투자 확대를 위해 정부와 기업에 대한 자문과 투자환경 개선을 목적으로 재원을 활용한다. MIGA 기금은 2013년까지 보스니아(1997년), 팔레스타인(West Bank and Gaza, 1997년), 아프가니스탄(2004년), 아프리카 기업(2007년)을 대상으로 4건이 조성된 사례가 있으며, 세계은행은 규모가 작은 MIGA 기금을 IBRD/IDA 신탁기금에 포함하여 분류하고 있다.17)

기후변화, 빈곤국 기아퇴치, 보건의료 향상과 같은 국경을 초월하는 국제적 문제에 대응하기 위해 조성되고 있는 글로벌 펀드(global funds)의 관리에 세계은행은 참여하고 있다. 세계은행 산하의 IBRD와 IDA가 운영을 책임지는 신탁기금과는 다르게 글로벌 펀드의 운영에서 세계은행은 공여국과 수원국 또는 제3의 집행기관 사이에서 금융지원기관의 역할을 수행한다. 따라서 세계은행은 이러한 신탁기금을 금융중재기금(FIFs)으로 분류하여 관리하고 있다.

세계은행은 2013년 기준으로 55개의 FIFs를 관리하고 있으며 출연되어

---

16) 세계은행의 신탁기금을 통한 사업이 증가함에 따라 행정비용이 최근 들어 증가하고 있으며, BETFs 기금의 집행액은 2013년에 6억6,900만 달러로 세계은행의 전체 행정비용의 23%를 차지하였다.

17) World Bank, *Directory of Programs Supported by Trust Funds* (2011), pp.193-195.

있는 기금의 규모는 183억 달러로 보고되었다.[18] 보건 분야의 대표적인
FIFs 기금으로는 새천년개발목표의 실천을 위한 국제적 노력의 일환으로 2002
년에 설립된 AIDS·결핵·말라리아 퇴치를 위한 지구기금(Global Fund to
Fight AIDS, Tuberculosis and Malaria)이 활동하고 있다. 세계은행이 신탁
관리에 참여하는 글로벌 펀드 중에서 최대 규모인 동 기금의 조성에는 55개
의 공여주체가 참가하였고 2010년까지 144개국에서 약 110억 달러가 집행
되었다.[19] 국제적인 관심이 증가하고 있는 지속가능한 개발과 환경보호 분
야의 FIFs 기금으로는 지구환경기금(Global Environment Facility), 기후변
화기금(Special Climate Change Fund), 기후투자기금(Climate Investment
Fund) 등이 있다. 이 밖에도 세계은행이 참여한 국가 단위의 FIFs 기금사업
으로는 지진 이후의 복구를 위해 국제사회가 2010년 설립한 아이티 재건
펀드(Haiti Reconstruction Fund), 노르웨이정부가 2010년부터 6년 동안에
2억5천만 달러를 출연하기로 약정한 가이아나의 저탄소 발전전략을 지원하
는 Guyana REDD-Plus Investment Fund 등이 있다.

　FIFs 기금 운영에서 세계은행은 공여국(단체)과 국제기구들 간에 합의된
글로벌 프로그램의 추진을 위해서 세계은행에 기탁된 자금을 수원국 정부,
민간단체, 유엔기구, 국제 NGO 등의 현지에서 사업을 수행하도록 지정된
집행기관에 제공하는 역할을 수행한다. 유엔기후변화협약(UNFCCC)에 따
라 2008년에 설립된 기후투자기금(Climate Investment Fund)과 같은 다자
간 글로벌 펀드는 기금 운영과 관련된 독립된 관리기구(Secretariat, 기금
사무국)를 대부분 설립하기 때문에 세계은행은 이들 사무국의 지시에 따라
기탁된 재원을 수원기관에 이전하여 현지에서 집행한다. 세계은행에서 이전
되는 재원이 수원국 정부와 민간단체에 직접 제공되는 경우도 있지만, 경우
에 따라서는 다자기구인 유엔기구나 지역개발은행 등을 거쳐서 수원국으로
전달되고 있다.[20] 또한 일부 프로그램의 경우에는 집행자금이 세계은행으

---

18) World Bank(2013), 앞의 자료, pp.30-31.
19) World Bank, *Directory of Programs Supported by Trust Funds* (2011), pp.24-25.

로 다시 이전되어 IBRD/IDA 신탁기금으로 전환되어 세계은행이 사업 추진
을 위해 직접 집행한다.

세계은행의 신탁기금과 관련된 관리체계를 살펴보면 글로벌 파트너십·신
탁기금 운영부서(CTPFO: Global Partnership and Trust Fund Operations
department)가 신탁기금의 조성과 사업수행을 위한 기술지원 업무를 담당
한다. 동 부서는 부총재가 관할하는 개발금융국(Development Finance Vice
Presidency) 산하에 있다. 개발금융국은 최근까지 양허성 금융 및 글로벌
파트너십국(Concessional Finance and Global Partnership Vice Presi-
dency)으로 알려진 부서인데, 과거 자체적으로 조성한 양허성 금융에 치중
되어 있던 세계은행의 사업들이 새로운 개발재원으로 글로벌 펀드, 신탁기
금, 파트너십 프로그램 등의 활용이 증가하면서 부서의 역할을 재정비한 것
이다. 신탁기금 운영부서인 CTPFO는 기금의 설립 제안과 자금집행에 대한
관리를 담당하며, 공여국(단체)과 수원국 사이에서 기금사업의 기획, 예산,
평가 등을 협의하기 위한 중개자 역할을 수행한다. 또한 신탁기금 운영에
관계하는 관리자와 실무진의 교육과 훈련을 담당한다. CTPFO는 세계은행
이사회 및 경영진, 원조기관에게 신탁기금의 현황, 사업성과, 정책 등에 대
해 정기적으로 보고한다.

운영부서의 역할을 하는 CTPFO 외에도 세계은행 내에는 많은 본부 부서
와 지역 사무소들이 신탁기금의 설립, 자금조달, 기금집행, 사업운영과 관련
된 지원을 하고 있다. 실례로 법률국(Legal Vice Presidency)은 신탁기금에
관여하는 공여자와 수원주체들과의 협약체결 준비부터 사업종결까지의 각
종 법률서비스를 제공한다. 또한 지역본부(Regional Unit)의 국가, 분야 관
리자들은 신탁기금의 지원을 받는 수원국에서의 현지 사업집행에 전문적인
기술을 제공한다.

신탁기금에 대한 국제사회의 출연 규모와 각종 사업이 크게 증가하면서
세계은행이 관리하는 신탁기금(Bank-administered trust fund)은 2008~

20) IEG(2011), 앞의 책, pp.13, 107.

〈표 2〉 세계은행그룹이 관리하는 신탁기금의 현황(2009~13)

운영 중인 신탁기금의 수	2009	2010	2011	2012	2013
IBRD/IDA 신탁기금(IBRD/IDA TFs)	761	780	748	720	685
MIGA 신탁기금 포함	4	4	4	4	4
금융중재기금(Financial Intermediary Funds)	50	48	51	54	55
국제금융공사 신탁기금(IFC TFs)	233	247	273	290	290
합계	1,044	1,075	1,072	1,064	1,030

위탁된 기금액(억 달러) (Funds Held in Trust)	2009	2010	2011	2012	2013
IBRD/IDA 신탁기금(IBRD/IDA TFs)	88	89	96	97	92
MIGA 신탁기금 포함	0.5	0.5	0.5	0.5	0.5
금융중재기금(Financial Intermediary Funds)	136	153	180	178	183
국제금융공사 신탁기금(IFC TFs)	6	7	6	10	7
기타	8	9	9	7	7
합계	238	258	291	292	289

현금 공여액(억 달러) (Cash Contributions)	2009	2010	2011	2012	2013
IBRD/IDA 신탁기금(IBRD/IDA TFs)	36	43	39	44	35
MIGA 신탁기금 포함	0.03	0.01	-	0.03	-
금융중재기금(Financial Intermediary Funds)	45	60	61	72	70
국제금융공사 신탁기금(IFC TFs)	3	11	3	3	4
합계	85	114	103	119	108

집행액과 이전액(억 달러) (Disbursements and Transfers)	2009	2010	2011	2012	2013
IBRD/IDA 신탁기금(IBRD/IDA TFs)	36	37	38	43	40
세계은행 집행 신탁기금(BETF)	4	5	6	6	7
수원기관 집행 신탁기금(RETF)	32	31	32	36	33
MIGA 신탁기금 포함	0.002	0.003	0.001	0.001	0.001

금융중재기금(Financial Intermediary Funds)	30	48	45	52	58
국제금융공사 신탁기금(IFC TFs)	3	10	4	3	4
합계	69	95	88	97	102

자료: World Bank(2013), p.38

10년을 기준으로 개발지원을 위해 세계은행이 집행하는 재원(operational disbursements)의 8%를 차지하고 세계은행 전체 행정예산 재원의 23%를 차지하는 규모로 성장하였다.[21] 신탁기금이 세계은행 자체의 운영과 활동에 미치는 영향이 확대되면서 2000년대 중반 이후 세계은행은 내부적으로 신탁기금의 운영절차와 관리방식 개선을 위한 다양한 방안을 모색해 왔다. 2007년 세계은행 이사회의 승인을 받은 새로운 신탁기금 관리방안(management framework)은 과거 주변부 활동으로 취급되던 신탁기금을 세계은행의 주요 사업영역의 일환으로 평가하면서 신탁기금의 효율성, 투명성, 종합적 관리를 향상시키는 조치를 취하였다. 앞에서 살펴본 바와 같이 세계은행의 신탁기금을 FIFs, IBRD/IDA 신탁기금, RETFs, BETFs 등과 같이 구분하고 신탁기금의 종류에 맞게 효율적인 관리를 위한 운영정책과 절차를 새롭게 마련하였다.

또한 신탁기금 관리방안에는 세계은행의 중점사업 분야와 정책에 신탁기금과의 전략적 조화(strategic alignment)를 강조하면서 세계은행의 행정적 단위인 부총재 관할의 모든 부서(Vice Presidential Units)에서 매년 신탁기금 관리계획을 작성하고 국별지원전략(CAS)의 작성과 사업성과 평가에서 신탁기금에 대한 논의를 포함할 것을 제시하고 있다.[22] 세계은행의 운영과 사업실행에서 신탁기금과의 연계성을 증가시키기 위해 신탁기금 자금을 세계은행의 사업예산으로 포함하고 경영진과 관리자들이 신탁기금 사업 전반에 대한 평가를 강화하는 체계를 마련하였다.

---

21) IEG(2011), 앞의 책, p.65.
22) IEG(2011), 앞의 책, pp.21-23.

III. 북한개발지원을 위한 신탁기금 설립의 필요성

북한의 심각한 경제난과 기아사태에 대응하여 1990년대 중반에 시작된 국제사회의 대북 지원은 지난 20년 동안 북한의 식량난과 취약계층의 인도적 위기상황을 완화하는 데 크게 기여하였다. 〈그림 3〉에서 같이 원조기관들이 유엔에 보고한 통계에 의하면 국제사회는 2000년 이후 북한에 총 20억 6,854만 달러 규모의 지원을 실행하였다.[23] 북한이 핵실험을 단행함으로써 대북 지원이 현격히 감소한 2000년대 중반 이전만 하더라도 양자 또는 다자 형태로 인도적 지원에 참여한 국가가 36개국에 달할 정도로 국제사회는 대북 지원에 적극적인 모습을 보이기도 하였다. 유엔안보리 제재결의안을 포

〈그림 3〉 국제사회의 대북 인도적 지원 추이(2000~14년)

(단위: 백만 달러, 국가)

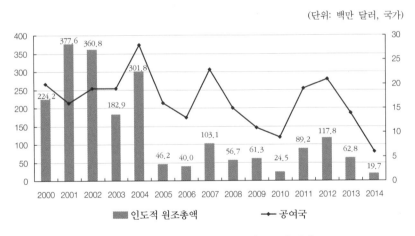

주: 2014년 6월까지 유엔인도주의업무조정사무국(OCHA)에 보고된 통계
자료: UNOCHA, Financial Tracking Service(http://fts.unocha.org)

---

23) 유엔인도주의업무조정사무국(United Nations Office for the Coordination of Humanitarian Affairs)에 2014년 6월까지 보고된 1,557건의 국제사회 대북 지원의 총액.

함하여 국제사회의 강력한 반대에도 불구하고 북한은 핵실험과 장거리 미사일 발사를 강행하였으며, 식량사정이 좋지 않은 상황에서는 외부지원을 거듭하여 요청하면서도 국제사회가 반대하는 핵개발을 추진하는 북한의 이중적 행태는 비난받고 있다. 남북관계 경색과 국제사회의 여론 악화는 세계식량계획(WFP)의 식량지원 사업과 구호단체들의 모금실적 부진으로 이어졌으며 북한 취약계층의 어려움은 가중되고 있다. 유엔기구와 일부 비정부기구(NGO)들은 정치·안보적 상황과 인도적 차원의 지원을 분리한다는 원칙에 따라 식량지원과 농업복구, 보건의료, 식수위생 사업 등을 지속하고 있다.

북한 현지에서의 국제사회의 원조는 유엔 산하의 전문기구와 국제 NGO를 통해 집행되었다.[24] 유엔기구들은 국제사회의 대북 인도적 지원활동에서 자금 모집과 사업추진, 지원 모니터링 측면에서 중심적인 역할을 하였다. 북한에는 UNDP(유엔개발계획), UNICEF(유엔아동기금), WHO(세계보건기구), WFP(세계식량계획), FAO(세계식량농업기구), UNFPA(유엔인구기금)의 6개의 유엔 기구가 상주활동을 하고 있다. 이들 외에도 UNIDO(유엔산업개발기구), UNEP(유엔환경계획), UNESCO(교육과학문화기구), UNESCAP(아시아·태평양 경제사회위원회) 등의 국제기구가 비상주 형태로 관련 분야에서 지원을 하고 있다. 긴급구호가 필요한 국가와 지역에 대한 지원을 주도하는 유엔사무국 산하의 UNOCHA(인도주의업무조정사무국)는 2005년부터 유엔 차원의 대북 통합지원이 중단됨으로써 평양에서 사무소를 철수하였으나, 식량 부족과 수해피해와 같은 긴급구호 상황에서 중앙긴급대응기금(Central Emergency Response Fund)을 WFP 등의 국제기구에 배분하여 대북 지원활동에 참여하고 있다.[25]

북한에서 활동하는 유엔기구들은 평양에 설치된 상주조정사무소(Resident Coordinator's Office)를 통해 각종 지원사업과 행정적 사안들에 대해 협력

24) 이종운, "국제사회의 대북 원조 평가와 과제"(2011), pp.75-83 참조.
25) 중앙긴급대응기금(CERF)은 2014년 6월까지 북한에 9,686만 달러 상당의 식량과 물자를 지원하였다.

체계를 구축하고 있다.[26] UNDP는 대북 지원에 참여하는 유엔기구들의 대표자 역할을 수행하며 북한의 농업개발, 경제관리, 환경 및 에너지 분야의 사업을 진행하고 있다. WFP는 국제사회의 대북 식량지원을 위한 창구 역할을 담당하고 있으며, UNICEF와 WHO는 보건·의료 분야에 대한 지원을 실시하고 있다. 〈표 3〉에서 보듯이 인도적 지원을 위한 유엔기구의 활동은 식량 및 의약품 등의 구호물자 전달과 함께 농업복구를 위한 사업, 방역 및 예방접종 등의 의료서비스, 상하수설비 확충과 같은 공중위생 개선, 산림복구와 환경 프로그램의 추진으로 지원 영역이 확대되었다.

유엔기구와 함께 국제 NGO와 종교 계통의 구호단체, 유럽국가 정부 산하의 개발기관들이 북한에 대한 인도적 지원사업을 실시하고 있다. 국제적십자/적신월사연맹(IFRC)은 국제적십자위원회(ICRC)와 회원국을 통해 2000년대 2억 2천만 달러 상당을 모금하여 긴급 재난구호, 보건·의료, 식수 및 공중위생, 재난 관리를 위한 대북 지원을 실시하였다.[27] IFRC의 대북 지원사업은 조선적십자회(DPRK Red Cross)와 국제적십자위원회, 공여 회원국 적십자사와의 협약(Cooperation Agreement Strategy)에 기초하고 진행되고 있다.[28] 호주, 캐나다, 덴마크, 핀란드, 독일, 네덜란드, 스페인 등의 9개의 회원국 적십자사가 북한과의 협약에 참여하여 자금 및 기술 지원을 실행하였다.

2000년대 전반기 북한 지역에는 Children's Aid Direct(영국), Concern Worldwide(아일랜드) 등 11개의 국제 NGO가 상주 대표부를 설치하고 활동하였으나, 북한의 대외관계 악화에 따라 2000년대 중반부터 국제 NGO의 대북 지원활동은 축소되는 경향을 보였다. 북한에 상주하였던 국제 NGO는 대부분 유럽에 본부가 위치한 민간단체들이었으며, 기타 국가에 본부가 위

---

26) United Nations, *2011 United Nations Overview of Needs and Assistance: The Democratic People's Republic of Korea* (2011), pp.37-49.

27) UNOCHA, Financial Tracking Service 통계.

28) International Federation of Red Cross and Red Crescent Societies, "Revised Plan 2011: Democratic People's Republic of Korea"(2011).

〈표 3〉 대북 지원에 참여하는 주요 유엔기구의 활동 현황

유엔기구	지원 분야 및 내용
UNDP (유엔개발계획)	- 6개의 북한 상주 유엔기구와 8개의 비상주 유엔기구들로 구성된 북한 국가팀(UN Country Team in DPRK)의 대표자 역할을 하면서, 북한당국과 지원사업에 대한 정책협의를 수행 • 1979년 평양 사무소 개설 • 미국의 지원 자금 전용 의혹 제기로 2007년 3월에 북한 내 활동을 중단, 의혹 해소로 2009년 9월부터 대북 지원 재개 • 유엔 상주조정관사무소 2009년 11월부터 활동 재개 - 농업분야의 사업을 추진, 일부 사업은 FAO와 협력 • 1999년부터 북한에서 농업복구 및 환경보호(AREP: Agricultural Recovery and Environment Protection) 프로그램 진행 • 환경, 에너지와 수송 분야와 관련된 사업, 대외무역 능력 배양사업 추진 • 1999년부터 2007년까지 106개의 지원 프로젝트 수행 • 26개의 농업지원 프로젝트, 38개의 개발이슈와 관련한 정책·계획 프로젝트, 9개의 에너지, 15개의 환경, 6개의 무역·개발 관련 프로젝트가 포함 • 연간 300만 달러 수준의 대북 지원사업을 추진하였으며, 106개의 프로젝트를 수행하기 위해 1,891만 달러를 지원 - 2009년부터 지속가능한 농촌에너지 개발(수력, 태양력 등 대체에너지 시설의 설치와 기술전수), 종자생산 증대, 식량과 농업 정보시스템 강화 등의 6개 분야 프로젝트 사업을 중점 추진
WFP (세계식량계획)	- 국제사회의 긴급 식량지원 및 모니터링의 주도적 역할을 수행 • 1995년부터 북한에서 활동하며 약 4.6백만 톤의 식량을 북한에 제공 • WFP의 구호활동을 위해 미국, 한국, 일본, EU, 호주, 독일, 핀란드, 이탈리아, 스위스 등이 지원 • WFP를 통해 2001년 최대 930,012톤의 식량을 북한에 지원하였으나, 북한의 대외관계 악화에 따라 WFP의 식량지원 규모는 2010년 55,218톤으로 감소 • 아동 및 여성을 주 대상으로 지원하고 학교급식, 취로사업 급식을 지원 • 13개의 영양 강화식품 제조공장에서 생산된 혼합식품은 탁아소, 유치원, 임산부, 노인 등의 취약 계층 주민에 공급. - 현장접근과 모니터링이 가능한 지역만을 지원한다는 원칙 (no access, no aid) • 2000년대 전반기 160여개의 북한 시·군 지역에서 식량지원

	• 2000년대 후반기 이후에는 지원 대상지역이 축소되었으며, 식량난이 상대적으로 심각한 함경북도, 함경남도, 양강도 지역을 중점 지원 • 2013년 북한의 209개의 시·군 중에서 85개의 지역의 2.4백만 명의 취약인구를 대상으로 식량지원활동
FAO (식량농업기구)	- 1997년부터 북한에서 활동, WFP와 함께 북한의 곡물작황 및 식량수급 조사 및 평가 - 2000년대 전반기 북한 식량생산 증대를 위한 농업기반 복구 프로그램 추진 - 2000년대 후반기 구제역 등 동물 질병 관리역량 강화를 위한 지원에 역점 - 평안남도, 평안북도, 황해남도 지역을 중심으로 66개 시군지역에서 지원활동 - 북한의 관련 정부기관들과 합의한 농업분야의 2012~15년 국가 프로그램(Country Programming Framework 2012-15)에 따라 식량안보, 재난관리, 농업·농촌 환경 개선과 관련한 94개의 사업을 추진
UNICEF (유엔아동기금)	- 1996년부터 북한에서 상주활동을 하면서 여성과 아동의 영양 증진과 보건위생 향상을 위한 사업에 중점 - 급식센터에 대한 혼합영양식 지원 및 5세 미만 어린이를 대상으로 한 복합영양제와 비타민A 공급 - 보건소에 대한 필수 의약품 상자 제공과 예방접종 사업 - 안전한 식수와 공중위생 분야(WASH: Water, Sanitation and Hygiene)에서 유엔의 책임기관의 역할을 수행 • 국제적십자사, 유럽 NGO와 WHO와 협력 • 어린이 보호시설, 초등학교의 식수 및 위생시설 개선 사업 - UNESCO와 협력하여 북한 기초교육 분야에 대한 지원 • 초등, 중학교의 수학, 영어 교과 개발 지원 • 초등학교를 대상으로 한 교과서 제작을 위한 종이 및 학습 용품 제공 - 2011~15년 사업을 위해 1억2,088만 달러가 필요하나, 자금부족으로 상당수의 계획한 사업이 축소
WHO (세계보건기구)	- 북한은 1972년 WHO에 가입하였으며, 1997년에 평양에 설치된 WHO 사무소는 2001년에 WHO 대표부로 확대 - 방역 및 예방접종, 의료인 교육사업 지원 • 2001년부터 말라리아 방역, 결핵, 홍역, 영양실조에 대한 의약품 및 설비 제공 • 한국, 영국, 스웨덴, 노르웨이, 유럽연합, 국제로터리연합 등이 자금

	지원 - WHO 활동은 북한 전역의 10개 도의 208개 시군지역에서 전개 • 마을 보건소, 시군지역 병원에 대한 지원과 함께 결핵병원, 대학병원, 전통의학원 등에 대한 지원 • WHO의 지원으로 북한 보건당국은 2012년 오지지역 환자들을 위한 통신진료 서비스를 구축하기 위해 2개의 중앙병원, 10개의 도립병원, 60개의 지역 병원이 참여하는 보건 프로젝트 추진 - 본격적으로 대북 지원이 실시된 1997년 이후 WHO는 북한 보건을 위해 1억4천만 달러 이상을 지원 • AIDS · 결핵 · 말라리아 퇴치를 위한 지구기금(GFATM), 세계백신면역연합(GVAI), UNOCHA, 이탈리아, 한국 등에서 일부 자금을 지원받아 북한에서 결핵, 말라리아 퇴치사업 추진
UNFPA (유엔인구기금)	- 1985년부터 북한에서 활동하고 있으며, 인구 및 개발전략(Population and Development Strategies)의 일환으로 북한 경제 및 인구통계 조사를 위한 자금과 기술지원 • 인구조사 및 통계분석 능력 증진을 위해 김일성대학 등의 교육기관과 합동으로 인구학 분야의 전문가 육성, 국가계획위원회 등의 정부기관 인구통계 분석을 위한 지원 실시 • 2008년 북한 인구조사를 지원하여 북한 중앙통계국은 2010년에 'DPR Korea 2008 Population Census National Report'를 발간 • 2010년 모성 및 아동 건강 실태 조사 지원 - 1998년부터 가족계획 및 생산보건(reproductive health) 프로그램 지원 • 11개 시군에서 가족계획 서비스 제공 • 4개 도에 위치한 273개의 마을 보건소와 11개 시군 병원에 생산보건과 관련한 교육 지원과 기본 장비 지원 - 뉴질랜드, 노르웨이, 스위스, 한국 등이 위탁한 9.2백만 달러를 2007~2010년 지원

자료: United Nations(2011, 2012), 최춘흠 외(2008), 이종운(2011), United Nations DPR Korea 웹사이트(http://kp.one.un.org)를 참조하여 저자 작성

치한 NGO들은 식량과 구호물품을 지원하는 형태로 대북 원조에 참여하였다. 북한에서 현재 상주활동을 유지하고 있는 6개의 국제 NGO들은 유럽원조협력사무국의 직접적인 관리를 받고 있으며 유럽연합프로그램지원(European Union Programme Support)의 일원으로 북한에서 활동하고 있다.[29]

북한에 대한 국제사회의 인도적 지원이 상당한 기간이 경과하였음에도 불구하고 북한의 경제난은 해소될 기미를 보이지 않고, 더욱이 핵개발을 둘러싼 국제사회의 갈등이 증가함으로써 대북 지원에 대한 방향과 문제점에 대한 지적이 증가하고 있다. 대북 원조가 장기화됨에 따라 공여국과 단체의 기부자 피로현상(donor fatigue)이 나타나고 있으며 구호단체들의 대북 지원 모금액은 2000년대 중반 이후 크게 감소하였다. 〈그림 3〉에서와 같이 국제사회의 대북 지원 규모는 2001년 3억7천만 달러, 2002년 3억6천만 달러 수준으로 증가하였으나, 2000년대 후반기의 두 차례에 걸친 핵실험과 잇따른 대남 강경조치로 국제여론이 나빠지면서 2010년 국제사회의 지원 금액은 2,480만 달러로 대북 지원이 시작된 이후 최저 실적을 기록하였다.

북한은 국제사회의 지원 없이는 현재의 경제난 극복과 주민생활의 개선이 어렵다는 사실을 인식하고 남북한 협력과 대외관계 개선에 노력해야 할 것이다. 북한의 변화에 동반하여 국제사회 또한 인도적 측면과 함께 효율적인 개발원조를 통해 북한의 경제회복을 촉진시킬 필요가 있다. 국제사회는 북한의 변화를 유도할 수 있는 실질적인 전략을 마련할 필요가 있으며, 다자간 신탁기금의 설립은 대북 지원 규모의 확대와 함께 원조 효과성 제고를 위한 하나의 방안이 될 수 있다.

다자간 신탁기금은 긴급구호 위주로 운영되고 있는 국제사회의 대북 지원을 개발지원 사업 형태로 전환하는 효과가 있다. 국제사회의 대북 지원이 20년 동안 지속되고 있지만, 원조형태는 여전히 식량지원과 보건서비스 제공 같은 단기 긴급구호 프로젝트(short-term emergency relief projects) 위주로 이루어지고 있다.[30] UN 통계에 따르면 국제사회가 북한에 지원한 금액의 약 52%인 10억7,714만 달러는 식량 원조에 사용되었다. 취약계층에

---

29) 북한 현지에서 상주하면서 구호활동을 하고 있는 6개의 NGO는 Concern World-wide(아일랜드), Save the Children UK(영국), Triangle GH(프랑스), Premiere Urgence(프랑스), German Agro Action(독일), Handicap International(벨기에) 등이다.

30) 이종운(2011), 앞의 책, pp.89-90.

대한 영양공급과 위생환경 개선과 관련된 보건 분야에는 전체 대북원조의 약 18%인 3억7,646만 달러가 집행되었다. 북한 경제난에 따른 취약계층의 위기상황과 경색된 북한의 대외관계에 따른 대북 원조의 감소를 고려할 때 공여기관들은 긴급구호 위주로 대북 지원을 실행할 수밖에 없었다. 그러나 식량과 구호물자 전달을 위주로 하는 구호형 지원은 단기적이고 임기응변적인 성격이 강하므로 자체적인 개발 역량(capacity building)을 강화하는 데 크게 도움이 되지 못한다. 더욱이 긴급 구호형 지원활동은 대상지역과 사업 내용이 자주 바뀔 수밖에 없어 사업의 연속성을 유지하기 어렵다. 또한 북한 경제의 변화를 위한 사업이나 정책에 체계적인 영향력을 발휘하지 못하였다.

따라서 대북 지원을 일회성, 긴급구호 형태를 넘어서 북한의 경제회복과 성장을 유도하는 개발지원 사업과 동반하여 추진해야 한다는 의견이 증가하고 있다. 우선적으로 북한이 식량문제 및 인도적 상황 개선을 추구할 수 있는 분야에 개발지원이 이루어지고, 국제사회가 북한과의 협의를 통해 북한경제의 회복을 위한 중장기적 전략과 협조체계를 마련할 수 있을 것이다. 북한에 대한 경제지원은 그 규모나 성격에 있어 특정 국가가 단독으로 추진하거나 재원을 부담할 수 없다는 점을 감안할 때, 남한을 포함한 관련국과 국제기구들은 다자간 신탁기금을 조성하여 북한의 복합적 경제문제에 대응한 전략, 대북 지원에 대한 정책조정, 공동 지원사업의 개발 등에 대해 논의할 필요가 있다.

다자간 신탁기금을 통한 국제사회의 개발지원 추진은 북한의 적극적인 대화 유도와 국제협력의 틀에서의 이탈을 방지하는 효과가 있다. 국제사회가 신탁기금을 활용하여 통합된 경로를 통해 장기간 제공하는 원조는 북한이 대규모 외부 자금을 안정적으로 확보하기 위해 적극적으로 호응할 가능성이 높다. 수원국의 입장에서는 공여기관과 단체들이 산발적으로 진행하는 단일 프로젝트 위주의 원조는 지원창구가 다양하고 개별 단체와 자금공여자들의 사업목적과 분야, 지원조건과 절차 등이 상이하여 이를 조정하지 않으면 지원사업의 효율성이 떨어지고 파급효과도 적다. 북한의 경우도 다양한 원조기관들과 개별적으로 상대하여 사업 협약과 모니터링, 평가를 진행할 때 행정부담이 클 수 있으며, 개별 기관들이 요구하는 절차와 조건이 상이하여 내부적 어려움이 있을 것이다.

다자간 신탁기금은 공여자들에게는 수원국의 우선 필요분야를 선정하고 지원사업의 평가에서 정책협의를 강화하는 기능이 있으며, 수원국에게는 국제사회의 주요 재원조달의 창구가 되어 개별적인 공여자와의 접촉을 통해서가 아니라 신탁기금을 통해 조정된 지원을 확보할 수 있는 장점이 있다. 따라서 신탁기금을 중심으로 한 통합된 경제지원은 북한으로서도 관심을 가질 수 있다. 또한 북한은 국제기구, 공여국 정부기관, 국제 NGO, 민간단체들을 대표하는 신탁기금의 운영협의체와 관리기관을 통해 핵심지원 사업과 우선과제 선정 등을 협의할 수 있다.

북한이 신탁기금의 재원조성 기능과 원조조정 효과를 통해 얻은 이익에 못지않게 국제사회는 북한이 내부적 정치상황의 변화나 국제정세의 돌출 변수로 인해 대외관계를 급격히 경색시키는 과거의 형태를 방지하는 효과를 어느 정도 거둘 수 있을 것이다. 북한은 과거 사업 규모가 크지 않은 국제 NGO들이 북한당국과의 갈등에 의해 지원을 중단하더라도 영향력이 작아 크게 개의치 않는 모습을 모여 왔다. 북한에서 인도적 지원 사업을 전개하던 국경없는 의사회, OXFAM, CARE 등의 국제 NGO는 모니터링과 평가 활동을 제한하는 문제로 북한과 마찰을 겪다 철수하였다. 신탁기금을 통한 통합된 대북 지원은 유엔 조직과 국제금융기구가 주관하고 다수의 국제기구, 정부기관, 국제 NGO들이 공동으로 참여하여 재원을 조성함으로써 사업 집행과정에서 북한당국이 일부 불만족스러운 상황이 발생하더라도 국제사회의 대북 지원체계의 틀에서 이탈하기는 어려울 것이다.

다자간 신탁기금의 조성은 대북 지원사업의 투명성 확보에 기여할 것이다. 또한 북한에서 활동하는 국제사회의 공여단체들은 신탁기금에서 지원하는 사업에서 합동으로 북한당국과 정책협의를 진행하고 일부 지원사업에 대해서는 공동으로 계획수립, 집행, 모니터링 및 평가를 실시하여 대북 지원의 효율성과 효과성을 향상시킬 수 있다. 공여국과 지원단체의 현장 접근과 원조 모니터링에 대한 북한당국의 지나친 통제와 비협조는 국제사회의 대북 지원을 제한하는 요인으로 작용하고 있다. 현재 북한에서 활동하는 유엔기구와 NGO들은 모니터링이 허용되지 않은 지역에는 원조하지 않는다(No Access, No Assistance)는 원칙을 준수하고 있다. 북한당국은 2011년 유엔과 유럽연합(EU)이 제시한 식량분배 모니터링 조건에 동의하였으며, 국제기구 및 민간단체의 현장방문 및 감독에 대한 북한의 협조가 이전보다 나아진 것으로 알려지고 있다. 그러나 북한당국은 국제기구의 모니터링에 대해 일반적으로 7일 이전의 사전 통보를 요구하고 있다. 특별한 경우에 한해 북한은 48시간 전 통보된 모니터링 활동을 허용하고는 있지만, 북한은 현장조사에 대해 사전협의를 요구하고 있다.31) 예고되지 않은 현장방문은 여전히 허용되지 않고 있다. 북한당국의 이러한 경직된 자세와 각종 제한 조치는 지원된 구호 식량과 물품에 대한 북한당국의 전용 의혹과 취약계층에 대한 공정한 분배 등의 의문을 낳게 하였다.

현재 유엔기구와 NGO들은 각 단체가 지원하는 지역에서만 접근이 허용되어서 같은 유엔 체계의 조직이더라도 다른 단체의 활동지역에서는 모니터링과 조사활동을 하지 못하고 있다. 또한 국제기구의 지원도 개별 단체가 독자적인 프로젝트로 사업을 추진함으로써 지원사업 간의 분절화(fragmentation) 문제가 발생하고 있다. 유엔기구와 국제 NGO의 대북 지원활동에서 집행기관의 유형, 위임단체, 기부자의 성격에 따라 지원주체 간에 견해 차이가 발생하여 지원사업들의 연계가 어려운 경우도 있었다. 따라서 대북 지원체계에서 공여기관의 현장 접근과 모니터링 강화를 위해 북한당국의 적극적인 협조가 필요하며, 북한에서 활동하는 국제기구들은 지원사업의 기획, 실시, 평가에서 상호 연계성을 더욱 강화할 필요가 있다. 다자간 신탁기금의 설립은 원조기관의 정책 및 평가 기능을 강화하여 대북 지원의 성과관리를 향상시킬 수 있다. 또한 원조 투명성을 향상시키기 위해 북한당국이 노력하는 모습을 보이면 국제사회는 대북 지원을 확대할 것이다.

---

31) United Nations, *2012 United Nations Overview of Needs and Assistance: The Democratic People's Republic of Korea* (2012), p.6.

IV. 북한개발 신탁기금의 설립과 운영

북한 지원을 위한 다자간 신탁기금은 통합된 단일 기금 형태보다는 유엔
조직이 관리하는 기금을 우선적으로 조성하고 북한의 대외관계 개선상황에
따라 세계은행이 주관하는 기금을 설립하여 운영하는 복수 신탁기금 형태가
효과적이다. 신탁기금은 특정 목적과 분야, 국가, 지역을 대상으로 조성된
기금으로서, 많은 신탁기금들이 다양한 지원방식과 관리절차, 조직구조로
개도국 지원을 위해 운영되고 있다. 다양한 종류의 신탁기금 사례에도 불구
하고 다자간 신탁기금의 설립과 지원활동은 유엔기구 또는 세계은행의 관리
하에서 진행된다는 공통점이 있다.

유엔기구와 세계은행은 기술적 전문성과 조직역량을 갖추고 있어 공여국
과 단체들은 전통적으로 신탁기금의 재원 조성과 집행에 대한 행정적 관리
를 이들 국제기구에 위임하고 있다. 그러나 개발지원과 국제적 파트너십 확
대라는 공동 목표가 있지만, 유엔기구와 세계은행은 다른 조직 구조·문화
와 함께 신탁기금의 관리에서 독자적인 정책과 절차를 가지고 있다. 또한
일부 사례에서는 재원의 조성과 관리에서 경쟁하는 양상을 보이기도 하였는
데, 실례로 아이티 재건을 위한 지원과정에서는 8개월에 이루는 협상에도
불구하고 세계은행이 단독으로 관리하는 신탁기금이 설립됨으로써 유엔과
의 공동 프로그램 추진은 무산되었다. 따라서 대북 지원 신탁기금 설립 논
의에 참여하는 공여주체들은 기금 운영을 책임지는 관리기관(유엔 또는 세
계은행)을 선정하고, 수원국 지원을 위해 단일 또는 복수의 신탁기금을 운
영할 것인가를 결정하여야 한다.

국가 단위의 프로그램 지원에서 수원국의 상황, 기금의 규모와 사업 목
표, 참여 기관의 범위에 따라 단일 형태와 복수 신탁기금 형태는 각각의 장
단점이 있다.[32] 스리랑카와 인도네시아를 지원하기 위해 세계은행이 주관

---

32) Scanteam, *Review of Post-Crisis Multi-Donor Trust Funds: Final Report* (2007a),

〈그림 4〉 신탁기금의 설립 및 운영 형태

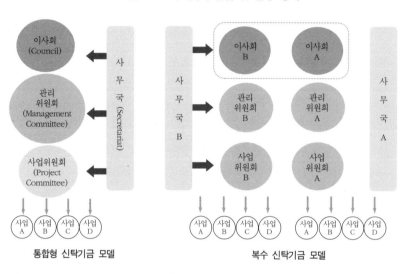

통합형 신탁기금 모델   **복수 신탁기금 모델**

자료: Scanteam(2007b), pp.112-113 참조

하여 2005년에 설립된 쓰나미 복구 신탁기금(Post-Tsunami Trust Fund)과 같이 단일 신탁기금은 조직적으로 단순하게 구성되어 특정 목적의 인도적 사업을 위해 주로 활용된다. 하나의 기관에 의해 기금 조성, 분배, 집행, 모니터링과 평가를 관리하여 행정절차를 간소화하고 공여자, 행정기관, 수원국의 거래비용을 절감하는 장점이 있다.

복수의 신탁기금을 조성하는 방식은 지원하는 사업이 다양하고 다수의 공여국과 단체가 참여할 경우에 기금 사용의 목적에 따라 별개의 신탁기금을 조성하여 특정 국가를 지원하는 것이다. 국제사회의 원조를 두 개 이상의 경로를 통해 수원국에 전달하는 다자지원 창구 모델(multi-window model)은 광범위한 인도적 위기사항에 처한 수원국의 복잡한 상황에 대응

pp.111-115; Multi-Partner Trust Fund Office, *Financing Development Together: The Role of Pooled Financing Mechanisms in Enhancing Development Effectiveness* (2013), pp.10-11.

하고 사회경제적 인프라 구축과 국가역량 강화를 지원하는 데 효율적이다.

실례로 이라크 재건을 위한 국제기금(International Reconstruction Fund Facility for Iraq) 조성의 일환으로 다자공여 신탁기금 두 개가 2004년 설립되어 유엔개발그룹이 14억 달러 규모의 신탁기금을 관리하고 세계은행이 5억 달러 규모의 신탁기금을 운영하였다. 유엔과 세계은행은 아프가니스탄 지원 사업을 추진하면서 아프가니스탄 재건 신탁기금(ARTF, 세계은행 관리), 아프가니스탄 행정 기금(AIAF, 유엔개발계획 관리), 법질서 회복을 위한 신탁기금(Law and Order Trust Fund of Afghanistan, 세계은행 관리) 등을 각각 운영하였다. 동티모르 독립·재건 과정에서는 3개의 신탁기금이 세계은행에 의해 관리되고 1개의 신탁기금(Consolidated Fund for East Tumor)이 유엔 차원에서 조성되었다. 유엔개발그룹과 세계은행은 독자적인 규정과 절차에 의해 개별 신탁기금을 관리하면서, 경우에 따라서는 공동의 정책과 운영조직을 마련하기도 하였다.

따라서 대북 지원을 위한 다자간 신탁기금 설립을 추진할 때는 유엔의 신탁기금과 세계은행이 관리하는 신탁기금의 특성과 운영방식, 장단점을 고려하여 우호적인 환경에서 신탁기금 조성이 용이하고 개발지원 효과를 제고하는 방식을 먼저 추진한다. 비록 비회원국에 대한 신탁기금 지원의 선례가 있으나 세계은행과의 관계개선과 경제지원에 동반되는 정책 권고를 북한이 수용하는 데는 상당한 시일이 소요될 수 있기 때문에 유엔개발그룹이 주도하는 신탁기금을 설립하여 국제사회의 대북 지원을 촉진하고 북한의 변화를 유도하는 것이 필요하다.

유엔기구들이 북한에 구축한 인도적 지원을 위한 협력체계를 살펴볼 때 남북한 정부의 합의가 있을 경우 '북한개발 신탁기금(North Korea Development Trust Fund)'의 설립을 위한 유엔 차원의 신속한 지원은 어렵지 않을 것으로 보인다. 유엔은 이미 2010년에 북한당국과의 협의를 통해 '2011~15년 유엔-북한 협력을 위한 전략(Strategic Framework for Cooperation between the United Nations and the Government of the DPRK 2011-2015)'을 수립하였기에 유엔 개발지원의 정책방향에 대해서는 북한과 상당한 합의가 있음을 알 수 있다.

북한에서 활동하는 유엔 기구들은 2011년부터 5년간 대북 지원을 ① 사회 개발, ② 지식 및 개발관리를 위한 협력, ③ 영양개선, ④ 기후변화 및 환경개선의 4개 부문을 중심으로 추진하기로 하였다. 사회개발(social development) 부문에서는 보건서비스의 질적 개선, 교육 관리역량 강화, 식수 및 위생시설 개선사업 등의 과제가 선정되었다. 지식 및 개발관리를 위한 파트너십(partnerships for knowledge and development management) 분야에서는 정부 및 기업의 금융관리를 위한 인적자원 강화, 무역 및 외국인직접투자에 대한 인적 역량 및 지식 강화를 위한 사업의 추진이 강조되었다. 유엔은 북한의 식량난 극복을 위해 인도적 식량지원과 함께 중장기적으로 농업생산 증대를 위한 기술지원과 인프라 구축을 주요 과제로 선정하였다.

유엔이 주관하는 다자간 신탁기금은 대북 지원에 참여하고 있는 유엔기구를 활용할 수 있기 때문에 신탁기금의 설립준비와 관리조직 구성, 사업집행에서 조정력과 효율성을 제고하는 이점이 있다. 유엔은 평양에 설치된 상주조정사무소(UN Resident Coordinator's Office)를 통해 각종 지원사업과 행정적 사안들에 대해 협력체계를 구축하고 있기 때문에 남북한과 관련국이 신탁기금 조성에 합의할 경우 신탁기금 설립을 위한 절차를 수행할 수 있다.

북한과 관련된 다자간 신탁기금 조성을 위해서는 남북한 정부와 관련국, 국제기구들은 공여자회의(Donor Conference)를 우선적으로 개최하여 신탁기금의 설립을 논의하여야 한다. 국제공여자회의는 국제사회의 지원이 필요한 국가를 대상으로 공여자들 간의 협의를 통해 자금 조달과 지원 분야, 재원 관리, 원조조정체계에 대한 전반적인 청사진을 마련한다.

팔레스타인 지역에 대한 개발지원을 논의하기 위해 미국과 러시아의 주도로 1993년 10월 1일 워싱턴에서 개최된 국제공여자회의의 경우는 40여개의 공여국과 단체들이 지원사업이 시작되는 첫해에 6억 달러를 출연하고 20억 달러 상당의 자금을 웨스트뱅크와 가자지구에 원조하는 계획이 발표되었다. 팔레스타인 지역에 대해 실제로 집행된 국제사회의 원조는 1994~98년 기간에 42억 달러를 기록하였다.[33]

스페인 마드리드에서 2003년 10월 23일에 개최된 이라크 재건을 위한 국제공여자회의에서는 이라크정부대표단과 73개국의 대표단, 20개 국제기구, 10여개의 국제 NGO가 참여하였다. 본 회의에서 국제사회는 이라크의 인도적 위기 완화와 경제복구를 위해 2004년부터 2007년까지 총 320억 달러의 자금 출연을 약정하였다.[34] 본 공여자회의에서는 이라크 재건을 위한 국제금융기금(International Reconstruction Fund Facility for Iraq)의 설립이 합의되었다. 이라크 지원을 위해 미국은 186억 달러의 무상증여, 일본은 50억 달러, 세계은행과 IMF는 양허성 자금으로 30~50억 달러와 25억 달러를 각각 지원하기로 약속하였다. 국제사회의 이라크 지원의 일부인 19억 달러 상당의 원조는 UNDG와 세계은행이 관리하는 다자간 신탁기금을 통해 지원되었다.

과거의 사례에서 보듯이 유엔의 다자간 신탁기금 설립의 일반적 절차에 따라 대북 지원에 참여하는 공여주체, 유엔기구들은 북한정부와 신탁기금의 재원 규모, 지원 분야, 사업 기간, 예상되는 성과, 평가체계 등에 대한 협의가 필요하다. 유엔개발그룹의 개발업무조정사무국(UNDG Development Operations Cooperation Office)은 북한에서 활동하고 있는 국가팀(UNCT: UN Country Team)과 함께 국가 단위의 신탁기금 설립을 위한 행정적 준비를 진행한다. 신탁기금 설립을 위한 중요한 절차의 하나로서 유엔 기구들은 제안서(concept note)를 준비하여야 한다. 유엔 국가팀의 주도로 작성되는 신탁기금 제안서에는 기금의 설립 목적, 사업의 내용과 기간, 제안된 신탁기금의 재원조성 및 재정적 실현 가능성, 관리조직의 행정체계, 예상되는 성과 등에 대해서 구체적인 내용을 포함되어야 한다.

신탁기금의 설립이 유엔개발그룹 차원에서 승인되면 공여자가 출연하는 기금을 관리하기 위한 관리기관(Administrative Agent)을 선정하여야 한다.

33) Rex, Brynen, *A Very Political Economy: Peacebuilding and Foreign Aid in the West Bank and Gaza* (2000), pp.73-75.
34) Scanteam, *Review of Post-Crisis Multi-Donor Trust Funds: Country Study Annexes* (2007b), pp.4-8.

앞에서 살펴본 바와 같이 유엔의 모든 기구들은 신탁기금 관리기관으로서 활동할 수 있는 자격은 있으나, UNDP의 다자 파트너 신탁기금 사무국 (MPTFO)이 일반적으로 유엔이 주관하는 개별 신탁기금을 관리하고 있다. 북한 지원을 위한 신탁기금의 경우에도 MPTFO를 관리기관으로 선정하여 기금 조성, 재원 분배, 사업 감독 등의 지원을 받을 필요가 있다. UNDP는 북한에서 유엔 기구들의 대표자 역할을 수행하고 있어 유엔 기구들 간의 업무조정뿐만 아니라 북한당국과의 사업 협의에도 전문성을 가지고 있다. 1979년 이후 북한에 활동하고 있는 UNDP가 북한에서 사업을 수행하면서 축적한 인적자원과 조직적 역량, 현지사정에 대한 지식, 북한정부와의 관계 등을 고려하여 신탁기금의 관리기관으로 UNDP의 다자 파트너 신탁기금 사무국을 활용하는 것이 가장 효과적이다. 신탁기금의 관리기관이 활동을 시작하고 기금사업의 우선 지원분야 등이 선정되면 국제기구, 정부기관, 민간단체는 UNDG에서 승인된 양해각서와 표준관리합의서 등을 작성하고 신탁기금을 통한 대북 지원에 참여한다.

세계은행이 주관하는 신탁기금은 남한과 국제사회가 북한의 비핵화 진전과 대외관계 개선의 수준을 평가하여 유엔의 다자공여 신탁기금이 집행되는 과정에서 설립을 추진하는 것이 바람직하다. 신속한 개입이 가능한 유엔의 인도지원 신탁기금(Common Humanitarian Funds)에 비해 세계은행의 신탁기금 지원은 타당성 조사를 포함하여 수원국의 행정관리 능력 배양과 같은 인프라 투자를 위한 상당한 내부 준비기간이 소요되어 일반적으로 신탁기금 조성과 집행이 느리다. 북한의 경우에는 남북관계 개선의 움직임이 있을 때 북한에서 활동하는 유엔기구들을 활용하여 신탁기금 지원체계를 신속히 구축하고, 이후 북핵문제 해결에 진전을 보이면 세계은행이 관리하는 신탁기금 지원을 추진한다.

다자간 신탁기금의 조성은 국제개발은행의 비회원국인 북한이 세계은행으로부터 비금융지원 부문의 기술지원과 함께 인프라 개발 프로젝트에 대한 자금지원을 받을 수 있는 기반을 제공할 것이다.[35] 신탁기금은 세계은행에 가입하지 못한 국가에 대해서 설립된 사례가 있으며, 신탁기금이 지원된 비

회원국 지역으로는 팔레스타인 지역, 보스니아 헤르체고비나, 동티모르, 남수
단 등이 있다. 세계은행은 최근 들어 공식적 재정지원(lending instruments)
을 활용하기 어려운 상황에서 유연한 지원이 가능한 IBRD/IDA 신탁기금의
역할을 강조하고 있다. 세계은행에서 관리하는 IBRD/IDA 신탁기금의 취약
국 및 분쟁지역에 대한 지원 금액은 2012년 13억 달러, 2013년 14억 달러로
증가하였다.[36]

　신탁기금은 지원 대상국가가 분담금 체납상태이거나 비회원국인 경우에
도 세계은행이 적극적으로 개입할 수 있는 수단으로 활용되고 있다. 따라서
세계은행이 비회원국인 팔레스타인지역, 동티모르, 남수단의 사회경제분야
재건과 개발지원을 위해 다자공여 방식의 신탁기금을 조성하고 원조조정과
금융서비스를 지원한 사례는 북한 지원을 위한 세계은행 신탁기금 조성에
유용한 선례가 될 것이다. 세계은행은 1999년 이후 동티모르의 재건과 경제
발전을 위한 지원활동을 하고 있다. 동티모르에 제공된 2003년까지의 초기
지원자금의 대부분은 신탁기금(Trust Fund for East Timor)을 통해 충당되
었으며 2004년 이후에 지원하고 있는 국제개발협회(IDA) 자금도 상당 부분
신탁기금으로 재원을 지원받았다.

　팔레스타인에 대한 국제사회의 지원에서 나타나는 특징 가운데 하나는
많은 수의 공여국과 국제기구들이 참여한다는 것이며, 상당한 자금이 원조
조정 협의체와 신탁기금을 통해 지원되었다는 점이다. 1993년 오슬로 협정
(Oslo Accords) 이후에 세계은행은 공식적 국가가 수립되지 못한 지역인
팔레스타인 웨스트뱅크와 가자기구(West Bank and Gaza Strip)에 대한 지
원과 원조조정을 신탁기금을 통해 진행하고 있다. 세계은행이 팔레스타인
지원을 위해 최초로 설립한 신탁기금은 기술지원 신탁기금(Technical
Assistance Trust Fund)이다. 1994년에는 팔레스타인 자치행정부의 설립을

---

35) 장형수·김석진·송정호, 『북한개발지원을 위한 국제협력 방안』(서울: 통일연구원,
　　2009), pp.30-33.
36) World Bank(2013), 앞의 책, p.29.

지원하기 위한 홀스트기금(The Holst Fund)이 조성되고 2004년에는 팔레스타인 행정기구의 공공부문 개혁을 지원을 위한 신탁기금(Public Finance Management Reform Trust Fund) 등이 설립되었다. 세계은행이 관리하는 다자공여 신탁기금이 2001~09년 동안에 팔레스타인에 지원한 금액은 9억 달러를 기록하였다.[37]

신탁기금 운영과 관련된 세계은행의 최근 개선 움직임을 고려할 때 향후 설립될 세계은행의 북한 지원을 위한 신탁기금은 산발적인 소규모 기금들의 조성보다는 일정 규모 이상의 재원을 확보한 신탁기금으로 출발할 가능성이 높다. 세계은행은 동일 국가에서 운용되는 다수의 신탁기금들 간에 발생하는 업무중복 및 분절화의 문제를 개선하기 위해 분야가 유사한 여러 신탁기금을 하나로 통합하여 운영하는 방식(Umbrella Facilities)을 최근 제시하고 있다.[38] 또한 상호 연계가 부족하다는 비판을 받아온 유엔의 다자간 신탁기금과 세계은행의 신탁기금의 연계성을 강화하기 위해 양 기관은 2008년부터 협정을 맺고 신탁기금 운영에서 보다 긴밀한 협력을 위해 노력하고 있다. 따라서 유엔개발그룹과 세계은행은 순차적으로 설립된 각자의 신탁기금을 관리하지만, 향후 국제사회의 대북 지원이 본격화되는 과정에서 〈그림 5〉에서와 같이 두 기관이 하나의 운영위원회(Steering Committee)를 구성하여 신탁기금 관리에서 적극 협력할 수 있다.

세계은행이 관리하는 다자간 신탁기금을 통해 우선적으로 지원할 수 있는 분야는 농업복구, 경제관리, 환경, 에너지 등이 있다. 북한의 경제·사회 분야 전문가를 교육하거나 농업개발과 관련된 기술지원, 산림복구 및 대체에너지 등의 환경 분야에 대한 원조는 공여국의 자금 부담이 크지 않고 개발지원의 정책적 우선순위가 국제적으로 높다. 이러한 분야에 대한 지원은 북한의 비핵화가 완결되지 않더라도 세계은행의 대북 개입이 가능할 것으로 보인다. 북한의 대외개방이 확대되면 신탁기금을 통해 세계은행은 대외무역

---

37) IEG(2011), 앞의 책, pp.38, 92-93; Scanteam(2007b), 앞의 책, pp.214-232 참조.
38) IEG(2011), 앞의 책, pp.84-85.

〈그림 5〉 북한개발 신탁기금의 운영체계 구상

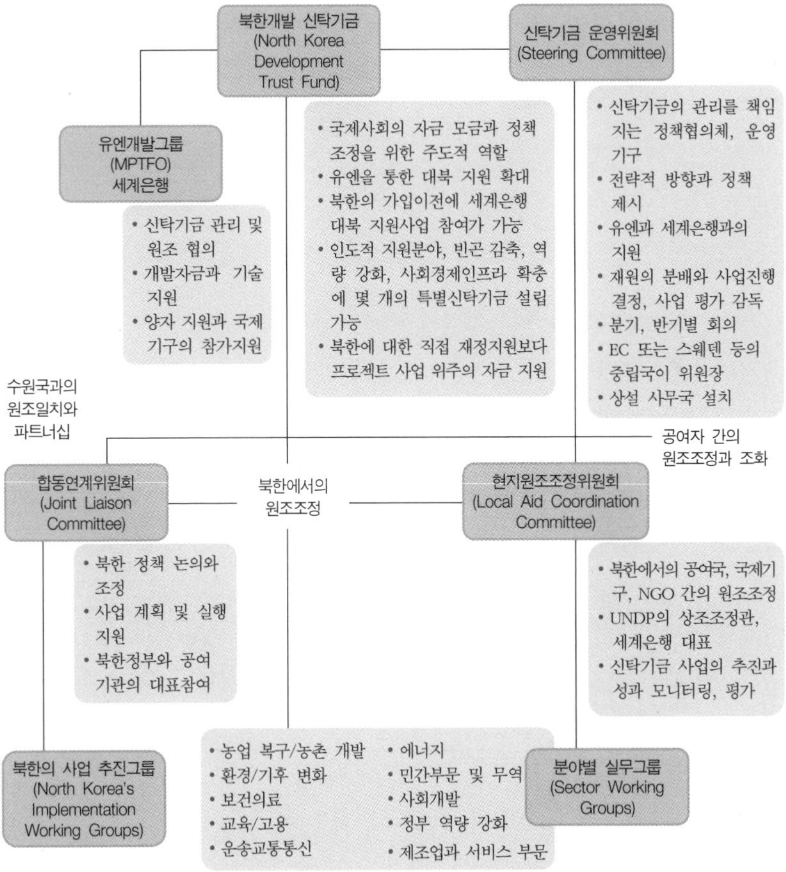

자료: Brynen(2000), p.88; Lee and Zang(2012), p.96을 참조하여 저자 작성

및 금융 역량 강화, 운송·에너지 효율성 향상, 자원개발과 관리 등의 다양한 분야를 지원할 수 있을 것이다. 또한 북한 정부 관료와 전문가들의 능력을 배양하기 위해 세계은행의 경제사회분야 연구소인 World Bank Institute 등과 같은 부설기관들이 참여할 수도 있다. 북한의 세계은행 가입 이전에도

규모가 크지는 않겠지만 세계은행은 자체의 자금을 신탁기금에 일부 출연하여 재원을 분담할 수 있다.

V. 결론

북한을 지원하는 다자간 신탁기금을 설립하고 국제사회의 원조조정 및 개발지원체계를 구축하는 것은 쉽지 않은 과제임이 분명하다. 다자간 신탁기금의 조성은 북한의 국제사회와의 관계개선과 맞물려 있으며, 비핵화를 위한 북한의 전향적인 태도변화와 북한의 개혁·개방 유도를 위한 관련국과 국제사회의 대북 경제지원 확대가 동시에 요구된다. 주민생활 향상과 경제회복의 기반을 마련하기 위해서 북한은 무엇보다 핵문제 해결을 통해 남북관계의 복원과 대외경제관계를 개선해야 할 것이다. 대외경제협력의 확대와 경제적 성과는 북한의 선언이나 의지만으로 달성되는 것은 아니다. 대북 지원을 위한 국제사회의 원조 확대는 핵문제의 해결을 위한 다자협상의 진전, 경제지원에 대한 관련국의 공감대 확산 등의 다양한 변수에 영향을 받기에 전망은 불투명하다. 그럼에도 남북관계 개선의 가장 큰 걸림돌로 작용하고 있는 핵문제 해결을 위한 북한의 태도 변화는 국제사회와의 갈등을 완화하고 대외경제협력 확대에 새로운 계기가 될 수 있다.

한반도 평화의 직접적 이해당사자인 남한으로서는 북한의 획기적인 변화를 기다리기보다는 인도적 개발지원을 확대하면서 남북관계 개선과 핵문제 해결을 위한 대화 재개를 유도하는 전략을 추진할 필요가 있다. 또한 남북관계 진전에 대비하여 대북 지원의 효율성과 효과성을 제고할 수 있는 방안을 미리 준비할 필요가 있다. 북한이 비핵화를 위해 대화를 재개하는 움직임을 보일 때 남한과 국제사회는 준비한 경제지원 방안과 청사진을 제시하면서 북한의 적극적인 협력을 유도하고, 국제사회의 본격적인 대북 개발지원 프로그램의 하나인 다자간 신탁기금 사업을 추진할 필요가 있다.

　본고는 국제협력을 통한 대북 지원 방안으로 다자공여 신탁기금 설립의 필요성을 제기하면서 신탁기금의 설립 방안과 운영에 대해 살펴보았다. '북한개발 신탁기금'의 조성은 북한의 빈곤완화와 경제회복을 지원하기 위한 재원 확대 및 원조의 효과성 제고에 기여할 것이다. 남한과 관련국은 신탁기금을 통해 공여자 간의 정책협의를 강화하고 대북 경제지원의 성과관리와 투명성을 향상시키는 토대를 마련할 수 있을 것이다. 신탁기금은 북한이 대외경제협력을 확대하는 과정에서 국제사회가 통합된 경로로 제공하는 안정적이고 개발 효과가 높은 재원으로 활용이 가능하다. 신탁기금을 통해 북한은 농업, 운송, 에너지, 산업 인프라 등에 대한 투자를 유도할 수 있다. 대북개발지원을 위한 신탁기금은 초기에는 전문가 육성, 정책개발, 사회경제 분야의 기술협력 및 조사사업 등에 대한 지원에서 점차적으로 제도정비, 사회 설비 복구, 산업 인프라 개발에 대한 지원으로 확대될 수 있을 것이다. 신탁기금을 통해 조성된 국제사회의 공적개발자금은 북한의 빈곤 완화와 주민생활의 향상에 기여할 것이다.

▌참고문헌

권 율·정지원·정지선·이주영·유애라.『다자원조의 효과적 실행을 위한 통합추진
전략 연구: 다자원조의 효과적 실행을 위한 통합추진전략』. 경제인문사회연
구회, 2013.
대외경제정책연구원·산업연구원.『남북 경제공동체 추진 구상』. 통일부 정책연구용
역 보고서. 2011.
이종운. "북한에 대한 국제기구의 경제지원 현황과 향후 과제."『KIEP세계경제』제6
권 6호. 2003.
_____. "국제사회의 대북 원조 평가와 과제." 홍익표 외.『북한의 대외경제 10년
평가(2001-10년)』. 대외경제정책연구원, 2011.
임을출. "국제기구의 북한 지원: 현황, 평가 및 시사점."『KDI 북한경제리뷰』10권
4호. 2008.
장형수. "북한개발지원을 위한 국제협력 방향: 재원조달 방안을 중심으로."『통일정
책연구』제17권 1호. 2008.
장형수·김석진·송정호.『북한개발지원을 위한 국제협력 방안』. 통일연구원, 2009.
최춘흠·김영윤·최수영.『UN기구의 지원체계와 대북 활동』. 통일연구원, 2008.

Barakat, Sultan, Kathryn Rzeszut, and Nick Martin. *What is the Track Record
of Multi Donor Trust Funds in Improving Aid Effectiveness? An
Assessment of the Available Evidence.* London: EPPI-Centre, Social
Science Research Unit, Institute of Education, University of London,
2012.
Brynen, Rex. *A Very Political Economy: Peacebuilding and Foreign Aid in the
West Bank and Gaza.* Washington, DC: United States Institute of Peace
Press, 2000.
Hazel Smith. *Overcoming Humanitarian Dilemmas in the DPRK(North Korea).*

Washington, DC: United States Institute of Peace, 2002.

IEG(Independent Evaluation Group). *Trust Fund Support for Development: An Evaluation of the World Bank's Trust Fund Portfolio.* Washington, DC: Independent Evaluation Group, the World Bank Group, 2011.

International Federation of Red Cross and Red Crescent Societies. "Revised Plan 2011: Democratic People's Republic of Korea" [Available at https://www.ifrc.org/docs/appeals/annual11/MAAKP00211plan.pdf]. 2011.

Lee, Jong-Woon, and Hyoungsoo Zang. *Multilateral Engagement in North Korea's Economic Rehabilitation and Possible Establishment of Trust Funds.* Seoul: Korea Institute for International Economic Policy. KIEP Working Paper 12-02. 2012.

_____. "Future Development Assistance to North Korea through the Establishment of Multi-Donor Trust Funds." *North Korean Review*, Vol.9, No.2. 2013.

Multi-Partner Trust Fund Office. *2011 Annual Report of the UNDP MPTF Office as Administrative Agent of Multi-Partner Trust Funds and Joint Programmes.* New York: Multi-Partner Trust Fund Office, United Nations Development Programme, 2012.

_____. *Financing Development Together: The Role of Pooled Financing Mechanisms in Enhancing Development Effectiveness.* New York: Multi-Partner Trust Fund Office, United Nations Development Programme, 2013.

Scanteam. *Review of Post-Crisis Multi-Donor Trust Funds: Final Report.* (Commissioned by the World Bank, Norwegian Ministry of Foreign Affairs and Norwegian Agency for Development Cooperation). 2007a.

_____. *Review of Post-Crisis Multi-Donor Trust Funds: Country Study Annexes.* 2007b.

Schiao-Campo, Salvatore. "Financing and Aid Management Arrangements in Post-Conflict Situations." *CPR Working Paper*, No.6. Washington, DC: World Bank, Conflict Prevention and Reconstruction Unit, 2003.

UNDG. *Operational Effectiveness of the UN MDTF Mechanism.* New York: United Nations Development Group, 2011a.

_____. *UNDG Guidance Note on Establishing, Managing and Closing Multi-*

Donor Trust Funds. New York: United Nations Development Group, 2011b.

United Nations. "Strategic Framework for Cooperation between the United Nations and the Government of the Democratic People's Republic of Korea 2011-2015." 2010.

_____. *2011 United Nations Overview of Needs and Assistance: The Democratic People's Republic of Korea*. Pyongyang: United Nations Country Team in North Korea, 2011.

_____. *2012 United Nations Overview of Needs and Assistance: The Democratic People's Republic of Korea*. Pyongyang: United Nations Country Team in North Korea, 2012.

World Bank. *Directory of Programs Supported by Trust Funds*. Washington, DC: the World Bank Group, 2011.

_____. *2013 Trust Fund Annual Report*. Washington, DC: the World Bank Group, 2013.

제**6**장

EBRD의 체제전환 지원과 대북 지원 시사점

윤덕룡

대외경제정책연구원

| 제6장 | EBRD의 체제전환 지원과 대북 지원 시사점 |

I. 서론

EBRD는 중동부 유럽국가들의 체제전환을 돕기 위한 특수목적은행으로 설립되었다. 1991년 창립된 이 은행은 그동안 유럽 중동부지역 국가들의 민주화와 시장화에 많은 기여를 했으며 이제 상당수 국가들은 체제전환이 완료되고 있는 소위 "Advanced Transition Economies"로 불리게 되었다.[1] 따라서 사업의 초점을 상대적으로 낮은 단계의 체제전환 수준에 있는 초중급 체제전환국(Early and Intermediate Transition Countries)들로 옮겨가고 있다. 뿐만 아니라 몽골, 요르단, 터키와 같은 국가들에까지 EBRD의 지원을 제공하기 시작하여 점차 지역적인 제한을 넘어 국제사회의 체제전환국

---

[1] EBRD가 작성한 2006~2010년에 대한 중기사업전략에서 체코, 에스토니아, 헝가리, 라트비아, 리투아니아, 폴란드, 슬로베니아, 슬로바키아, 크로아티아 등 9개국을 이러한 범주의 국가로 분류하고 있으며 알바니아, 아르메니아, 아제르바이잔, 벨로루시, 보스니아-헤르체고비나, 불가리아, 마케도니아, 그루지야, 카자흐스탄, 키르키즈, 몰도바, 루마니아, 세르비아-몬테네그로, 타지키스탄, 투르크메니스탄, 우크라이나, 우즈베키스탄 등 17개국을 초중급 체제전환국가로 상정하고 있음. 『수은 해외경제』, 2006년 8월, pp.78-79.

가들에 대한 지원기관으로 발전해 가고 있다. 이러한 추세를 감안할 때, EBRD는 이사국(Governors) 2/3 이상의 지지와 회원국 총 투표 중 3/4 이상의 지지로 지원대상 국가를 결정할 수 있으므로 향후 다른 지역 및 국가로 EBRD의 지원이 확대될 여지는 얼마든지 열려 있다고 볼 수 있다.[2]

북한은 지금까지 사회주의체제를 포기하지 않고 있는 세계 유일의 국가라고 할 수 있다. 그러나 북한도 이미 소비시장을 체제 안에 들여 놓았고 시장에 대한 의존도가 높아지고 있는 실정이다. 뿐만 아니라 북한과 같은 사회주의적 체제를 가진 국가가 더 이상 존재하지 않고 있어서 제도적 호환성을 갖춘 국제교류도 가능하지 않은 실정이다. 이러한 여건은 북한이 지금과 같은 사회주의적 제도를 지속적으로 유지하는 것이 불가능함을 의미한다. 향후 북한이 어떤 형태로건 체제전환을 적극화해야 할 것으로 볼 때, 체제전환에 대한 북한당국의 정치적 의지만 확인되면 EBRD의 지원대상이 될 가능성이 높다. 특히 EBRD는 다른 개발은행과 달리 체제전환에 특화된 지원기관이므로 북한의 체제개혁이 성공하기까지 자금지원만이 아니라 법적, 제도적 변화를 지원할 수 있다는 점에서 중요한 의미를 가진다. 본고에서는 EBRD의 체제전환 지원의 특징을 살펴보고 북한에 대한 함의를 모색해보고자 한다.

---

2) 협정문 1조에서는 "⋯ determined by the Bank upon the affirmative vote of not less than two-thirds of the Governors, representing not less than three-fourths of the total voting power of the members.

II. EBRD의 설립과 지금까지의 주요 성과

1. EBRD의 설립목적 및 역할

유럽부흥개발은행(EBRD)은 동구권 국가들이 다시 시장경제와 민주적 정치체제를 갖추고 경제발전에 나설 수 있도록 지원하는 데 목표를 두고 설립되었다. 동구권 국가들이 기존체제를 포기하고 시장경제체제로의 전환을 시도하면서 이를 체계적으로 지원하기 위한 프로그램과 재정수요를 담당할 수 있도록 국제지원기구가 필요하였기 때문이다. 이 은행의 설립을 주도한 것은 이웃국가들의 모임이라고 할 수 있는 유럽연합(EU), 유럽투자은행(EIB: European Investment Bank), 그리고 여타 유럽국가들이다. 그 외에도 이 기구의 설립을 지지하는 비유럽 OECD국가들과 비유럽 IMF가입국들까지 설립에 참여하면서 다자개발은행으로 출범하기에 이르렀다.

구체적인 설립준비는 동유럽 국가들의 체제전환이 시작된 직후인 1990년에 이루어졌다. 1990년 1월부터 4월까지 3차례의 협의를 거쳐 설립협정문안을 확정하였고, 같은 해 5월 제4차 회의에서 본부의 소재지를 영국에 두기로 합의하였다. 또한 초대 총재로는 프랑스의 아탈리(Jacques Attali) 교수를 임명하기로 결정하였다. 이와 함께 직원채용에 관한 계획이나 향후 사업계획 등 구체적인 설립방안도 확정되었다. 1990년 5월 29일에는 관련국의 대표들이 파리에 모여 설립 협정문에 서명하였으며 1991년 3월 28일에 설립협정문이 공식적으로 발효되었다. 그리고 1991년 4월 15일 런던에서 창립총회를 개최하여 그 업무를 시작하였다.

EBRD는 세계은행이나 아시아개발은행(ADB) 등과는 달리 빈곤감소를 지원하기 위한 개발은행이 아니라 중부유럽 및 동유럽 국가들의 시장경제 전환을 지원하기 위한 설립 목적을 갖고 있기 때문에 체제전환을 지원하는 일종의 특수목적은행의 성격을 가지고 있다. EBRD는 여타의 다자개발은행들과는 달리 체제전환의 지원을 우선적인 설립목표로 규정하고 있다. EBRD

의 협정문 제1조는 그 설립목적을 "복수정당제 민주주의(multiparty demo-cracy), 다원주의(pluralism) 및 시장경제(market economy)의 제원리를 바탕으로 중동부 유럽국가의 개방적 시장경제체제로의 전환을 촉진하고 민간 및 기업가의 창의성을 증진함으로써 이들 국가의 경제발전과 부흥에 기여하는 데 있다"고 밝히고 있다. 이 규정이 제시하고 있는 바와 같이 EBRD의 역할은 정치, 경제체제의 전환을 원하는 국가들의 개혁이 촉진될 수 있도록 제도적 변화와 경제주체들의 적응을 지원하는 것이다.

제도적 변화에 관한 지원은 상당히 포괄적인 것으로 정부 및 국가를 대상으로 한다. EBRD의 설립에 관한 협정문 제2항에 따르면 EBRD는 해당국가가 국제사회에 보다 잘 편입될 수 있도록 시장지향적인 경제에 적합한 법률과 제도를 구축하는 과정에서 "지원프로젝트를 준비하고", "재정적으로 지원하며", "집행을 위한 기술지원"을 제공한다. 또한 해당국가의 법률개혁 및 사법개혁 실시를 돕도록 규정하고 있다.

체제전환이란 제도의 변화를 의미한다. 그리고 제도의 변화가 실현되는 외부적 표현은 관련 법률을 제정하는 것으로 나타난다. 따라서 체제전환을 통해 추구하는 새로운 정치적, 경제적 시스템은 법제도의 변화로 시현되어져야 한다. 그러나 체제전환국들이 새로운 제도의 특성을 충분히 이해하지 못하는 것이 일반적이므로 무엇을 어떻게 법으로 규정하여야 하는지를 정확히 알기 어렵다. 따라서 EBRD는 새로운 체제의 제도화 과정에서 시장경제 법제도를 구축할 수 있도록 재정지원과 더불어 필요한 기술지원을 제공한다. 이를 통해 해당국가가 체제전환과정에서 발생할 수 있는 시행착오를 줄이고 원활한 제도적 개혁이 이루어질 수 있도록 돕는 역할을 하게 된다.

2. 주요 성과와 현황

EBRD는 최근 들어 금융위기에서 벗어나고 있는 체제전환국가들의 경제회복과 개혁의 가속화를 위해 노력을 기울였다. 체제전환과 경제적 회복을

〈그림 1〉 주요 체제전환국가의 전환지수 개선

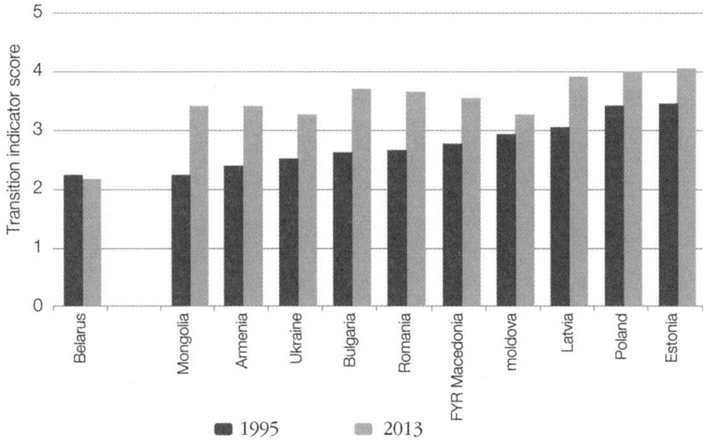

Source: EBRD
Note: The chart shows the average of six country-level transition indicators in the respective

지원하기 위해 사용된 EBRD의 투자규모는 2013년에 85억 유로에 달하였다. 같은 해 EBRD가 시행한 사업의 숫자는 392개에 달하였다. 지원대상도 새롭게 확대하여 2012년에 요르단, 모로코, 튀니지 등을 지원대상으로 받아들여서 남동부 지중해지역에 대한 지원을 증가시키고 있다.

EBRD는 지원사업의 결정에서 주안점은 변함없이 전환효과(transition impact)에 두고 있다. 그 결과 2013년 체결된 프로젝트의 91%가 전환효과 잠재력이 "양호(good)" 혹은 "우수(excellent)"로 평가되었다. EBRD가 의무사항으로 규정하고 있는 민간분야와의 협력을 통한 체제전환 및 개혁강화 노력도 변함없이 유지되고 있다. 2013년의 경우 EBRD의 투자사업에서 민간분야의 비중이 79%를 차지하여 민간과의 사업에 대한 지원노력이 잘 반영되고 있음을 보여준다. 이러한 노력의 결과 사업이 시행된 대부분의 국가들에서 체제전환 수준을 나타내는 전환지수의 평균치가 개선되었다.3)

3) 벨라루스의 경우 예외적으로 전환지수의 하락현상이 발생했는데 〈그림 1〉에서 나타나

EBRD는 2013년에 30개국 이상에 투자를 시행했고 동남부 지중해지역을 제외하면 2013년의 경우 중앙아시아에 7%, 터키 11%, 동유럽과 코카서스 지역에 19%, 남동부 유럽에 20%, 그리고 발틱지역에 20%, 러시아에 23%를 제공했다.

EBRD가 전략적으로 지원하는 주요 경제분야는 연례투자분야를 통해서 나타나게 된다. 2013년의 경우 다양한 기업분야에 31%, 금융분야에 28%, 인프라 건설에 20%, 그리고 에너지 분야에 21%를 제공하였으며 항상 중소기업에 대해 우선순위를 두었다.

현재 EBRD의 포트폴리오 투자규모는 2013년 말 378억 유로에 달하였고 투자수익의 재유입이 전년도 대비 20% 수준 증가하여 59억 유로 수준에 이르렀다. 경영자산은 264억 유로 규모에서 계속하여 유지하고 있다. 프로젝트에 추가적인 외부재정도 활용되는데 2013년에는 135억 유로가 조달되었고 신디케이트론으로 직접조달한 자금은 7억5천9백만 유로에 이르렀다. 그 외에도 EBRD의 활동은 기부자들의 자금조달과 특별펀드(Special Fund) 프로그램들과 기술 및 투자협력 펀드들에 의해 지지되고 있다.

는 바와 같이 초기 조건이 이미 다른 체제전환국들에 비하여 낮은 수준을 보이긴 했지만 주요인은 90년대 중반 시행된 반민주적 정치개혁으로 경제개혁 등 여러 제도들의 개혁이 중단되고 지체되는 원인을 제공하였다. 다음을 참조 바람. EBRD, Transition Report 2013(2014), p.14.

III. EBRD의 역할과 지원의 특징

1. EBRD의 지원 대상

EBRD도 다른 국제금융기구와 마찬가지로 회원국에 한하여 금융지원을 제공하고 있다. 따라서 회원자격의 취득이 지원을 받기 위한 전제조건이 된다. EBRD의 가입절차도 다른 국제금융기구와 큰 차이가 없다. EBRD의 가입절차를 간략히 보면 다음과 같다:

첫째, 유럽국가 또는 IMF 회원국인 비유럽 국가로서 EBRD에 가입의사 표명하거나 가입신청을 해야 한다.

둘째, 전문가의 현지실사를 받아야 하며 실사단의 이사회 보고 및 이사회 심의를 통과하여야 한다.

셋째, EBRD 총회에서 회원국 2/3 이상의 참여와 총 투표권의 3/4 이상 찬성을 획득하면 가입이 이루어진다.

EBRD의 지원은 회원국이라고 해서 다 주어지는 것은 아니다. 체제전환국이어야 한다. 체제전환국의 구체적인 내용은 '민주화'와 '시장화'를 위한 개혁을 추진하는 국가이다. 따라서 여타 국제금융기구와 달리 지원대상국은 빈곤국에 대한 지원이 아니라 '민주화'와 '시장화'를 위한 지원이라는 점에서 여타 국제금융기구나 개발은행(Development Banks)들과 차별성이 존재한다. 빈곤국 지원의 경우에는 일인당 소득수준과 같은 빈곤상황을 반영하는 경제적 지표가 지원의 기준이 된다. 그리고 경제발전으로 소득수준이 기준선을 넘어서면 특별한 이유가 없는 한 지원을 마무리하게 된다. 그러나 EBRD의 지원은 소득수준이 기준이 아니므로 다른 국제금융기구에서 지원이 불가능한 소득수준이라 할지라도 체제전환국으로서 필요성만 인정되면 지원이 제공된다.

지역적으로는 동유럽 국가가 초기의 지원대상이었지만 지금은 지역적 조건이 크게 완화되는 추세이다. 출범 시에는 동유럽 국가들의 체제전환 지원이 주요목표였지만 이 지역 국가들의 체제전환이 마무리되면서 지중해 연안이나 아시아지역 등 다른 지역의 구사회주의 국가들로 지원대상을 확대하고 있다. 그 결과 지금은 중동부 유럽 국가들만이 아니라 터키, 요르단, 튀니지 등 지중해 연안 및 중동지역 국가들과 몽골 등에 대해서도 EBRD의 지원이 제공되고 있다.

2. 유럽부흥개발은행(EBRD)의 지원 원칙과 지원 내용

EBRD는 민주주의 원칙을 준수하는 국가와 협력하는 것을 원칙으로 한다. EBRD의 모든 투자는 첫째, 완전한 시장경제로 이행하는 데 도움을 주어야 하고, 둘째, 개인투자자들을 배제하지 않으며, 셋째, 건전한 은행규칙에 따라야 한다는 원칙을 가지고 있다. 이런 원칙에 근거한 투자를 통해서 달성하고자 하는 목표는 구조적 및 분야별 개혁, 경쟁과 사유화 및 기업가 정신의 고양, 재정기구와 법제도의 강화, 민간부문 지원의 기반 조성, 그리고 환경적 민감성을 포함한 강한 기업지배구조의 도입 등이다.

EBRD는 지원대상국별로 고유한 정치·사회·경제 상황을 반영한 국별 지원전략을 수립하여 시행하고 있다. 이러한 국별 지원전략은 각 나라별로 각 부문 및 산업활동에 대한 EBRD의 지원지침을 마련하여 EBRD의 각 나라별 행동지침 수립과 프로젝트의 타당성 평가기준을 제공하였다. 또한 다른 국제기구와의 중복지원을 막는 기능도 하게 된다.

EBRD의 체제전환국 지원 수단은 크게 금융지원과 기술지원으로 구분할 수 있다. EBRD의 금융지원은 프로젝트 파이낸싱(project financing), 협조융자(co-financing), 지분투자(equity financing), 보증(guarantee) 및 증권인수(underwriting) 등 여러 형태로 이뤄진다. 이러한 금융지원 외에도 기술지원 및 자문서비스를 제공하고 있다. 특히 법률개혁과 관련된 기술지원 활동의 경우, "법률시스템이 제대로 작동하고 그 법이 존중받아야만 법률이 해당국가의 발전적인 미래를 위한 초석이 될 수 있다"는 원칙에 충실하고 있다. 따라서 법제도 분야의 기술지원을 매우 중요시하고 있다.

EBRD가 제공하는 금융지원은 투자, 대출 및 지급보증 등의 형태로 이뤄진다. EBRD는 투자, 대출 및 지급보증의 대상을 민간기업, 국영기업 가운데 시장경제원리에 의해 운영되고 있거나 민영화를 추진하고 있는 기업을 중심으로 수행하고 있다. 사회간접자본의 경우에는 정부 또는 공공기관까지 지원대상으로 포함하고 있다.

EBRD는 유럽지역에서 가장 큰 규모의 단일 투자자이며, 역내의 자체적 금융만이 아니라 상당한 규모의 해외직접투자를 동원하기도 한다. EBRD의 실제주주는 공공부문임에도 불구하고, 대개 상업적 파트너와 함께 민간기업들에 투자하는 사업을 중시한다. 따라서 EBRD는 공적 부문과 사적 부문의 재정과 경영관련 프로젝트 등을 운영했지만 이 가운데 60%의 프로젝트가 사적 부문 형성과 관련된 것이었다. 즉 시장경제에서의 경쟁체제에 보다 잘 적응할 수 있도록 국영기업의 사적 소유로의 전환을 돕기 위한 것이었다.

EBRD는 자본금 및 차입금으로 조성되는 일반재원과 특별출연에 의한 특별재원을 구분하여 운영, 관리하고 있다. 보통의 사업은 일반재원으로 이루어지며, 필요한 경우 일반증자 또는 특별증자를 통해 자본을 확충할 수 있다. EBRD는 모든 주요 신용평가기관으로부터 AAA 등급을 유지하고 있으며 주요 3개 신용평가사들의 향후 전망도 '안정적(stable)'으로 평가되어 자금조달은 어렵지 않은 것으로 보고하고 있다. 2013년의 경우 65억 유로에 달하는 장기자금을 조달하였으며 채권의 평균 만기는 5.1년으로 평가되고 있다. 우수한 신용수준과 건실한 사업관리로 조달비용보다 사업수익이 증가하여 그동안 시행한 투융자 사업으로부터 발생하는 순이익이 무시할 수 없는 수입원이 되고 있다. EBRD의 사업이 이익을 목표로 하는 것이 아님에도 불구하고 2013년의 경우 순수익이 12억 유로에 달하는 성과를 보였다.

EBRD의 주된 사업은 투융자이다. 전통적으로 시행하는 사업의 2/3 가량이 투융자 형태로 이루어졌으며 2013년 말 기준 융자사업에서 발생한 이자수입이 8억5천4백만 유로였으며 투자에서 발생한 지분수익은 5억4천4백만 유로에 달했다. 융자사업이 높은 비중을 차지하고 있음에도 불구하고 부실

〈표 1〉 EBRD의 경영실적 2009~2013

	2013	2012	2011	2010	2009	1991~2013
프로젝트 수	392	393	380	386	311	3,944
연간 투자액(Million 유로)	8,498	8,920	9,051	9,009	7,861	84,757
Non-EBRD 재정	13,488	17,372	20,802	13,174	10,353	168,283
프로젝트 총 규모	20,527	24,871	29,479	22,039	18,087	253,349

자료: EBRD

〈표 2〉 EBRD 재정실적 2009~2013(Million 유로)

	2013	2012	2011	2010	2009
순이득(순손실)	1,012	1,021	173	1,377	(746)
소득이전	(90)	(190)	–	(150)	(165)
납입자본	6,202	6,202	6,199	6,197	5,198
보유액과 이익유보액	8,674	7,748	6,974	6,780	6,317
지분총액	14,876	13,950	13,173	12,977	11,516

자료: EBRD

채권비중은 3.3%에 불과하여 자산 및 사업관리가 매우 우량한 수준을 보이고 있다.

초기 투융자 사업은 선발 체제전환국 중심으로 제공되었다. EBRD는 창립 이후 2013년 말까지 지속적으로 지원대상 국가들을 확대하여 현재 30개국이 넘는 지역이 지원대상으로 포함되어 있다. 지원실적을 국별로 살펴보면 러시아에 대한 지원액이 247억5천9백만 유로에 달하여 가장 많고 우크라이나, 폴란드, 루마니아, 카자흐스탄, 터키, 세르비아, 크로아티아, 헝가리에 대한 지원액도 30억 유로 이상을 기록하여 이 국가들에 대한 지원액이 전체 지원액의 2/3 이상을 차지하였다.

EBRD의 금융지원은 주로 무상지원 형태의 프로젝트 파이낸싱 중심이므로 프로젝트 성격의 적격성 여부가 중요하다. 기본적으로 대상이 되는 사업은 주로 시장에서 파이낸싱이 어려운 민간사업이 그 대상이며 민주적인 시장경제의 창달에 도움이 되어야 한다. 물론 국공영기업들에 대한 지원도 가능하다. 그러나 EBRD는 한정된 재원이 국영부문에 편중 지원되는 것을 방지하기 위하여 국영부문에 대한 연간 투융자 및 보증 한도를 전체 투융자 및 보증 총액의 40% 이내로 제한하고 있다. 개별 수혜국의 국영부문에 대한 투융자 및 보증도 5년 단위로 동 수혜국에 대한 투융자 및 보증 총액의 40%를 초과할 수 없도록 제한하고 있다.

융자사업인 경우 융자금리는 LIBOR에 차입국의 신용정도, 융자기간, 여타 국제금융기구의 융자조건 등을 고려한 적정마진을 가산하여 결정되며 차입국은 EBRD와의 협의를 통해 변동금리와 고정금리를 선택할 수 있다. 융자금리와는 별도로 융자약정 시 융자약정액의 0.5%~1.0%가 융자개시수수료(Front-end Fee)로 부과되며 미인출잔액에 대하여는 변동금리부 융자의 경우 연 0.5%, 고정금리부 융자의 경우 연 1.0%의 약정수수료가 부과된다. 융자기간은 최고 5년간의 거치기간을 포함하여 5~15년이며 거치기간이 지난 후 6개월마다 균등분할하여 상환하도록 되어 있다.[4]

전체 프로젝트 주기는 착수 단계부터 상환까지 짧은 것은 1년, 장기 인프라프로젝트와 같은 경우는 15년이 소요될 수도 있다. EBRD가 투자 관련 모든 정보를 확보한 이후부터, 일반적으로 최초 접촉 단계에서 서명까지 3~6개월이 소요된다. 그러나 일부 경우는 기간이 단축될 수도 있다. EBRD는 개발자금을 해당 정부에 제공하고 지원자금의 사용을 감시, 감독하는 IMF 등 다른 국제금융기구와 달리 개별 프로젝트에 직접 자금을 제공하는 것이 특징이다. EBRD는 제공하는 대출 자체를 민간 금융기관의 신디케이

---

4) 기획재정부 홈페이지 민원/주요질문/EBRD 관련 답변 참조(http://www.mosf.go.kr/service/service02.jsp).

트를 통해 조달하거나, 직접 차관단을 구성하여 다른 금융기관에 함께 참여하는 경우가 대부분이다. 또한 민간이 참여한 국영기업이나 프로젝트 회사에게 대출되도록 거래를 구성한다. 이러한 거래 형태는 다른 민간 금융기관의 참여를 활성화하는 대규모 자금 조달을 용이하게 하는 동시에 리스크를 해당 사업에 한정하게 되므로 EBRD 자체의 신용등급 유지를 위한 핵심 조건이 된다.

EBRD 사업의 한 축이 금융지원이라면 또 다른 축은 기술지원이다. EBRD의 설립에 관한 합의문 제2항에 따르면, EBRD는 해당국가가 국제사회에 보다 잘 편입될 수 있도록 시장지향적인 경제에 적합한 법률과 제도 구축을 위한 기술지원을 제공함으로써 해당국가가 법률개혁 및 사법개혁을 실시하는 것을 돕도록 규정하고 있다. 이에 따라 EBRD는 1997년 법제도전환프로그램(Legal Transition Program)을 만들고, 이를 추진하기 위한 변호사 그룹인 법제도전환팀을 법무국에 설치하였다. 2004년부터는 사법능력구축(Judicial Capacity Building)에 집중하기 시작하였다. 이에 따라 EBRD는 체제전환국이 사법능력 구축과 관련된 국제기준을 제시하고 이에 부합하는 적절한 제도와 투자친화적인 법을 제정하도록 기술지원을 제공하였다. 경제관련 법에 대한 법적 기술지원 제공에 초점을 맞추면서 주로 민간기업을 대상으로 한 점이 특징이다.

초기 국가제도의 전환을 위한 법제도 구축 이후에는 EBRD의 기술지원이 민간부문과 관련된 제도구축에 초점을 맞추게 되었다. 따라서 법제지원프로그램은 중앙아시아와 동유럽의 재정(finance) 및 투자활동과 관련된 담보, 파산, 회사법과 회사관리, 특허, 통신 등 경제관련 법규정의 개혁에 집중했다. EBRD는 동유럽 체제전환국들에 대한 기업들의 투자환경 개선을 돕는 차원에서 법적 기술지원을 무상(grant)으로 제공했다.

3. 유럽부흥개발은행(EBRD)의 개발지원 특징

EBRD는 중동구 유럽국가들이 체제전환에 성공하고 사회주의적 독재체제 대신 민주주의적 정치체제를 확보하도록 지원하는 것이 목적이다. 경제체제 면에서는 계획경제 대신 시장경제체제로의 전환을 지원하는 것이다. 따라서 이러한 방향을 분명히 하는 국가들에 대해서만 지원을 제공하였다. 그리고 지원의 목적에 부합되도록 수원국들의 법제도적 체제전환을 지원하는 기술지원의 경우에는 무상지원을 원칙으로 했다.

경제적 수익이 발생하는 경제개발의 지원은 투융자가 주를 이루었고 70%에 가까운 비중을 차지했다. 무상지원은 10%대의 비중을 차지하는 수준에 불과했다. 이러한 현상은 체제전환국가의 경제분야 개발에 대해서는 정부보다 민간 및 사적 분야와의 직접적인 협력을 중시한 탓이다. 정부보다는 민간을 확대하여 경제를 회복시킬 수 있도록 직접 민간분야 사업에 필요한 자금을 융자 혹은 투자를 통해 공급하였다.

정부가 주도해야 할 제도적 변화는 그러한 작업의 실행주체인 정부를 지원하였지만 경제개발에 대해서는 정부의 역할을 신뢰하지 못하였다. 따라서 민간분야와 협력을 직접 수행하여 경제적 전환은 민간분야 전문성을 활용함으로써 정부가 체제전환을 향한 제도적 변화를 중단하려고 하더라도 경제분야의 변화가 비가역적이게 만들어 제도적 전환이 불가피하도록 만들려고 하는 특징을 보였다.

4. 중점분야 중심의 지원정책

EBRD의 지원은 시장화와 민주화의 근간을 이루는 경제적, 사회적 하부구조를 강화하는 데에 역점을 두고 있다. 이러한 지원의도는 지원전략에 반영되어 나타나는데 대표적인 중점전략으로는 중소기업 지원정책과 지속가능한 에너지 이니셔티브, 그리고 경제적 포용 등을 들 수 있다.

첫째, 중소기업 지원정책은 시장경제를 융성하게 하고 자본시장의 발전을 자극하는 데 효율적이다. 시장경제의 혜택이 많은 사회 구성원들에게 돌아가고 고용효과도 크기 때문이다. 구성원 전체의 소득수준이 증가하면 시장경제가 안정적 기반을 확보하게 되고 이는 일반시민들의 영향력을 확대하여 민주화의 발전에도 기여하게 된다. 따라서 EBRD는 중소기업이 발전할 수 있는 환경을 조성하는 것을 체제전환 초기에 가장 우선시해야할 전략으로 추진하고 있다. EBRD는 중소기업 중심의 지원정책을 수시로 재강조하고 있으며 2013년에는 소규모사업 이니셔티브(SBI: Small Business Initiative)를 시작하였다. 2013년 한 해에 EBRD는 체제전환 초기 국가들(ETC: Early Transition Countries)을 주 사업대상으로 하는 이 전략으로 도합 10억 유로에 달하는 프로젝트를 시행하였다. 이 전략이 적용된 대상사업은 89%가 천만 유로 이하였으며 개별기업들에 대한 평균 투자규모는 3백만 유로 이하에 불과했다.

둘째, 지속가능한 에너지 시스템의 도입은 경제발전을 위한 전제조건이다. 그러나 가용자원이 제한된 체제전환국들이 에너지를 급속히 조달하기 위해 비효율적이거나 환경에 부담을 주는 에너지 정책을 시행할 우려가 크다. 이러한 이유로 EBRD는 지속가능한 에너지 이니셔티브(SEI: Sustainable Energy Initiative)를 시행하고 있다. 이 전략을 통해 효율적이고, 재생 가능하며, 기후변화에도 대응할 수 있는 에너지를 확보하도록 체제전환 초기부터 지원을 하려는 것이다. SEI와 직접적으로 관련된 활동을 위해 EBRD는 2013년에 25억 유로를 지원하였으며 그 결과 684만 톤의 CO_2 방출을 감축할 수 있었다고 평가했다. 2013년에는 추가적으로 EBRD의 지속가능한 자원 이니셔티브(SRI: Sustainable Resource Initiative)를 새로 시작하였다. 이 정책은 EBRD가 지원하는 국가의 에너지 효율성만이 아니라 수자원 및 여타 물질자원의 효율성을 제고하려는 목적으로 추진되고 있다. SRI의 사업으로 2013년에 16개국에서 32개의 프로젝트가 시행되는 결과를 가져왔다.

셋째, 경제적 포용(economic inclusion) 전략을 통해 EBRD는 명시적으로 제시하고 있는 상기 지원전략들 외에도 개념적인 정책방향을 설정하여

EBRD의 지원이 합목적적으로 이루어질 수 있도록 관리하고 있다. EBRD는 이전 체제에서 충분히 지원받지 못한 사회적 집단에게 경제적 기회를 열어주는 것이 경제발전에 필수불가결한 요소라고 간주한다. 사회구성원들 모두에게 성공할 수 있는 기회가 주어질 경우 더 적극적으로 고용에 참여하고 교육을 받으려고 하는 열정이 생기며, 경제활동에도 적극적으로 개입하게 된다는 것이다. 이러한 변화는 결국 경제발전 성장으로 이어진다는 것이다. 이는 또한 경제개혁과 체제전환 과정에 대한 대중의 더 넓은 지원을 확보하게 함으로 체제전환 과정을 강화하게 된다. 현실적으로는 경제적 기회를 상대적으로 덜 부여받고 있는 여성이나 청년층에 대한 기회의 확대가 구체적인 정책목표가 될 수 있다. 특히 지역적으로 남동부 지중해지역이 사업의 중점대상으로 제시되고 있다.

▌특별 중점영역: 핵 안전(Nuclear Safety) 분야

EBRD는 출범 초기부터 핵안전(Nuclear Safety)의 확보에 선도적 역할을 수행해왔다. EBRD는 체르노빌지역의 안전을 안정적으로 관리하기 위해 감독을 계속하고 있다. 또한 오래된 핵발전소들의 사용을 중지시키거나 러시아 북서부의 핵기동함대들의 환경영향을 관리하고 EBRD의 지원을 받는 지역들에서 핵안전을 확보하기 위한 노력을 기울이고 있다.

EBRD는 6개의 기부펀드와 그에 관련된 프로그램들을 운영하고 있다. 이 펀드들의 조성에는 40개국 이상의 기부자들이 참여하였으며, 40억 유로가 넘는 자금이 확보되어 있다. EBRD는 2013년에 체르노빌 핵물질 안전저장소 건설에 많은 진전을 보였고 핵발전소 사용 중지 지원펀드의 재정지원을 받아 여러 개의 에너지 프로젝트를 수행하고 있다. 또한 우크라이나 핵발전소의 안전도 제고를 위해 3억 유로의 차관을 제공하도록 합의하였다.

EBRD는 불가리아, 리투아니아, 슬로바크공화국에서도 구소련이 설계한 핵발전소를 폐쇄하고 그 후유증을 처리하도록 지원함으로써 오래된 핵발전소들을 안전하게 가동중지하는 프로그램들을 수행하고 있다. 유럽연합과의 합의하에 수행되고 있는 핵안전 관련 사업들은 핵발전소의 퇴출만이 아니라 그로 인해 감소하는 전력생산 역량을 확대하기 위한 지원도 함께 제공하고 있다. 또한 그와 연계된 송배전 설비의 건설을 위한 지원도 이루어지고 있다.

IV. EBRD의 체제전환 관리와 평가시스템

1. 전환효과(Transition Impact) — 프로젝트 선정 기준

EBRD가 제공하는 프로젝트의 선정은 일정한 기준 하에 이루어졌다. EBRD 에서 관심을 두는 가장 중요한 기준중 하나는 '전환 효과(transition im-pact)'이다.[5]

전환 효과는 EBRD의 수석이코노미스트실(OCE: the Office of the Chief Economist)에서 모든 프로젝트의 선정, 준비, 평가과정의 일부로 반드시 측정을 하는 항목이다. EBRD 프로젝트가 체제전환 과정에서 기여할 수 있는 영역을 넓게 보면 세 가지로 구분할 수 있다:

첫째, 시장의 구조와 시장화 정도

둘째, 시장을 지지하는 제도와 정책

셋째, 시장중심적 행동의 패턴, 기술, 그리고 혁신

그리고 상기 세 개의 영역은 다시 전환효과를 유발하는 7개의 근원으로 재구성할 수 있다.

첫째, 프로젝트 분야의 경쟁 심화

둘째, 다른 분야와의 경쟁적 시장교류 확대

---

5) 전환 효과(transition impact)는 건전한 은행제도(sound banking), 부가성(additionality) 과 함께 EBRD가 프로젝트 결정에 핵심원칙으로 간주하는 3대 요소 중 하나이다.

셋째, 사적 소유권의 확장

넷째, 시장의 기능과 효율성을 제고하는 제도, 법률, 그리고 정책

다섯째, 기술의 이전과 확산

여섯째, 복제가능한 행동과 활동

일곱째, 기업관리와 상업활동의 기준 설정

전환효과를 발생시키는 일곱 개의 기준을 상술하면 다음과 같다.

▶ **프로젝트 분야의 경쟁심화**: EBRD의 프로젝트가 그 활동분야에서 경쟁을 심화시킬 수 있는지의 여부를 측정하는 것이다. 경쟁의 압력이 증가하면 그 자원이 사용되는 분야에서 효율성이 높아지고 수요가 충족되며 혁신이 자극을 받을 것으로 기대하기 때문이다. 그러나 주어진 환경에 따라서는 프로젝트가 오히려 시장참여자들이나 기업에 대한 경쟁의 압력을 약화시킬 가능성도 존재하므로 프로젝트가 경쟁압력에 미칠 영향을 유의해야 한다.

▶ **다른 분야와의 경쟁적 시장교류 확대**: EBRD 프로젝트는 다른 시장들에 사업관계를 수립할 수 있도록 도와줌으로써 더 경쟁적인 기반을 조성할 수 있다. 경쟁적 기반의 확대가 전환과정에서 미치는 혜택은 앞에서 서술한 내용과 기본적으로 유사하다. EBRD 프로젝트들이 시장을 확대하고 시장의 기능을 개선하는 두 가지 경로가 존재한다. 하나는 공급자와 고객들 간 상호교류의 증진을 통해서이다. 다른 하나는 프로젝트가 거래비용을 줄이도록 함으로써 경제활동을 국가 내에서 혹은 국제경제적인 측면에서 통합에 기여하도록 하는 것이다.

구조적인 효과를 발생시키기 위해서는 이러한 기여들이 일회적으로 끝나지 않고 지속적인 기반 위에 경쟁적 상호교류를 신장시킬 수 있어야 한다. 이러한 성과를 현실화하기 위해 구체적으로는 EBRD 프로젝트들이 시장내 행위자를 조성하거나, 작업방법을 개선하거나, 지속적인 정책이나 제도를 도입하거나 혹은 강한 전시효과를 유발할 수 있는 상호교류가 만들어지도록 하는 등에 기여할 수 있어야 한다.

▶**사적 소유권의 확대**: EBRD의 프로젝트가 사유화과정에서 사적 소유권을 증진시키거나 상품 및 서비스의 사적 공급을 확대하는 데 기여할 수 있다. 사적 소유권의 확대는 시장중심적 행동, 혁신, 기업가 정신의 고양, 더 일반적으로는 체제전환에 대한 헌신을 강화하는 수단이 될 것으로 기대하기 때문이다. 사적 소유권의 확립은 그 자체로서도 체제전환의 목표이다. 올바른 비즈니스 표준, 규제, 그리고 법적 환경 등과 함께 사적 소유권은 시장의 확대와 개선을 위해 상호 보완적이면서 선행조건으로 작동한다.

▶**시장의 기능과 효율성을 제고하는 제도, 법률, 그리고 정책**: EBRD의 프로젝트는 자원의 배분이나 기업가 정신을 고양할 수 있도록 정부 혹은 민간의 제도를 새로 만들거나 개혁하는 데 기여할 수 있어야 한다. 이 기능은 해당 프로젝트를 추진하는 단위만이 아니라 다른 경제활동들에도 편익을 야기할 수 있으므로 특히 중요하다. 특히 다음과 같은 네 가지 형태의 기여는 특별한 중요성을 가진다:
  첫째, 시장효율성을 지지하는 공공 및 사적 제도들의 창출 및 강화
  둘째, 규제기구들이 기능과 관행의 개선
  셋째, 정책수립과 참여, 경쟁증진, 예측가능성과 투명성 제고에 기여
  넷째, 민간부문과 개방경제를 강화하는 법제도입에 대한 기여

▶**기술의 이전과 확산**: EBRD의 프로젝트들은 직접적으로 시장경제를 원활하게 작동시키기 위해 필요한 기술들을 제공하거나 개선하는 데 기여할 수 있어야 한다. 이러한 예로는 경영, 조달, 마케팅, 금융 및 은행 기술 등을 들 수 있다. 이러한 기술이전이 확산되고 프로젝트에 관련없는 단위들에게까지 혜택을 줄 수 있다면 전환효과를 대표하는 기능이 될 수 있다. 기술이전은 종종 제도설립, 시장 확대, 전시효과의 확산과 같은 다른 전환 관련 프로젝트의 영향에 보완적인 역할을 수행할 수도 있다.

▶**복제가능한 새로운 행태와 활동의 시현**: EBRD의 프로젝트는 다른 경제

주체들에게 실행가능하고 이득을 낼 수 있는 방안을 보여주고 이를 따라하
도록 초청하는 목적으로 추진되기도 한다. 특별히 중요한 의미를 가지는 세
가지 전시효과를 열거하면 다음과 같다:

첫째, 해당 경제에 새로운 생산품이나 공정을 보여줄 수 있는 경우
둘째, 기업이나 기관을 성공적으로 구조조정할 수 있는 방법의 시현
셋째, 국내외 금융업자들에게 경제활동 자금제공 방안 시현 등이다.

▶ **기업관리와 상업활동의 표준 설정**: EBRD가 지원하는 기관들의 기업관
리와 사업수행에 대하여 높은 표준을 설정하여 지원프로젝트들이 시장경제
의 작동과 정당성을 신장하는 행동이나 태도를 확산하는 데 기여하게 한다.
이러한 표준설정은 다른 기업들이나 경제주체들이 참조할 수 있는 기준을
제시하여 일종의 전시효과를 기대하는 것이다. 기업들이 투자하고 싶어하거
나 함께 사업을 하고 싶어하는 기업분야가 그 대상이 된다. 사업활동이나
기업관리면에서 롤모델을 찾기 어려운 분야라면 이러한 효과를 기대하기가
용이 않게 된다.

2. 전환효과의 분석(Transition Impact Analysis)

모든 EBRD 투자에 대하여 수석이코노미스트실(OCE)은 EBRD의 의무사
항인 기업장려와 개방화된 시장중심 경제에 대한 기여를 측정한다. 이 측정
에는 잠재적 전환효과와 더불어 이에 포함된 리스크도 함께 고려된다. 전환
효과와 리스크에 대한 평가결과는 프로젝트의 사이클에 따라 여러 시점에
제공된다.

전환효과의 잠재력은 앞에서 열거한 전환효과 점검표의 7개 영역에 대하
여 규정된다. 전환효과의 잠재력 평가는 해당국의 분야, 관련된 전환과정에
대한 도전, 그리고 이러한 일을 겨냥한 프로젝트의 선정과 구상 등에 의해
측정된다. 전환효과 잠재력의 측정은 다음의 다섯 가지 단계로 이루어진다:

불만족(Unsatisfactory) — 제한적(Marginal) — 만족(Satisfactory) — 양호
(Good) — 우수(Excellent)

전환효과에 대한 리스크는 두 가지 측면에서 존재한다. 첫째는 전환효과
의 잠재력이 실현되지 않는 것이며, 둘째는 잘못된 신호나 프로젝트의 부수
적인 요소들에 의해 부정적인 전환효과가 나타나는 것이다. 주안점은 프로
젝트 구상과 기술지원의 정도가 어느 수준이 되어야 체제전환의 이득을 기
대할 수 있을 것인가에 두어진다. 전환효과에 대한 리스크는 다음과 같은
네가지 단계로 평가된다:
　　과잉(Excessive) — 높음(High) — 중간(Medium) — 낮음(Low)

3. 전환효과의 모니터링

2003년 이후 OCE는 계약이 체결되었거나 실행 중인 프로젝트들을 대상으
로 전환효과 모니터링시스템(TIMS: Transition Impact Monitoring System)
으로 모니터링을 시행하고 있다. TIMS는 각 EBRD 사업의 체제전환 효과를
사전적으로 측정하기 위해 도입된 방법론을 근거로 수립된 시스템이다. 체
제전환 목표들의 실현을 모니터하고 성공과 실패여부를 측정하기 위해
EBRD는 내부 모니터링 기준을 설정하고 각 기준의 실현을 위한 예상 시점
을 정하고 있다.
　각 사업의 사후적 모니터링은 반년마다 신용점검 회의와 함께 이루어진
다. 여기에서는 사업책임자가 해당 프로젝트의 전환목표의 도달과정에서의
진전에 대해 보고하는 의무를 지게 된다. 진전 정도 혹은 장애나 실패요인
에 근거하여 OCE는 전환효과의 잠재력 평가와 리스크 산정결과를 조정하
게 된다. 예컨대 전환목표가 대부분 성취되거나 충족되고 있는 경우에는 리
스크 수준은 하향조정된다. 이러한 점에서 TIMS 제도는 평가부서에서 시행
하는 평가와는 차이점을 가진다.

4. 전환지수(Transition Indicators) 측정

EBRD는 체제전환국의 전환정도를 일련의 전환지수들로 측정하고 있다. 이 지수들은 1989년 이래로 모든 사업이 이루어지는 모든 체제전환국들의 개혁의 진전상황을 추적하는 데 사용되어 왔다. 진전수준은 일반적으로 산업화된 시장경제국가들을 기준으로 삼아서 측정된다.[6]

전환지수의 측정결과는 1점에서 4+까지로 산정되며 1점은 엄격한 중앙계획경제에서 거의 변화가 없는 수준을 의미하며 4+는 산업화된 시장경제의 표준에 도달한 수준을 가리킨다. 개혁점수는 EBRD의 해당국 이코노미스트들이 주어진 방법론에 입각하여 측정하게 된다.[7]

전환지수의 측정은 다음 6개 분야에 대하여 이루어진다:

첫째, 대규모 사유화

둘째, 소규모 사유화

셋째, 지배구조와 기업 구조조정

넷째, 가격 자유화

다섯째, 무역 및 대외 교역 시스템

여섯째, 경쟁 정책

이러한 지수들에 대해서도 각기 자세한 측정방법이 명시되어 있어서 측정에 정확성을 기하고 있다.

---

6) 물론 순수(pure)한 시장경제란 존재하지 않으며, 체제전환의 최종목표지점도 존재하지 않는다는 점은 충분히 고려되었기 때문에 현실적으로 가능한 기준을 설정한 것으로 EBRD는 설명하고 있음.

7) EBRD에서는 방법론에 대하여 methodological note를 통해 구체적으로 제시하고 있으며, 국가별·분야별 기준을 제시하고 있음.

5. 구조변화지수(Structural Change Indicators) 데이터 관리

구조변화지수들은 체제전환의 진전을 분석하는 데 필요한 계량적 기초를 제공한다. 대상은 다섯 가지 분야이다. 기업, 시장, 교역, 금융, 그리고 인프라가 그것들이다. 여기에 더하여 데이터 파일에는 이 분야들에 대한 EBRD의 전환지수들을 포함하고 있다. 현재 데이터는 2010년까지의 자료들을 축적해 있다.

구조변화지수 파일에는 다음과 같은 데이터 시리즈들을 포함하고 있다.

첫째, 기업 데이터: 사유화 수익(% GDP), 민간분야 규모(% GDP, % 고용), 예산지원 및 이전지출(% GDP), 산업규모(% 고용), 산업별 노동생산성(% 변화), 투자(% GDP)

둘째, 시장과 교역 데이터: 소비자 가격지수(CPI) 중 관리가격의 비중(%), EBRD-15상품 바스켓에서 관리가격이 적용되는 상품의 개수, 비체제전환국들과의 교역비중(%), GDP에서 교역 비중, 관세수입(% 수입액 대비)

셋째, 금융분야 데이터: 외국인 소유 은행의 수, 국영 은행들의 자산비중(%), 외국인 소유 은행들의 자산비중(%), 부실채권(% 전체 채권 대비), 민간분야에 대한 국내 신용(% GDP), 가계에 대한 국내 신용(% GDP), 부동산 대출(% GDP), 주식시장 자본화(% GDP), 주식거래 규모(% 시장 자본화), 유로채권 발행(% GDP)

넷째, 인프라 데이터: 고정형(이동) 전화선 보급률(주민 100명 대상), 인터넷 사용자(주민 100명당), 철도 노동생산성(1989=100), 거주자 전력요금(USc kWh), 평균 컬렉션 비율, 전력(%), 에너지 한 단위 사용당 GDP(kgoe 당 PPP, 미국달러 환산)

다섯째, EBRD 전환지수 데이터: 소규모 사유화, 대규모 사유화, 기업 개혁, 가격 자유화, 외환 및 교역 자유화, 경쟁정책, 은행 분야, 비은행 금융분야, 인프라(전력, 철도, 도로, 텔레콤, 수도 및 하수)

6. 체제전환 진전 순간분석(Snapshot)

구조변화지수들은 체제전환의 진전을 정확하게 측정하거나 완전한 측정
이 사실상 불가능하다. 구조적·제도적 변화들의 측정에 내재적 어려움이
준재하기 때문이다. 체제전환 순간분석은 이러한 단점들을 보완하기 위한
방법이다. 몇 가지 주요 경제분야의 질적 혹은 제도적 발전을 중점적으로
보는 것이 그 방법이다.

이 데이터 파일은 다음과 같은 분야별 데이터 시리즈를 포함하고 있다:

첫째, 자유화 및 사유화 시리즈: 경상계정의 호환성, 직접투자 유입의 통
제, 이자율 자유화, 환율 레짐, 임금 규제, 토지의 거래성

둘째, 비즈니스 환경과 경쟁시리즈: 경쟁정책실, 파산법의 질, 담보부 거
래법

셋째, 인프라 시리즈: 텔레콤 규제준수, 전력규제자의 독립성, 철도인프라
와 운영 간의 분리, 도로관리부서의 독립성

넷째, 금융분야 시리즈: 자본의 적정성 비율, 예금보험 제도, 민간 연금
펀드

다섯째, 사회개혁 시리즈: 빈곤주민 비중, 건강에 대한 정부지출(% GDP),
교육에 대한 정부지출(% GDP), 전력 및 수도에 대한 가계지출

V. 결론: EBRD의 체제전환국가 지원이
북한지원에 주는 시사점

EBRD는 사실상 중동구 국가들의 체제전환을 지원하기 위해 만들어진 유
럽의 개발은행이다. 그러나 다른 여느 개발은행과는 달리 빈곤감축보다는
체제전환의 성공을 지원하는 것이 가장 중요한 목표이다. 그 지원방법은 경

제적 수단을 활용하는 것이며 이를 매개로 제도적 변화에 필요한 다양한 기술지원을 접목하여 제공하는 것이다. EBRD의 금융지원 및 기술지원은 지금까지 동유럽의 구사회주의 국가들이 서유럽 국가들과 유사한 제도를 가진 국가로 변화될 수 있도록 안내하는 역할을 성공적으로 수행해 왔다.

EBRD가 지원을 통해 추구한 것을 내용 면에서 보면 '민주주의의 실현'과 '시장경제의 구현'이 그 핵심이다. 이는 인간의 기본권을 존중하는 것과 동시에 동유럽 국가들이 서유럽 국가들과 동일한 가치를 추구하는 국가로 변화되기를 바라는 서유럽국가들의 기대를 반영한 것이다. 그리고 이러한 방향으로의 변화를 조건으로 경제적 지원과 기술지원을 제공한 것이다.

EBRD의 지원방식은 향후 북한이 남한과의 통일 이전이나 이후에라도 체제전환을 추구하는 것이 분명한 경우, 한국 및 외부의 지원 국가들이 참고할 수 있는 중요한 사례를 보여주고 있다. 북한은 2000년대 들어 실질적인 체제전환 현상을 보여왔다. 특히 소비부문에 시장을 일부 들여놓음으로써 효율성의 개선을 추구하고 있으며 시장이 중요한 기능을 수행하는 상황에 이르고 있다. 그러나 지금까지 북한이 추진한 제도적 변화는 경제적 여건상 어쩔 수 없이 현실의 변화를 수용한 수준에 불과하며 체제전환을 위한 국가적 의지는 찾아보기 어렵다는 것이 일반적 판단이다. 북한 스스로도 개혁이라는 용어를 사용하는 대신 '경제개선 조치'라는 표현으로 내부의 제도적 변화의 의미를 제한해 왔다.

북한이 국가적으로 체제전환을 추진하지 못하는 이유는 여러 가지가 있을 수 있다. 상정할 수 있는 이유 가운데 하나는 북한이 체제전환을 추구하더라도 성공이 보장되지 않는다는 것이다. 실제로 동유럽 국가들 가운데 아직까지 서유럽국가들의 수준까지 경제발전에 성공한 나라가 많은 것은 아니다. 따라서 북한이 사회주의를 포기하고 체제전환을 선택하는 경우 반드시 성공할 수 있도록 지원하는 국제기구로서 EBRD는 중요한 의미를 가질 수 있다. EBRD는 북한정부가 체제전환을 선택할 경우 성공이 보장받을 수 있도록 기술 및 금융지원을 제공하는 역할을 수행할 수 있기 때문이다.

EBRD는 구사회주의 국가들이 시장화와 민주화를 기반으로 한 체제전환을 선택하는 경우 어떤 정책에 주안점을 두어야 하는지와 어떻게 지원하는 지를 잘 파악하고 있다. 또한 체제전환의 경로를 나아갈 때 어떤 지수를 통해 그 변화과정을 추적해야 하며 구체적인 개혁정책에 대하여 성과를 평가할 수 있는 구체적인 시스템을 구축하고 있다. 따라서 북한이 체제전환을 공식적인 정책방향으로 선택하고 지원을 요청하면 북한이 체제전환에 성공할 수 있도록 안내할 수 있는 가장 적절한 국제 지원기관이 EBRD라고 할 수 있다.

그 뿐만 아니다. 북한이 국제사회 및 남한과 갈등을 빚고 있는 가장 중요한 문제인 핵문제의 해결에도 가장 적절한 전문성과 지원체제를 갖추고 있는 것이 EBRD이다. 북한이 핵발전소를 포기할 경우 이를 안전하게 처리하고 대체할 수 있는 대체 에너지 공급을 위한 발전소를 건설할 수 있도록 지원하기 때문이다.

남북한이 통일되어 북한지역의 체제전환이 공식적인 정책목표로 확정되는 경우 EBRD는 중요한 지원기구가 될 가능성이 높다. 국제개발은행들은 일반적으로 소득수준에 따라 지원가능성이 제약되기 때문에 EBRD는 남북한이 통일되는 경우 금융지원을 받을 수 있는 유일한 국제금융기구가 될 가능성이 높다. 현재 남한의 일인당 GDP는 2만4천 달러 수준이다. 남북한이 통일되는 경우 북한에 대한 생계지원이 불가피하며 이를 위한 이전소득으로 북한의 1인당 GDP는 급속히 국제사회에서 규정하고 있는 빈곤국 수준을 넘어서게 될 것으로 예상된다. 따라서 빈곤국을 위한 개발지원 자금을 받을 수 있는 대상에서 제외될 가능성이 높다. 그러나 EBRD는 빈곤국 여부가 지원의 기준이 아니므로 북한지역의 체제전환을 지원할 수 있다. 그 결과 EBRD는 남북한 간 통일과정에서 금융지원과 기술지원을 제공할 수 있게 될 것이다.

1990년대 이후 북한은 여전히 경제적 어려움에 시달리고 있으며 경제회생을 위해 외부지원을 받기 위한 노력을 끊임없이 하고 있다. 때로는 핵실험이나 미사일 발사 등 위협적인 방법을 사용하기도 하고 유화적인 전략을 사용하기도 했다. 이러한 북한의 태도에 대하여 국제사회는 정치적 여건에

따라 대북 지원을 확대하거나 축소하는 반응을 보여왔다. 그러나 북한을 지
원하기 위한 전제조건을 구체적으로 제시한 경우는 별로 없다. 따라서 북한
에 대한 지원도 분명한 기준을 수립하여 제시하는 것이 북한의 정책방향
설정에 바람직한 영향을 줄 수 있다.

인도적 지원의 경우에는 가급적 추가적인 조건을 전제로 하지 않는 것이
옳겠지만 그 외 경제 개발을 지원하는 사업들에서는 지원의 목적에 부합할
경우에만 지원한다는 원칙을 분명히 할 필요가 있다. 즉, EBRD와 같이 북
한이 민주주의와 시장경제를 지향하는 경우에만 지원대상으로 수용하는 것
과 같은 방식을 적극적으로 고려하는 것이 바람직하다. 북한이 지금처럼 체

〈표 3〉 경제개혁 및 외자도입 형태별 재원조달 현황

구분			폴란드 (급진개혁)	헝가리 (선택개혁)	루마니아 (점진개혁)	출처, 적용연도
국제 공적 자금	다자간 협력	IMF(백만 SDR)	597.3	949.61	565.84	IMF, 1990~1992
		EBRD(백만 유로)	798	290	710	EBRD, 1996~1998
		IBRD(백만 달러)	1,214	5,300	212.9	World Bank, 1990~1992
		IDA(백만 달러)	미지원			
	쌍무간 ODF(백만 달러)		92,036	1,289	822	World Bank, 1990~1992
국제 민간 자금	FDI(백만 달러)		15,771	6,621	3,511	UNCTAD 1996~1998
	포트폴리오투자(백만 달러)		0	184	0	World Bank, 1990~1992
	채권발행(백만 달러)		2,578	90	150	World Bank, 1996~1998
	해외상업은행차입(백만 달러)		536	899	283	World Bank, 1990~1992

자료: 조명철 외, "체제전환국의 경제개발비용 조달"(2000) 참고

제전환에는 적극성을 보이지 않고 경제개발에만 관심을 보이는 경우 어떠한 지원도 기대하기 어렵다는 것을 분명하게 인식할 수 있도록 할 필요가 있다.

물론 북한이 본격적인 체제전환에 나서기 전이라도 잠재수원국의 지위를 인정받아서 지원도 받고 체제전환을 준비하는 것도 가능하기는 하다. 그러나 이 역시 북한이 종국적으로 체제전환에 나선다는 것을 상정하는 경우이다. EBRD는 정치적 민주화와 시장경제로의 전환 등이 미흡하여 수혜자격을 갖추지 못한 잠재 수원대상국에 대해서도 해당국이 EBRD의 설립 목적에 부합되는 사업추진에 필요한 소요재원을 요청할 경우 협정발효(1991. 3. 28) 이후 3년간은 금융 및 기술지원을 받을 수 있도록 허용한 바 있다. 북한도 본격적인 체제전환을 시행하기 전 혹은 통일 전 단계에서 체제전환을 시범적으로 추진해보고 이를 위한 지원을 EBRD에 요청하는 것이 가능하다.

그러나 다른 국제개발은행과는 달리 북한이 확실하게 체제전환을 선택하지 않는 경우 EBRD의 지원을 기대하기는 어렵다. 따라서 북한정부가 지금과 같은 정책방향을 근본적으로 수정하지 않는다면, EBRD는 북한이 지원을 기대할 수 있는 마지막 국제금융기구라고 할 수밖에 없다.

제**7**장

북한 개발역량 강화를 위한 국제협력 과제

최창용

KDI 국제정책대학원

| 제7장 | 북한 개발역량 강화를 위한 국제협력 과제 |

I. 서론

북한개발지원을 위한 국제협력은 의미하는 바 그대로 북한의 계속되는 경제난, 저개발, 빈곤 문제를 극복하고 북한을 국제사회의 건전한 일원으로 유도하기 위한 국제사회의 집합적 노력이라 할 수 있다. 특히 북한 스스로 개혁과 개방을 추진하고 집행할 수 있는 정치적·행정적 역량을 갖추도록 지원하는 것이 북한 개발역량 강화를 위한 국제협력의 목표이자 기본 방향이 될 것이다. 지난 10여 년간 북한에 대한 개발협력은 일면 남북 간 경협으로 일면 국제사회의 인도적 지원이나 북중-북러 간 경제협력 등의 형태로 시도되거나 전개되고 있다. 그러나 그 성과는 여전히 미미한 수준에 머물러 있다. 북한개발지원과 국제협력이 활성화되지 못한 까닭은 물론 일차적으로 북한당국의 개혁·개방에 대한 의지와 역량 부족이 가장 큰 원인이며, 대외적으로는 핵문제를 둘러싼 국제사회와의 긴장관계, 5·24조치 등 남북 간 경색 국면의 지속 등을 들 수 있다.

그럼에도 북한개발지원에 대한 논의가 중요한 이유는 우선은 국제사회의 공동 노력을 통해 북한주민들의 기본적인 삶의 수준을 개선하도록 지원하는 인도적 목적이 있기 때문이며, 또한 '북한 변수'가 우리사회에 미치는 경제적·비경제적 비용이 여전히 상당한 상황에서 북한개발협력은 이러한 비용을 줄이면서 남북한 화해와 통합, 그리고 동북아 지역의 평화와 공동 번영을 실현할 수 있는 계기가 될 수 있기 때문이다.[1] 이런 점에서 북한개발협력은 북한을 대상으로 한 국지적 과제이면서 동시에 동북아시아, 나아가 국제사회에 주는 의미가 적지 않다고 할 수 있다.

　그동안 북한개발협력에 대한 국내외 연구는 상당한 수준에 이르고 있다. 예컨대 북한개발을 위한 국제금융기구의 역할과 협력 방안(장형수·이창재·박영곤, 1998; 장형수, 2008; 장형수·김석진·김정수, 2011), 빈곤감축전략보고서(PRSP)와 거버넌스 개혁의 방향을 소개하면서 대북한 시사점을 정리한 연구(임을출·최창용, 2005; 2007), 북한 경제개발 전략 수립과 체제전환국을 대상으로 한 사례 연구(임강택 외, 2010), 북한의 반부패 개혁과 국제협력(박형중 외, 2012), 북한 인프라 개발을 위한 국제협력 방안(이상준 외, 2011), 북한의 역량발전을 위한 국제협력(이종무·김태균·송정호, 2012) 등 다양한 분야에서 심도있는 연구가 축적되었다.

　그러나 북한개발지원을 위한 국제협력이 본격적으로 진행되기 위해서는 대략 다음과 같은 세 가지 특성이 고려되어야 할 것이다. 첫째, 북한은 비록 그 경제적 환경과 수준이 여타 저소득국가 혹은 취약국가들과 유사한 측면이 있다 하더라도 이들 국가들에게 적용되는 개발지원과 국제협력의 내용을 그대로 따를 수 없는 특수성이 있다. 예를 들어 정치체제의 붕괴, 영토에 대한 관리 실패, 취약한 행정 역량, 정치적 불안정과 정당성 문제, 소수 독점층의 억압적 지배와 부패 등을 취약국가의 특징[2]이라고 할 때, 북한 역시 이와 같은 취약국가의 특성을 분명 공유하고 있다. 그럼에도 북한의 정치체제와 사상적 통제, '영토'에 대한 관리는 여타 취약국가들과는 비교할 수 없

---

1) 임강택 외, 『북한 경제발전을 위한 국제협력 프로그램 실행방안』(통일연구원, 2012); 조한범 외, 『정치·사회·경제 분야 통일 비용·편익 연구』(통일연구원, 2013).
2) Magul Moreno et, *Fragile States: Defining difficult environment for poverty reduction*, PRDE Working Paper 1(Aug. 2004), pp.15-17.

을 정도로 강고한 것이 현실이라고 할 수 있다.3)

둘째, 북한개발협력은 북한이 일차적 지원 대상이라 할지라도 그 포괄 범위가 북한에만 국한되지 않는다. 남북한 정치, 경제, 사회 통합이라는 중장기적 비전과 목표를 염두에 두고 북한개발협력의 전략과 실행 계획이 수립되어야 한다는 점에서 단일 국가를 대상으로 한 개발협력 프로젝트나 프로그램들보다 훨씬 다면적 접근을 요구하는 것이다. 일시적 분쟁이나 재난으로 인한 국제사회 지원이 필요한 상황이 아니라 장기간 지속된 긴장과 갈등을 극복하고 서로 다른 두 체제의 통합을 염두에 둔 개발협력은 북한에 대한 '원조'의 범위를 넘어 남북한개발협력으로 확대될 것이며, 협력의 내용, 전달방식, 그리고 영향에서 남북한 모두를 포괄하게 될 것이다. 따라서 북한 개발지원을 위한 국제협력은 분쟁 후 복구 국가를 대상으로 한 국제협력보다 훨씬 복합적이고 다양한 변수들을 고려하면서 진행될 것이다.

셋째, 이와 같은 북한개발협력에 따르는 고유한 특성과 수요를 일면 고려한다고 할지라도 개발협력에 보편적으로 적용되기 시작한 국제사회의 규범을 준수하면서 집행해야 그 정당성과 지속성을 담보할 수 있다. 과거 냉전시기 이데올로기에 기반한 원조경제 시대에는 강대국의 이해에 따른 예외적 호혜조치들이 허용되었으나 최근 국제협력 분야에서 강조되는 투명성, 거버넌스 개혁, 사회적 가치에 대한 강조 등에서 보듯이 국제사회는 이제 개발협력에 투입되는 자원을 국제적인 공공재로 인식하면서 그 책무성과 효과성에 대한 평가를 요구한다.4) 따라서 북한에 대한 개발지원 역시 고유한 특성을 반영하되 국제사회의 규범에 부합하는 개발협력 방식을 모색하고 적용하는 과제가 있다고 할 것이다.

---

3) 북한 '특수성론'과 북한 '특수성론'의 극복에 대해서는 박형중, 『북한의 개혁·개방과 체제변화』(해남, 2004).
4) Office of Development Studfies, UNDP, *Global Public Goods; International Cooperation in the 21st Century* (UNDP, 1999); Ministry of Foreign Affairs, *Financing and Providing Global Public Goods: Expectations and Prospects* (Sweden, 2001).

본 장에서는 이와 같은 북한개발협력의 특성과 배경을 염두에 두면서 북한개발지원과 국제협력이 본격화될 경우를 대비하여 북한 내부의 역량 강화, 특히 경제개혁에 필요한 경제부문의 역량 강화의 주요 과제들을 정리해 소개하기로 한다. 이를 위해 해당 부문에 투입된 국제사회의 역량 강화 프로그램과 기술지원의 내용을 정리하면서 북한에 대한 시사점을 찾기로 한다.

II. 북한개발지원의 대내외 환경

1. 개발지원과 흡수역량

원조와 개발협력에 대한 효과성 논쟁이 본격화되면서 자본과 물적 투입 요소(big push)보다는 수원국의 제도와 정책에 대한 중요성이 강조되기 시작했다. 양적 투입 중심에서 제도와 정책의 결합이 필요하다는 주장은 저발전·저소득 국가에 더 많은 물적 자원을 투입하면 가시적 경제성장을 달성할 수 있다는 신고전주의적 시각의 한계를 극복하고 국제개발협력의 새로운 방향을 제시하면서 설득력을 얻기 시작했다.[5] 특히 1990년대 이후 원조효과성을 높이기 위해서는 자원 투입에 더해 제도와 정책의 발전이 동반되어야 한다는 주장이 확산되면서 원조의 양보다는 질이 중요하다는 여러 실증연구 결과는 개발협력의 패러다임을 전환하는 계기를 마련하였다.

그러나 물적 자원과 제도의 결합을 바탕으로 전개된 국제협력은 '신자유주의' 혹은 이른바 '워싱턴 컨센서스'라는 이름 아래 자유화, 민영화, 안정화를 강조하였고, 경제 성장을 위해서는 수원국의 경제 개혁과 '구조조정'이

---

5) Henrik Hansen and Finn Tarp, "Aid effectiveness disputed," *Foreign Aid and Development*, Edited by Finn Tarp(Routledge, 2000), pp.103-128.

불가피하다는 논리로 발전하였다.[6] 이 과정에서 국제금융기구와 선진국에
서 이전된 제도와 정책은 많은 경우 원조의 대가로 수원국에 상당한 수준의
'이행조건(conditionality)'을 요구했고, 이러한 전환은 일정 부분 긍정적인
효과에도 불구하고 두 가지 문제를 초래하기 시작했다. 우선은 선진국과 저
개발국가의 정책 환경은 근본적으로 상이하다는 점을 간과했다. 예컨대 선
진국에서 작동하고 있는 금융제도나 지적재산권 등은 저개발국가에서는 전
혀 다른 방식으로 수용되거나 아예 의도한 대로 운용되지 못하기도 한다.
두 번째는 특정 제도가 진화하고 완성되기까지는 나름 제도발전의 과정이
있으나 이러한 제도적 진화과정을 건너뛰고 역사적 경험과 현실적 조건이
상이한 국가에 외부의 낯선 제도를 이전하거나 혹은 '강요'하는 것이 규범적
으로 정당한가라는 비판이 확산되었다.

 양적 투입과 제도 개혁에 대한 논쟁과 함께 또 하나 중요한 것은, 그럼
에도 소홀히 다뤄지고 있는 문제가 바로 수원국의 '수용역량(absorptive
capacity)'이라고 할 수 있다. 수용역량은 저개발과 빈곤을 극복하기 위해
외부로부터 지원(원조나 개발협력)을 효율적이고 효과적으로 분배하고 활
용하는 능력이라고 정의할 수 있다.[7] 아무리 많은 양적 투입과 '좋은' 제도
가 이전된다 하더라도 정작 수원국의 흡수역량이 부족할 경우 원조효과성은
개선되지 않게 된다. 이는 곧 개발협력이 소기의 성과를 달성하기 위해서는
물적 자원의 투입, 제도와 정책, 그리고 이에 더해 수원국의 수용역량이라고
하는 3가지 요소가 균형있게 조화를 이루어야 된다는 것을 의미한다. 특히
수용역량의 경우 많은 저개발국가들이 공통으로 직면하고 있는 여러 가지
제약 조건들, 예컨대 인적-물적 자원의 부족, 제도와 정책의 미비, 거시경제
관리 능력의 부족, 부패와 책무성 등 거버넌스 제약, 그리고 공여국/기관들

---

6) Elliot J. Berg, "Aid and failed reforms: the case of public sector management," *Foreign Aid and Development*, Edited by Finn Tarp(Routledge, 2000), pp.290-311.

7) Simon Feeny and Ashton De Silve, "Measuring Absorptive Capacity to Foreign Aid," *Economic Modeling*, Vol.29, No.3(2012), pp.725-733.

과의 적절한 관계 형성과 조정 역량의 부족과 직접 연결된다.[8] 여기에 더해
국제개발협력을 수행하는 데 필요한 어학능력과 숙련을 갖춘 우수한 인적자
원의 규모가 협소한 상태에서 국내 공공부문과 민간/국제기구 간 인재유치
를 위한 경쟁이 벌어지기도 한다. 따라서 북한개발지원을 위한 역량 강화의
출발도 북한의 대외 원조 혹은 개발협력의 수용 능력을 얼마만큼 신속하고
적절하게 끌어올리느냐가 개발협력 초기 주요 관건이라고 할 수 있다.

2. 개혁의지와 국가역량

북한 경제 회생을 위한 국제 개발협력은 최근 북한의 내외 환경에 대한
이해와 김정은 정권이 내세우고 있는 국가전략에 대한 분석이 선행되어야
할 것이다. 연구자나 관점에 따라 다양한 접근이 가능하겠지만 크게 정권
차원에서는 김정일시대 선군경제를 뒤이은 '경제·핵무력 병진노선'이 김정
은 정권의 성격을 그대로 보여주는 국가적 슬로건일 것이며, 내부 변동 관련
해서는 '아래로부터 시장화' 확산이 가장 주목할 만한 특징일 것이다.[9] 이른
바 '사회주의 부강조국'이라는 목표 아래, 김정일 정권에서 취했던 '사회주의
강성대국'을 잇는 국방과 경제의 이중전략을 승계하고 있는 것으로 평가된
다. 따라서 북한개발지원과 국제협력은 핵문제를 둘러싼 대외 갈등, 체제
유지, 그리고 '인민경제' 회생이라는 대내외 과제가 중첩되면서 개발협력의
속도와 폭도 결정될 것으로 보인다.

---

8) Gergana Todorova and Boris Durisin, "Absorptive Capacity: Valuing a Recon-
ceptualization," *The Academy of Management Review*, Vol.32, No.3(2007), pp.
774-786.

9) 정세진, 『'계획'에서 시장으로: 북한체제변동의 정치경제』(한울아카데미, 2000); 임수
호, 『계획과 시장이 공존』(삼성경제연구소, 2008); Changyong Choi & Jesse Lecy, "A
Semantic Network Analysis of Changes in North Korea's Economic Policy,"
Governance: An International Journal of Policy, Administration, and Institutions,
Vol.25, No.4(October 2012), pp.589-616.

문제는 북한이 직면하고 있는 경제위기의 본질이 일시적 자연재해나 재난에 의한 것이 아닌 구조적·반복적·지속적 위기라는 데 그 심각성이 있다. 사회주의경제체제에 내재한 고유의 모순 외에 극도로 경직된 사회통제와 대외고립은 북한의 경제난을 더욱 악화시키는 요인이 되고 있다. 이는 곧 북한 경제개발과 국제협력은 한편으로는 만성적 경제난에 시달리고 있는 주민들의 일상적 삶의 수준을 향상시켜야 하는 목적이 있고, 또 한편으로는 북한의 경직된 사회주의 경제관리 시스템을 개혁하도록 지원하는 촉매제 역할을 해야 한다는 점이다. 나아가 북한체제 내의 개혁을 유도하고 남북한 통합을 대비한 정치안정, 경제발전, 사회개발을 종합적으로 고려하면서 진행되어야 할 매우 어려운 과제임에 분명하다.

북한개발 국제협력을 대비하면서 향후 북한의 변화를 대략 몇 가지 경로로 정리해 보면, 첫째는 북한이 구조적 모순의 한계를 극복하지 못하고 사회주의 계획경제의 틀을 고수하면서 일부 임기응변식 '개선' 조치를 취하되 정책실패와 보수로 회귀를 반복하는 '그럭저럭 버티기'로 연명하는 경로가 있을 것이다.[10] 두 번째는 핵 개발을 포기하지 않고 '대외갈등-대내긴장' 국면을 지속하면서 이를 체제 안보와 내부 통제 시스템을 강화시키는 빌미로 더욱 활용하는 것이다. 세 번째는 핵문제의 전향적인 해결을 바탕으로 남북관계 개선과 북미-북일 관계 정상화 등을 통한 국제사회로 편입을 추진하고, 정권 안보 차원에서 나아가 빈곤 감소와 인간 안보까지 확장되는 본격적인 경제 회생과 개발을 추진하는 개혁·개방의 길을 들 수 있다. 물론 국제개발협력을 위한 초기 조건은 세 번째 경로가 가장 우호적일 것이다.

그러나 여기서 강조되어야 할 것은 북한의 개발지원과 국제협력이 궤도에 오르기 위해서는 대외 환경 변화도 전제되어야 하겠지만 보다 궁극적으로는 개혁과 개방을 감당하고자 하는 최고지도부의 정치적 의지와 이러한

---

10) 정영철은 북한의 개혁 경로와 관련하여 체제내 개혁 1단계를 위기와 대응으로, 체제내 개혁 2단계를 개혁과 주체의 이중전략으로 구분한다. 정영철, 『북한의 개혁·개방』 (선인, 2004), pp.43-96.

개혁개방의 의지를 실제 개혁 정책으로 집행해 낼 수 있는 국가적 역량이 상호 선순환적인 조합을 구성하면서 발전할 수 있는 기반을 구축하는 것이다.

정치적 의지는 지도부의 특정 정책에 대한 선택이나 정치적 결정을 의미하지만 현실적으로는 지도층의 신변 안전 등 사적 이해와 밀접하게 얽혀 있기 때문에 복잡한 정치적 성격을 띤다고 할 수 있다. 특히 개혁 개방 초기 중국의 경우에서 보듯이 최도지도부가 개혁과 개방을 결심했다고 하더라도 실제 경제 개발로 인한 가시적 성과를 창출하기까지는 시간차가 있다. 따라서 단기적으로 가시적인 성과를 보여야 하는 부담과 중장기 전망 사이에서 정치적 결단이 요구되는 경우가 발생할 수밖에 없고, 또 이 과정에서 개혁에 저항하는 보수 세력과의 갈등이나 긴장도 불가피할 수 있다.[11] 장기적으로 바람직한 정책이라 할지라도 단기적인 정치 수요와 정치적 판단에 의해 왜곡될 수 있으며, 그 반대의 경우도 발생할 수 있는 것이다.

이런 맥락에서 개혁에 대한 북한 최고지도부의 정치적 의지는 국가 경제 회생과 발전을 위한 대내외적인 공식적인 발표와 이를 수행하기 위한 전략과 수단, 정책 등에 대한 청사진을 제시하는 것으로 구체화될 것이다. 또한 경제 개발 정책이 대다수 빈곤층과 소외 집단을 어느 정도 포괄하고 있는가는 향후 북한 지도부의 경제 개혁에 대한 정치적 의지와 방향을 보다 뚜렷하게 보여주는 지표가 될 것이다.

최고지도부의 정치적 의지와 함께 개혁을 실제 실천하기 위한 국가 역량은 의지만큼이나 중요한 요건이라 할 수 있다. 통상적으로 '국가 역량'은 크게 4개 영역으로 나누어 접근해 볼 수 있다.[12] 첫째, 국가의 존립 근거가

---

11) Clem Tisdell, "Economic Reform and Openness in China: China's Development Policies in the Last 30 Years," *Economic Analysis & Policy*, Vol.39, No.2(2009), pp.271-294; 한기범(2009)은 북한의 경제개혁 단계를 경제개혁 1: 모색과 착근 (80-159), 경제개혁 2: 확대와 후퇴(160-215)로 구분하면서, 북한의 2000년대 초기 일련의 개혁과 보수세력의 저항을 내각의 개혁 확대와 당의 반격-내각의 '특수부문 축소'를 위한 초기 정치 실패, 권력층 내 이권결탁 구조와 분파적 요소로 분석한다.

12) Magul Moreno et al., *Fragile States: Defining difficult environment for poverty reduction*, PRDE Working Paper 1(Aug. 2004), pp.15-17.

되는 영토와 국민주권을 보호하고, 국제사회 일원으로서 정치적 실체를 인정받고 유지하는 능력, 둘째, 영토 내에서 공식적·비공식적 권력 배분 기제가 작동하고, 정치권력을 합법적으로 견제하면서 이해관계와 갈등을 조정하는 정치적 역량을 들 수 있다. 셋째, 재정 및 통화 정책과 관련된 제도적 역량과 불법적인 경제 활동을 금지하는 반면, 합법적 경제 활동에 대해서는 최소한의 규제 아래 활성화시키는 경제관리 역량이다. 넷째, 정부의 제반 조치와 정책을 집행할 수 있는 행정 역량과 제도적 인프라 및 인적자원 관리역량을 들 수 있다. 특히 행정 역량의 경우 정책 설계와 기획, 정책 집행, 정책 평가와 예산이 연계되어 정책 목표가 적절한 예산 집행을 통해 실제 결과로 도출되는 일련의 정책 과정과 관련된 정부 역량을 의미한다.

3. '시장화'와 개발협력의 초기 조건

국제개발협력 관점에서 최근 북한 내부의 사회 변동과 관련하여 가장 주목할 부문이 소위 '아래로부터 시장화' 현상이다. 1990년대 북한의 경제난 이후 "북한의 정권과 주민들은 과연 어떻게 생존하고 있는가"에 대한 많은 연구가 있었고, 대다수 연구 결과 동의하는 부분이 바로 개인수준의 생존기제와 국가단위 생존기제가 소위 '시장'을 통해 공존하고 있다는 점이다.[13]

'고난의 행군' 이후 북한에서 국가-사회 관계는 주민들에 대한 통제수단으로 작동했던 배급제의 붕괴로 인해 질적인 변화를 겪게 되었고, 국가와 사회는 '시장'을 사이에 두고 갈등과 타협, 허용과 억압의 순환 구조를 보이고 있다. '시장화'를 통해 국가-사회관계가 미약한 수준이나마 재편되고 있는 것이다.[14] 일반주민들은 '시장'이라는 공간을 통해 합법/비합법 경제활동을

---

13) 양문수, "소유제 변화 없는 시장화 정책: 계획과 시장의 관계," 『북한 체제전환의 전개 과정과 발전조건』(한울, 2008), pp.121-151; 최봉대, "1990년대 말 이후 북한 비공식 경제 활성화의 이행론적 함의," 『북한 체제전환의 전개과정과 발전조건』(한울, 2008), pp.152-203.

확대해 나가고 있는 반면, 지배집단은 '시장'에서 착취를 통한 지대를 추구
하면서 오히려 기득권을 강화시키고 있는 상황이다. 따라서 향후 북한개발
협력과 관련하여 '시장화'에 주목해야 하는 이유는 그 진행 정도가 북한 내
부의 사회변동을 보여주는 중요한 지표로 활용될 것이고, 나아가 북한에 대
한 개발지원이 본격화될 경우 시장화 진전 정도와 시장에 대한 국가의 통제
력 수준에 따라 개발협력의 우선순위와 내용이 달라질 것이기 때문이다. 이
와 같은 관점에서, 북한의 시장화 진행은 〈그림 1〉과 같이 대략 세 가지
단계로 진화하고 있는 것으로 관찰된다.

〈그림 1〉 시장화 진행 3단계 유형

첫 번째 단계는 1990년대 경제난을 전후한 초기 맹아적 시기로 초보적인
수준에서 개인 간 소규모 사적 거래가 시작되었고, 이때의 '시장'은 특정한
질서없이 주민들의 '파편적인 생존기제'로 기능했다. 이 단계에서 시장은 비
공식 소규모 형태로 그 특징은 비합법(탈법), 불안정성, 비연속성, 비조직화,
그리고 비제도적 수준이라고 할 수 있다.

다음은 '유형화 단계'로서 파편적으로 산재되었던 '시장'들이 일정한 경향
을 띠면서 보다 조직적인 수준으로 발전하게 된다. 비록 시장경제에서 의미
하는 수요-공급에 따른 시장 가격 형성, 정상적인 화폐 유통, 신용 거래 등

14) 임수호(2008), pp.157-235; 한기범, 「북한 정책결정자의 조직행태와 관료정치: 경제
개혁 확대 및 후퇴를 중심으로(2000-09)」, 경남대학교 대학원 박사학위논문(2009);
최봉대, "북한 도시 사적 부문의 사장화와 도시가구의 경제적 계층분화," 『북한 도시
주민의 사적영역 연구』(한울, 2008), pp.41-76; 이무철, "조정기제의 변화와 국가의
역할," 『사회주의 체제전환에 대한 비교연구』(한울 2008), pp.155-192.

의 모습은 여전히 미약하지만 나름 '시장' 작동에 필요한 거래방식이 정착하고 수요와 공급에 따른 가격 변동, 환율 변동과 시장 가격 변화 등이 관찰되는 단계라 할 수 있다. 또한 기초적인 수준에서나마 '자본'을 형성한 집단(이른바 '돈주')이 등장하여 '자본'과 '신용'을 제공하고, 기업소와 직장을 이탈한 노동자가 '비공식 임금노동자'로 편입되면서 노동시장의 단초를 보이기도 한다. 시장, 물가, 환율 등에 대한 정보 역시 보다 조직적으로 유통되는 단계로 성장한다. '유형화 단계'에서는 초기 사회주의 이행 과정에서 관찰되었던 행위양식 변화, 동기 변화, 정보 유통 방식 등에 미세한 변화가 포착되기도 한다.[15]

이와 같은 경로를 거쳐 '제도화' 단계로 진입하면 비합법·비공식 시장은 합법적 테두리 내에서 공식-비공식 시장 활동으로 흡수되기도 하고, 지배집단은 '시장'에서 발생하는 지대를 보다 조직적이고 제도적으로 편취하기 시작한다. 이 과정에서 필요하다고 판단될 경우 비공식 시장 메커니즘을 공식 부분으로 흡수하기도 하는 것이다. 이 단계에 접어들면 초기 탈법으로 인한 처벌을 무릅쓰고 자생적으로 시장을 확산시켰던 주민과 이후 시장을 제도적으로 활용하거나 착취하려는 국가-사회 간 긴장, 타협, 갈등이 반복된다. 물론 2014년 현재 북한에서 관찰되는 '시장화'의 수준은 '파편적인 생존기제 단계'보다는 진화되었으나, 아직은 '제도화 단계'로 진입하지 못하고 '유형화 단계' 초기에 머물고 있는 것으로 평가된다.

체제전환기 시장 발전을 위한 주요 조건, 다시 말해 '제도화 조건'은 〈그림 2〉에서 보는 바와 같이 경제정책, 정치 및 제도 개혁, 그리고 인적자원 개발로 구분해 볼 수 있다. 예를 들어, 경제 부문 개혁은 거시경제개혁에서 시작하여 해외무역 확대 및 투자 유치, 중소기업과 대기업 육성 및 다국적 기업 유치와 같은 민간 부문 개발을 강조한다. 정치부문의 경우, 민주화, 분권화, 탈규제화와 같은 정치개혁, 시민사회 발전, 그리고 금융과 노동시장

---

15) Changyong Choi, "Everyday Politics in North Korea," *Journal of Asian Studies* Vol.72, No.3(August 2013), pp.655-673.

〈그림 2〉 체제이행기 시장 발전 주요 조건

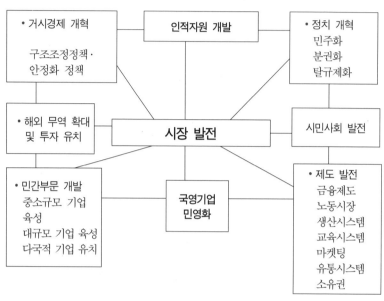

그림 출처: Dennis A. Rondinelli, "Capacity-Building in Emerging Market Economies: The Second Wave of Reform," *Business & The Contemporary World* · 3(1994), pp. 153-167(157)

등을 포괄하는 제도발전으로 상승한다.

이와 같은 체제전환기 시장발전 주요 조건에 비추어 민간 및 시장부문 개발을 위한 개발협력은 〈표 1〉과 같이 단계별 재구성이 가능하며, 각각의 유형에 따라 대응 방안도 달라진다. 예컨대, 국가가 여전히 강력한 통치 기제를 동원하여 공식 비공식 시장에 대한 통제력을 발휘할 경우 국가개입의 수준을 낮추면서 자유시장경제 제도를 도입하는 정책을 수립하도록 지원할 필요가 있다. 이와 달리 국가와 시장 모두 불안정한 상태의 공존을 유지할 경우 일면 국가 관리 시스템과 거버넌스 구조의 안정을 지원하는 한편, 시장 경제질서가 민간부문의 주도로 정착할 수 있도록 시장 기능 활성화를 위한 은행 및 금융 분야를 정비하고, 시장 활동을 장려하는 인센티브제도 등을

〈표 1〉 시장화 진행 유형과 민간/시장부문 개발 조치

유형	민간/시장부문 개발 정책
국가 우위-시장 통제	국가 개입과 통제력 완화 친 시장 정책
국가-시장(불안정) 공존	시장경제제도 확산 민주적 거버넌스
시장 우위-국가 종속(기생, 위기)	시장경제질서 구축 정치/행정기구 개혁

마련할 필요가 있다. 또한 정부는 소득세 신설과 세정 개혁 등을 통한 국가 재정 기반을 확충해 나가야 한다. 반면 국가 부문이 취약하고 시장(공식·비공식) 부문이 과도하게 성장한 경우 이른바 '국가포획'과 부패가 만연하기 때문에,[16] 자원의 효율적인 분배를 위한 공공부문의 기능을 정상화시키고 시장경제질서를 위한 관련 행정 역량을 높일 수 있는 제도적 기반을 구축해야 한다.

---

16) 최근 시장화를 둘러싼 북한의 부패 실태에 대해서는 박형중, "북한에서 권력과 재부의 분배구조와 동태성: 1990년대 이래 분권화된 약탈," 『통일문제연구』 제21권 1호 (2009); 박형중 외, 『북한 부패 실태와 반부패 전략: 국제협력의 모색』(통일연구원, 2012).

III. 개발역량 강화와 국제협력

1. 성과기반평가와 개발협력

저개발국가와 분쟁 후 국가를 위한 경제복구 프로젝트와 프로그램을 지원하는 국제금융기구들은 통상 금융지원에 앞서 경제 사회 개발에 필요한 사전 조사를 실시하고 해당국의 개발 수요를 파악하게 된다. 이와 함께 수원국과 '정책 대화(policy dialogue)'를 통해 지원과 협력의 우선순위를 협의하고 양자 간 혹은 다자간 협력 관계를 조정하며, 필요시 특정 사업을 위한 기금(trust fund)을 별도로 조성하여 관리하기도 한다.

최근에는 단순히 자원 투입을 늘리는 것에서 나아가 원조효과성이라는 관점에서 '성과기반평가(performance-based assessment)' 방식을 적용하여 수원국에 대한 지원의 수준과 속도를 조절하기도 한다. 수원국의 정책이 합의한 바대로 소기의 결과를 창출할 경우 보다 큰 규모의 원조 및 재정에 대한 직접 지원이 제공되기도 하고, 반면에 수원국의 성과가 목표에 미달일 경우에는 금융지원을 축소하고 예산에 대한 직접 지원 대신, 의료, 보건, 교육 등 사회 기초 부문에 자원을 투입하게 된다.

'성과기반평가'에서 가장 중요한 지표는 거버넌스부문에 대한 평가이며, 구체적으로는 빈곤감소와 사회개발 정책, 부패 관리 및 투명성, 공공재정 관리 등을 포함한다. 성과기반평가가 성공하기 위해서는 정책에 대한 효과성 평가가 특정 정치적 이해나 이데올로기에 편향되지 않아야 하며, 일반주민 특히 소외계층의 삶의 개선에 어느 정도의 긍정적인 영향을 가져왔는가를 일차적 평가기준으로 삼아야 한다.

이와 같은 접근은 비록 수원국과 지원주체가 개발에 대한 서로 다른 인식을 갖고 있다고 할지라도 수원국이 빈곤 감소와 취약계층 보호를 위한 정책을 추진하고 있다면, 상호 합의에 기반한 보다 생산적인 협력을 취할 수 있다는 것을 의미한다. 이러한 성과기반평가 방식은 원조와 개발협력에서 개입될 수 있는 정치적 요인을 최소화시킬 수 있는 장점이 있고, 수원국으로 하여금 개발지원의 투입보다는 성과에 주의를 기울이게 함으로써 원조와 개발지원의 효과성을 높이는 장점이 있다.

　그러나 이와 같은 성과평가 중심의 원조와 개발협력이 성공하기 위해서는 실제 개발협력을 실현하는 주체들의 수용과 집행역량이 중요한 변수임을 간과해서는 안 된다. 개발역량이 중요한 이유는 사회개발 및 빈곤 감소를 위해서는 자국의 경제 및 사회 상황에 대한 객관적인 진단과 분석이 선행되어야 하고, 이를 바탕으로 적절한 정책을 설계하고 집행하며 평가하는 정책의 피드백 과정을 갖추는 것이 전제되어야 하기 때문이다. 최소한의 수용역량이 갖춰져야 지속가능한 발전에 대한 전략 수립과 중장기 국가적 비전과 목표 설정도 가능하게 된다. 여기서 특히 강조되는 것이 바로 정책과정 역량이라고 할 수 있는데, 정책과정 역량은 구체적으로 개발 목표를 달성할 수 있는 일련의 정책과 전략, 효율적 자원 배분, 우선순위 선정과 정책집행 역량 등을 포괄하는 것이다. 역량 강화의 개념, 목적, 주요 구성을 좀 더 구체적으로 정리하기로 한다.

2. 역량 강화: 개념, 목적, 주요 구성

　역량 개발에 대한 정의는 정의하는 기관과 상황에 따라 다양하나, UNDP와 UNCED가 정의하듯이 "국가가 당면한 문제에 대한 대안 중 최적의 정책을 선택하고 집행할 수 있도록 국가의 인적·기술적·제도적 역량을 강화하는 것"을 의미한다. 한편 OECD는 "빈곤 등 사회경제적 문제 해결을 위해 요구되는 지식, 숙련, 구조 등을 강화시키기 위한 일련의 과정"으로 정의한다. SIDA는 역량 강화의 핵심으로 "개인과 조직의 지식 및 숙련도 개발과 조직 관리에 필요한 시스템 향상"을 강조하면서 "조직 내 비공식적 관행과 문화 등을 긍정적으로 변화시키려는 노력"으로 정의하기도 한다.

　따라서 개발협력과 관련된 역량 개발은 경제 및 사회 개발전략을 수립하

〈표 2〉 역량 개발의 주요 개념

기관	정의
UNCED	국가의 인적·과학적·기술적·조직적·제도적 동원 역량을 포괄하는 것으로, 역량 개발의 기본 목적은 국가가 당면한 문제에 대한 해결방안과 다양한 대안 중 최적의 정책을 선택하고 집행하는 능력을 강화하는 것
UNDP	(문제해결)을 위한 적절한 정책과 제도적 장치를 강화하기 위한 환경 조성; 제도적 기반; 인적자원 개발과 관리역량 강화 - 역량 강화는 정부, 비정부기구, 전문가집단, 학계 등 다양한 이해관계자가 관여하는 장기간 지속되는 일련의 프로세스
FAO	바람직한 방향으로 개발을 유도하고 소기의 기대효과를 충족시키기 위해 요구되는 지식, 기술, 개발 이슈에 대한 이해와 태도 등을 고양하는 일련의 과정
OECD	빈곤 등 사회경제적 문제 해결을 위해 요구되는 지식, 숙련, 구조 등을 강화시키기 위한 일련의 과정; 특히 수원국의 지역단위 역량 강화를 강조
SIDA	개인과 조직의 지식 및 숙련도 개발; 조직과 조직의 시스템 개발; 공식적인 시스템과 비공식적 관행, 문화 등을 제도적으로 변화

는 국가적 역량과 이러한 전략을 실천하는 정책 수립 및 집행 역량을 강화하면서, 한편으로는 개발협력과 관련된 조직 내/조직 간 국제 협력 역량을 증진하는 것을 일차적인 목표로 한다. 구체적으로는 경제 및 사회 개발에 소요되는 비용과 편익을 객관적이고 과학적으로 측정하고, 경제 및 사회 수요에 부응하는 정책 집행 역량을 강화시키는 동시에 관련 정책에 대한 연구, 분석, 모니터링과 평가 등을 실천할 수 있는 능력을 향상시키는 것을 주된 목적으로 한다.[17)]

역량 개발의 단위로는 개인수준, 조직수준, 제도수준의 역량으로 구분해 볼 수 있다. 개인역량의 경우 개인 차원에서 주어진 과제를 효과적으로 수행하는 데 요구되는 지식, 정보, 숙련도를 향상시키는 역량 강화를 의미하

---

17) UNEP, Enhancing Capacity Building for Integrated Policy Design and Implementation for Sustainable Development, 2005, UNEP, Geneva.

며, 조직역량의 경우 업무 처리 절차와 관리, 리더십 등 조직 내 관리역량과 더불어 조직 간 협력 관계를 관리하는 역량 등을 포함한다. 제도역량의 경우 개인과 조직의 규범과 원칙 등을 포괄하는 공식적·비공식적 제도와 법적 장치를 포괄한다.[18]

역량 강화가 특히 요구되는 경우는 업무 처리와 조직 관리를 담당할 인적자원에 대한 수요는 많으나 정작 적절한 인력 공급이 부족할 때, 조직 발전을 위한 개혁이 요구되고 이를 지지하고 실행할 수 있는 인력이 필요할 때, 그리고 교육과 훈련을 제공하는 기관이 체계적으로 관리되지 못하고 고립되거나 취약할 때 집중적인 지원이 필요하다. 여기서 염두에 두어야 할 것은 역량 강화를 위한 대내외 조건들은 수시로 변하기 때문에 하나의 고정된 교육 훈련 프로그램은 있을 수 없으며, 환경과 수요에 부합하는 역량 강화 프로그램을 개발해야 한다는 점이다.[19] 또한 역량 강화를 위한 기술지원이 성공하기 위해서는 특정 상황이나 국가에 적용된 프로그램들을 그대로 이식하거나 전수하기보다는 기존의 성공 사례들을 참고하되 해당 국가의 현재 상황-특히 거시경제 정책과 사회부문 정책 수요-을 반영한 교육 훈련 프로그램을 개발해야 한다는 점이다.

체제전환기, 특히 이행 초기에 요구되는 역량의 핵심은 단기-중기-장기 개발전략을 수립하고 이를 실제 집행할 수 있는 역량으로서, 이를테면 순조로운 이행과 개혁에 필요한 자원을 시기별·부문별로 적절히 투입하고 이에 대한 정책 효과를 입체적으로 구성하는 정책 매트릭스 구축 역량이 기본적으로 요구된다. 이와 같은 정책 매트릭스 구축과 중장기 개발전략 수립이 의미가 있는 이유는 이 두 가지 임무를 준비하고 수행하는 과정을 통해 조직과 국가역량이 증진되는 계기가 되며, 궁극적으로는 정책결정자와 집행 관료의 사고의 범위가 확대되고 전략적 사고를 체화시키는 경험으로 축적되

---

18) Ibid.

19) Carol Graham, "Strengthening Institutional Capacity in Poor Countries: Shoring UP Institutions, Reducing Global Poverty," Brookings Policy Brief Series # 97 of 186(2002).

기 때문이다.

문제는 많은 개발도상국과 체제전환국들이 이행 초기 개혁의 내용을 설계하고 집행할 수 있는 적절한 수준의 국가 역량을 갖추고 있지 못하고 있다는 점이다. 예컨대, 현재 상황을 진단하고 분석하는 데 필요한 기초적인 국가 통계가 부족하고, 경제 개발에 투입할 수 있는 자원 조달의 안정성 역시 취약하기 때문에 장기 개발전략 수립은 물론 단기적 이행 과제 해결에 필요한 인적·물적·제도적 역량 부족 등이 극복 과제라 할 수 있다. 따라서 개혁 프로그램을 집중적으로 실천해야 할 이행 초기 국가 관리역량이 취약하다고 평가될 경우, 일정 기간은 새로운 제도를 일시에 도입하여 급진적으로 집행하기 보다는 인적자원과 조직역량을 강화시키기 위한 기술지원이 우선 제공되어야 하는 이유가 여기에 있다.

예를 들어 거시경제 지표 등 국가 통계를 수집하고 분석하는 통계 역량 강화, 개인과 가계 소득, 빈곤 등 사회지표 개발과 측정 역량, 개혁 과정에서 요구되는 실물경제 및 사회부문에 대한 정책 수요를 분석하고 이에 대응하기 위한 객관적인 정보 수집 및 분석 능력을 향상시키는 기술지원 프로그램을 제공할 필요가 있다. 이와 동시에 전면적인 개혁 프로그램 집행에 앞서 특정 부문에 대한 시험적인 프로그램을 선정하여 경제 및 사회 부문에 미치는 영향 평가를 실시할 수도 있으며, 다양한 집단으로부터 상이한 요구를 최적의 정책으로 수렴해 가는 일련의 정책과정을 제도화함으로써 개혁과 이행에 따른 저항과 부작용을 최소화시키는 것도 중요한 과제라 할 수 있다.

체제전환과 개발협력의 관계를 분석한 많은 연구들은 이행기 초기조건과 기술지원에는 정(정)의 상관관계가 있음을 보여주고 있다. 특히 이행 초기 2~3년간은 개혁의 동인을 유지하는 중요한 시기이기 때문에 이 기간 동안 역량 강화를 위한 기술지원이 집중되어야 하며, 이를 토대로 수원국은 일정 수준의 개혁 프로그램과 경제발전전략 수립에 필요한 자문과 기술지원을 제공받을 필요가 있다고 강조한다. 적절한 기술지원을 선행한 후 체제전환과 이행이 안정적인 단계에 진입하기 시작했다고 판단될 경우, 금융지원을 제공하는 것이 최근 개발협력의 보편적 흐름이라 할 수 있다. 따라서 국가개발전략과 개혁프로그램 수립 역량이 부족한 국가의 경우라도 개혁에 대한 동력을 상실하지 않기 위해 간소화된 형태의 개발전략인 Transitional Results Matrix(TRM)를 작성하도록 지원하며, 이를 통해 경제 사회 부문의 개발과 발전에 필요한 역량을 구축하고 진행 과정에 대한 모니터링을 수행하고 있다.

특히 금융지원에 앞서 거시경제관리 역량을 강조하게 되는데, 예를 들어 연간 정부 예산 지출 계획과 함께 중기재정계획 등을 포함한 중장기 발전 전략을 요구하고 있다. 이에 더해 단기-중기-장기로 구성된 발전 전략의 실현 가능성과 함께 집행 과정에 대한 주기적인 모니터링을 강조한다. IMF가 제공하는 거시경제관리 역량 강화 프로그램이 대표적인 것으로, IMF는 〈표

〈표 3〉 IMF 제공 핵심 역량 강화 프로그램의 예

통화 및 환율 정책	재정 정책	국가 통계	연수
통화정책 및 환율 정책 수립과 집행 역량	거시-재정 정책 수립과 관리를 위한 제도 및 기관 역량	통화 및 재정 관련 국가 통계 역량	거시경제 관리 및 재정 프로그램 수립
건전하고 효율적인 은행·금융 시스템 - 은행과 금융감독 기능 강화 및 적절한 규제	지속적이고 안정적인 재정 확충	국제 투자와 무역 통계	금융 부문 역량 강화
		외환 보유 및 유동성 관련 통계	대외 부문 대응 역량
	예산 심의 및 재정 지출 관리: 정부 예산 및 회계 시스템 개선		거버넌스
중앙은행과 금융감독 기관의 역량 강화		국가 재정 및 회계 관련 통계	NGO 등 사회부문과 소통
자본시장 육성 및 비은행권 금융기관 감독과 조정	단기 지출 합리화 제고 - 사회안전망 개선과 중기 재정 안정성 조화	고용과 사회인구 통계	
		가구 통계 개발 및 시행	
신용기관을 대상으로 한 역량 강화 워크숍	재정 및 세제 관련 세미나와 워크숍	국가 재정 및 가구 단위 통계 역량	

3)에 정리된 바와 같이 통화 및 환율정책, 재정 정책, 국가 통계, 그리고
이와 같은 3개 주요 영역에 대한 연수 및 역량 강화 프로그램을 통해 수원국
의 거시경제관리 역량을 증진하고자 한다.

북한의 경우 제반 여건을 고려할 때 개발협력에 우호적인 초기 조건을
구축하기까지는 상당한 시간과 자원이 필요할 것으로 예상된다. 과거 북한
은 전후 복구와 사회주의 경제 발전을 위해 5개년 계획이나 7개년 계획을
수립한 경험이 있으나 초기 소기의 성과를 거둔 이후 1970년대를 지나면서
는 사회주의경제체제에 내재한 고유 모순과 주체경제로 인해 지속적인 발전
에 실패하게 되었고 이는 1990년대 경제난의 근인이 되었다.[20] 이후 2006
년 '기간공업 및 농업개발 3개년 계획'을 발표한 바 있고, 이 계획에서 기간
산업부문과 인프라 개선, 특히 농업부문 개발을 강조했으나 가시적인 성과
를 내지 못하고 종료된 것으로 평가된다.

IV. 북한 경제부문 개혁과 역량 강화

1. 북한개발협력의 구성

지난 반세기 동안 축적된 국제 개발원조와 협력의 경험은 앞서 언급했듯
이 단지 투입 요소를 늘리는 것만으로는 안정적이고 지속적인 발전이 이루
어 질 수 없다는 점을 증명하였고, 경제 사회 발전을 위한 보다 포괄적인

---

20) 북한은 "정권수립 이전인 1947년과 1948년에 각각 실시한 2차례의 「1개년계획」을
포함해 지금까지 모두 9차례의 단기 경제발전계획을 수립·추진했다. 「2개년계획」
(49~50년) 「3개년계획」(54~56년) 「5개년계획」(57~61년) 「제1차 7개년계획」(61년~
70년) 「6개년계획」(71~76년) 「제2차 7개년계획」(78~84년) 「제3차 7개년계획」(87
년~93년) 등이다." 출처: "경제발전계획," 디지털 북한백과사전.

접근이 필요하다는 공감대가 형성되고 있다. 또한 국제개발협력이 소기의 성과를 달성하기 위해서는 협력 대상국이 주도하는 경제 및 사회 부문 개발 목표와 집행 전략을 담고 있는 개발전략보고서를 작성하도록 요구하는 한편, 그 집행은 해당국이 주인의식을 갖고 진행하도록 한다. 이를 위해 지원 초기에 특히 적절한 기술지원이 중요하다는 합의가 이루어지고 있다.

북한개발지원을 위한 국제협력은 투자프로젝트(investment projects), 개발정책자문(development policy operations), 기술지원(technical assistance) 등의 조합으로 진행될 것으로 예상된다. 이와 같은 기본 구도 아래 개발협력의 주체들은 각각의 전문성과 비교우위에 기반하여 양자 혹은 다자간 정책대화와 다양한 협의체를 통해 북한개발지원에 참여할 것이다. 이때 중요한 것은 북한개발지원은 특정 정책과 조건에 얽매이기보다는 국면 변화에 유연하게 대처하면서 신축적으로 적용될 필요가 있다는 점이다. 개발지원에 부수되는 '이행조건'들은 북한에 대한 압박이 아니라 합의된 목표 달성을 위한 구체적인 실행 조치로 인식되어야 할 것이다. 다시 말해 북한을 상대로 지원의 전제로서 '이행조건'을 요구하는 것이 불가피하다면 그 일차적 목적은 북한당국을 개혁으로 강제하는 것이 아니라, '이행조건'을 통해 제도적 개혁의 수준과 내용에 대한 준거점을 설정하고, 개혁과 개방을 보다 효과적으로 실천할 수 있도록 지원하는 제도적 장치라는 것을 공유해야 할 것이다.

따라서 북한개발협력은 인도적 지원과 병행하여 부문에 초점을 둔 프로젝트형 접근(sectoral and project approach)과 사회 개발 및 제도 발전을 것이동시에 고려하는 프로그램형 지원(programme assistance)이 병행되어야 할다.[21] 종합적이고 포괄적인 개발전략 수립과 함께 프로그램형 접근이 필요한 이유는 자칫 부문에 집중한 프로젝트성 사업을 우선할 경우 부문

21) 프로젝트형 원조와 프로그램형 지원에 대한 상세한 설명은 Peter Hjertholm and Howrd White, "From project aid to programme assistance," Finn Tarp, ed. (2000), pp.131-153 참조.

간 자원 투입이 왜곡될 수 있고, 이로 인해 개발협력에서 중요한 출발점인 '초기 조건'의 불균형이 발생할 수 있기 때문이다. 이러한 불균형이 초기에 바로 잡히지 않고 외부로부터 지원이 확대될 경우 부문별 균형을 위한 추가 비용을 요구하는 결과를 초래할 수 있다. 이와 같은 초기 조건의 불균형을 최소화하고 북한에 대한 개발지원이 본격화될 상황을 가정하여 다음과 같이 시기별·부문별 '3단계 5개 우선 부문'에 대한 주요 이슈와 기술지원 및 역량 강화 수요를 시안으로 제시해 보기로 한다.

2. 3단계 5개 우선분야

북한개발지원을 위한 '3단계 5개 우선분야'는 향후 북한과 국제사회의 북한 경제 개발 협력 시대에 대비한 로드맵이라고 할 수 있으며, 상호 신뢰와 합의에 근거하여 작성될 단계별·부문별 목표와 주요 과제를 제시한 것이다. 단계별로는 긴급구호 단계(단기: 1~3년차) ― 이행 단계(3~7년차) ― 안정화 단계(7~10년차)로 나누고, 영역별로는 가구 복지, 시장경제로 이행, 무역 확대, 재정건전성, 국제사회와 협력 강화 등 5개 부문으로 구분한다. 각각은 시기별·부문별 정책 매트릭스를 통해 상호 연계되도록 구성하며, 실행을 위한 역량 강화 프로그램은 크게 개인 역량 강화, 공공조직 역량 강화, 국가부문 역량 강화로 나누어 접근한다.

'3단계 5개 우선분야'는 가구 복지의 경우 단기적으로는 식량지원과 영유아 영양 개선, 생필품 공급 등 인도적 지원을 개시하고, 생산 인구가 일상 생활에서 최소한의 영양을 확보하게 될 경우 직업훈련을 통한 노동시장 진입, 소규모 상거래 합법화, 미래의 산업 인력 공급을 위한 여성 및 아동 교육 프로그램을 확대해야 한다. 초기 인도적 지원이 소기의 성과를 가져오고 일상 생계가 일정 수준에 도달할 경우 개인 소유권 제도를 정착시키고, 소비와 기업 활동을 위한 신용서비스를 제도화하는 한편, 체제전환 과정에서 소외될 수 있는 취약계층에 대한 사회복지 프로그램과 사회안전망 서비스를

〈표 4〉 '3단계 5개 우선분야' 역량 강화

영역	단기	중기	장기
가구 복지	식량, 농업, 영유아 영양, 생필품 공급 등 인도적 지원	노동시장 유연성; 직업훈 련원 설립 및 본격 운영 소규모 상거래 합법화 여성과 아동 교육 프로 그램	개인소유권 제도화 토지사용권/소유권 확대 개인신용서비스 제도화 사회복지 프로그램 확대 사회안전망 정책 실시 공공정책 집행 역량 지속적 강화
계획에서 시장경제로 이행	소매 상행위 합법화 기업 자율성 확대	소비 상품 시장 거래 확대 공공요금 정상화 상거래 신고/허가제	시장에서 유통 상품 확대 거래 상품가격의 국제시 장 가격화
무역	수출입 균형 해외 거래 통계 자료 구축	환율 정상화 암시장 프리미엄 10% 이내로 통제 FDI 정책 현금 거래와 결제에 대한 규제 최소화	현금 거래 완전 자율화
재정 건전성	통화 공급 계획 정부 지출 균형 유지	정부 예산과 지출 기능 분리 기능과 부문에 따른 재정 지출 계획 수립 정부 예산 재원 발굴	예산 통합 시스템 구축 국제예산회계 기준 준수 사회서비스 재정 지출 확대 공기업 개혁 및 보조금 축소
국제사회와 협력 관계	기술지원 확대 에너지, 수송, 농업, 긴급재난 구호 등에 필요한 인프라 구축 기본 통계 시스템 구축	개인역량: 초중등 교육과 직업 훈련 등 개인 역량 강화 프로그램 공공조직역량: 공공정책 수립과 집행 통계 역량 재정 관리 역량 인적자원 개발 역량 시장경제 및 기업부문 관리 역량	중장기 국가개발전략 수립 개발지원 프로그램 조정 개발협력 모니터링과 평가 피드백

		국가 관리 역량: 정부 구조 재편 지방정부 분권화 국가 채무 관리 중장기 개발전략 수립 연례 개혁 점검 회의 국제금융기구 가입 추진	
역량 강화 프로그램			
개인 역량 강화	중고등 교육 정상화, 직업 재교육과 교육 훈련 확대		
공공조직 역량 강화	국가전략기획능력/통계/재정관리/시장 및 기업 관리 역량		
국가부문 역량 강화	중앙정부 구조 재편 및 중앙과 지방 행정 조직 정비		

확충해야 한다.

계획에서 시장경제로의 이행을 위해서는 단기적으로는 소매 영업 활동을 합법화시키고 중소규모 기업 창업을 장려하거나 보조하면서 민간부문의 저변을 확대하는 한편, 기업의 자율성을 보장함으로써 시장경제에 스스로 적응할 수 있는 기회를 제공한다. 중기 단계에서는 소비 상품을 위한 시장 거래를 전면 확대하고, 상거래에 대한 신고제와 허가제를 도입하면서 정부 지원 혹은 개입과 시장 활동의 자율성 간 균형을 이루도록 한다. 이 단계에서 공공요금 정상화를 통해 공공서비스의 수준을 높임과 동시에 정부의 재정 수입 기반도 확대한다.

무역 확대 역시 중요한 과제로 초기 단계에서는 우선 특정 국가에 대한 무역 의존도를 낮추고 점차 수출입 균형을 유지하도록 하면서, 해외 거래에 대한 정확한 통계 자료 구축 및 무역 통계 시스템을 갖추도록 한다. 중기 단계에서는 환율의 정상화와 함께 해외직접투자를 적극 유치하고 한편으로는 암시장에서 외환 교환 프리미엄이 공식 환율과 지나치게 차이가 나지 않도록 통제한다.

재정 건전성 유지는 순조로운 이행을 위한 중요한 정책 환경이라고 할 수 있다. 단기적으로는 고도의 인플레이션을 방지하고 적절한 물가 수준과 소비를 위해 통화 공급 계획을 수립하고, 한편으로는 정부 수입과 지출의 균형을 의미하는 재정 건전성을 유지할 수 있는 기반을 마련한다. 중기적으로는 계획경제에서 완전히 탈피하여 정부 예산과 지출 기능을 분리하고, 정책 수요와 부문에 따른 재정 지출 계획을 수립하며 안정적인 정부 예산 재원을 발굴해 나가야 한다. 이행 후 7~10년차에 접어들면 국제사회가 준용하고 있는 국제예산회계 기준을 준수하면서 예산통합시스템을 새롭게 구축해야 할 것이다. 이때 내부적으로는 재정건전성 유지를 위해 공기업 개혁 및 보조금 축소를 추진해야 할 것이다.

국제사회와 협력 강화를 위해서는 우선 국제사회로부터 필요한 기술지원을 적극적으로 제공받으면서 국가 기본 통계시스템을 구축해 나가야 한다. 긴급구호 물자의 원활한 전달에 필요한 제반 사회기반시설을 구축하는 한편 개인 역량, 공공조직 역량, 국가 관리 역량 강화를 통해 인적자원의 수준을 향상시키고 공공정책 수립과 집행 등 행정 관리 역량도 함께 강화시켜야 한다. 이와 같은 기본적인 기술지원 프로그램을 각 단위별로 확대하면서 개발 지원의 효과성 증진을 위해 국제사회와 공동으로 개발협력 프로그램들에 대한 모니터링과 평가작업을 실시한다.

위에서 제안한 '3단계 5개 우선분야'에 대한 개발협력을 요약 정리하면 다음과 같다. 첫째는 인도적 지원 단계부터 주체들 간의 신뢰 형성이 무엇보다 요구된다. 이를 위해 북한당국은 경제 개혁과 이행을 위한 정치적 의지를 보여주는 최소한의 조치들을 선제적으로 취해야 할 것이다. 예컨대, 취약 계층을 위한 긴급 구호 물품을 적절한 곳에 적절한 때 제공해야 할 것이며, 이행 과정에서 탈락이 예상되는 집단에 대한 사회정책을 수립해야 한다. 이와 함께 안정적 소득을 위해 개인의 경제생활 참여를 보장하는 소매 시장 참여를 활성화시키고, 기업의 자율성을 확대하는 등 시장경제 이행에 이르는 일련의 정책을 실천하면서 개발협력을 유인해야 할 것이다. 이와 같은 후생 기반 확대 조치들은 이후 경제 안정과 성장을 위한 초기 조건을 개선하는 출발점이라 할 수 있다. 북한당국의 의지 표명과 실천이 국제사회의 공감을 얻는다면, 국제사회는 일차적으로 북한의 국가 통계 역량 강화를 위한 기술지원 프로그램, 재정과 경제정책을 담당하게 될 경제 관료의 역량 강화를 위한 교육훈련 프로그램 등 공공부문을 위한 다양한 기술지원 프로그램을 제공할 것이며, 에너지, 수송, 도로, 농업 부문 개선 등을 위한 프로젝트형 개발지원을 개시할 것이다.

두 번째는 계획경제에서 시장 경제로 전환을 위한 환경 조성 단계라 할 수 있다. 이 단계에서는 시장 메커니즘의 강화를 위한 제반 개혁 조치들이 본격적으로 논의될 것이다. 이러한 거시적 구조 개혁과 함께 미시적으로는 직업 선택과 노동력 이동을 보장함으로써 노동 생산성을 증대하는 조치를 취할 수 있고, 해외직접투자를 적극 유치하되 자본 투입은 우선적으로 노동 집약 산업과 자원 개발 등 수출지향산업에 집중함으로써 선택과 집중에 의한 산업 기반 육성을 고려할 수 있다. 이 단계에 진입하면 비교적 높은 성장률을 기대할 수 있을 것이며, 시장 경제가 나름 정착하는 '제도적 발전' 단계로 진입할 수 있을 것이다. 이러한 국면에 도달하면 국제금융기구 가입의 조건 등을 주요 이슈로 한 국제금융기구와 개발협력기구들과의 정책대화가 본격적으로 이루어질 것으로 예상된다.

세 번째 단계에서는 일반주민을 위한 복지와 사회개발이 정책의 핵심이 되고 시장 경제 체제로 본격적으로 진입하는 시기라 할 수 있다. 이 단계에 이르면 북한 경제는 개발도상국 수준에 도달할 것으로 예측된다. 물론 여러 가지 도전 요인이 있으나, 다양한 외부 지원과 협력을 통해 지속가능한 경제 발전을 위한 최소한의 기반도 마련하게 될 것이다.

시기별·부문별 '3단계 5개 우선분야'에 대한 이행계획은 단계별 주요 과제와 대안을 제시하고 있으나 실제 집행 시에는 여러 가지 예상치 못한 장애 요인도 등장할 것이다. 그럼에도 개혁 프로그램의 퇴행과 번복을 피하는 것은 매우 중요하다. 또한 5개 부문의 이행이 순차적으로 혹은 같은 속도로 진행되어야 하는 것은 아니나, 이들 5개 부문이 상호 연계되면서 시너지 효과를 발휘할 수 있도록 구성되어야 할 것이다. 한편 남북한 특수성을 고려한 개발협력을 본격적으로 추진할 경우 남북한 경제의 한시적 분리 여부에 대한 주의 깊은 연구도 필요할 것이다.[22]

V. 결론: 북한개발협력의 전망과 과제

1. 개발협력 초기 정책대화

북한 핵 문제 해결 수준에 따라 남북관계 개선 및 북미, 북일 간 관계정상화 논의가 시작될 것이며, 국제금융기구법이나 해외원조법 등 미국의 국내법이 규정한 대북제재 완화와 해제 조치가 따를 것이다. 이와 함께 국제금융기구 이사회를 통해 북한의 국제금융기구 가입에 대한 논의가 시작될 것이며, 북한당국과 국제금융기구들 간의 정책대화가 개시될 것으로 예상된다. 그러나 북한 핵 문제 해결에 대한 이해당사자의 기대수준과 요구사항이 다를 수 있기 때문에 정책대화와 별개로 후속 협상도 계속될 것이다.

우선 가정해 볼 수 있는 북한당국과 '정책대화'의 주요 안건은 거시경제통계 공개, 사회경제실태조사, 지원 가능한 기술지원과 금융지원의 내용과 이행조건, 인적자원 양성과 재교육을 위한 기술지원 프로그램, 공공부문 개혁 실행 계획에 대한 협의 및 제출 등이 될 것으로 예상된다.

국제금융기구와 북한당국 간 정책대화는 단기적으로 경제회생 및 안정화 방안 수립에 초점을 맞추면서 중장기 경제구조 개혁 프로그램과 경제 개발 전략 수립을 위한 기술지원이 제공될 것이다. 특히 개발전략 수립 시 체제

---

22) 전홍택 편, "남북한 경제통합 시 북한경제의 한시적 분리 시나리오,"「남북한 경제통합 연구: 북한경제의 한시적 분리 운영방안」, 한국개발연구원 연구보고서 2012-10 (2013), pp.33-57에서는 주요 과제로 북한특구 설치; 화폐통합; 남북한 간 소득격차 완화; 북한주민의 남한으로 이주; 북한경제개발 특별행정구역 설치 등을 제시하고 있다.

전환으로 인해 확대될 사회 부문에 대한 정책 수요와 이에 대한 재원 마련
방안이 중요한 협의 사안이 될 것이며, 거시경제와 관련해서는 인플레이션
관리와 취약 계층 보호를 위한 사회 정책을 위해 재정 지출 계획이 필요할
것이다. 한편 제도 및 행정 역량 강화와 중장기 종합 경제개발전략 수립
(PRSP/TRM 형식)을 위한 정책대화 및 기술지원을 위한 협상이 시작될 것
이나, 이 과정에서 국방비 축소, 국영기업 구조조정 등 북한 핵심 부문에
대한 구조개혁을 요구할 경우 북한당국과 국제금융기구 간 갈등의 가능성도
있고 이는 정책대화의 최대 걸림돌이 될 수도 있을 것이다.

따라서 북한과 국제금융기구 간 정책대화의 내용과 수준은 북한의 '특수
성'을 반영하여 기존의 체제전환국, 분쟁 후 국가, 취약국가 등과 구별될 것
이며, 미국을 비롯한 주요 이해당사국의 정치적 합의에 따라 국제금융기구
와의 협상 범위와 협상력에 제약이 따를 것이다. 한편으로는 국제금융기구의
개혁 프로그램 요구와 별개로 북한의 수용능력 부족에 따른 개발협력 지연
이 예상되며, 따라서 초기 기술지원이 제공된다고 하더라도 최소 2~4년의
'정책대화' 및 '조정' 기간을 필요로 할 것이다. 이와 같은 초기 정책대화를
기초로 국제금융기구가 주도적으로 혹은 북한당국과 공동으로 작성하게 될
'북한 실태 조사보고서'는 다음과 같은 내용을 기본적으로 담게 될 것이다.

국제금융기구의 〈북한실태조사보고서〉 주요 내용 구성(예상 안)

1. 북한 정치 경제 상황에 대한 개괄
2. 회원가입에 필요한 주요 이슈
3. 최근 경제 상황
   - 지난 10년간 경제 추이 변화 및 분석
   - 최근 상황 및 단기 전망
4. 북한 경제정책 분석
   - 거시경제정책
   - 재정 및 금융부문 정책
   - 외부 금융 수요 및 대외 관계
   - 기술지원 수요

5. 북한정부 구조 및 정책결정 시스템
6. 스탭 평가(Staff Appraisal)
7. 자료 제출 예상되는 주요 거시경제 지표
   - GDP
   - 월별-연간 산업생산
   - 고용 및 실업률
   - 가격, 환율, 임금 추이
   - 경상수지
   - IMF Quota 예상액(SDR 기준)
8. 부속 내용
   - 북한 거시경제 정책에 대한 공식입장
   - IMF/World Bank와 관계
   - 회원가입에 따르는 동의 및 Quota 약정
   - 지원 성격 및 조건
      • 금융지원
      • 기술지원
      • 분쟁 후 복구 지원(필요시)

북한개발지원을 위한 최근 상황 분석 및 단기 전망(예상 안)

1. 경제제재로 인해 발생한 부정적 파급효과 분석
2. 단기 전망: 경제회생 방안 및 인플레이션 등 조절 기제
3. 재정 및 통화정책
   • 국가무상(복지)지원정책과 정부 수입/지출 구조에 대한 전면적 재검토
   • 경제안정화 조치: 필수재화 공급과 인플레이션 관리
   • 가격정책 전면 재검토: 국영시장과 종합(농민)시장, 암시장 프리미엄 10%
     이내 관리 방안
   • 국영기업 재무 구조 및 운영에 대한 구조 개혁 조치
   • 농업부문 구조개혁과 공공서비스 가격 부과 정책
     - 식량 유통 합법화 조치 및 가격 기반 농업 정책
     - 공공서비스 요금 부과제 도입 검토 및 재정 확대 방안

2. 소결: 전망과 과제

대외 환경 개선과 별개로 북한 내부의 경제구조의 경직성을 극복하고 생산력 증대가 뒷받침되지 않는 한, 소규모 유통 중심으로 확대되고 있는 비공식 시장화 정도로는 북한의 개발협력에 대한 수용능력이나 대외 경쟁력을 논의하는 자체가 시기상조일 수 있다. 여기에 더해 북한개발지원의 전제조건으로서 국제사회는 비핵화와 함께 개혁개방에 대한 북한당국의 정치적 의사 표명을 요구할 것이다. 문제는 설령 북한이 선언적으로 '개혁'을 천명하더라도 국제사회는 개발협력의 전제조건으로서 구체적인 이행 프로그램을 요구할 가능성이 높기 때문에 북한과 국제사회 간 지원의 속도와 폭에 대한 인식 차이가 발생할 수 있다.

따라서 국제사회는 정책대화 초기 북한당국에 대해 정치적 민주화나 거버넌스 개혁을 무리하게 요구하지 않고 인도적 지원과 이행 초기 사회부문에 대한 지원을 일차적 협의 대상으로 제한할 필요가 있을 것이다. 그럼에도 중국의 개혁·개방과 베트남의 도이모이를 목격한 국제사회의 기대 수준 상승으로 이에 버금가는 개혁정책 청사진을 요구할 경우, 국제사회와 북한당국 간 갈등은 어느 정도까지는 불가피할 것으로 예상된다. 특히 국제금융기구의 경우 기술지원과 금융지원을 이유로 북한당국에 중장기 경제개혁 프로그램을 제출할 것을 요구할 것이고, 특히 재정, 통화, 금융, 공공부문에 대한 신속하고 급격한 개혁 요구는 북한의 수용 범위를 넘어설 수도 있을 것이다.

따라서, 북한 경제개발을 위한 남북한 간, 그리고 국제사회의 협력은 국내외 정치 상황을 반영하며 진행과 후퇴를 반복할 가능성이 높고, 핵문제 해결과 북한의 획기적인 개혁 의지가 없는 한 단기간 내 의미있는 수준의 금융지원이 제공되기는 힘들 것이다. 특히 외부 모니터링에 대한 북한의 거부, 투명성과 책임성 부재, 개혁·개방에 대한 의지와 역량 부족 등은 북한개발지원과 국제협력의 장애 요인이라 할 수 있다.

그렇더라도 우리정부와 민간을 포함한 국제사회는 북한개발지원과 국제협력이 본격화될 경우를 대비하여 우선은 인도적 지원을 재개하면서 신뢰를 구축하는 한편, 기술지원을 비롯한 비교적 단기간 내 성과 창출이 가능한 농업 부문과 도로, 통신망 등 인프라 개선을 위한 개발협력 프로젝트를 실천하기 위한 정책대화를 재개할 필요가 있다. 특히, 초기 단계 기술지원은 지원주체들과의 관계 설정에서 중요한 출발점이 된다. 기술협력의 주요 부문은 일차적으로 북한의 재정 안정성과 공공지출에 대한 투명성을 증진시키는 것을 목표로 할 것으로 예상되며, 외부로부터 지원 특히 금융지원이 북한당국의 예산으로는 직접 투입되지 않더라도 국제사회는 대북 지원이 북한당국의 자구책과 어떤 상승효과를 가져오는지를 모니터링하고 평가하고자 할 것이다.

개발협력 공여자들 입장에서는 북한당국이 공표했거나 상호 협의한 개혁 프로그램의 내용과 방향에 대한 평가를 지속적인 개발 가능성을 가늠하는 지표로 활용할 것이다. 이 과정에서 북한당국과 국제사회는 경제 및 사회 부문의 주요 현안과 경제 정책의 방향에 대한 시각 차이도 노출할 것이다. 이런 점에서 북한 경제에 대한 상호 이해를 확대하기 위해 북한-국제금융개발기구-국제전문가가 공동으로 참여하는 합동정책대화를 조직하고, 이해의 폭을 확대시켜나가야 할 것이다.

본 장에서 제안했듯이 북한개발지원은 인도적 긴급 구호지원 국면 → 전환 국면 → 안정화 국면에 따라 부문별 집행 전략과 실행계획이 매트릭스로 구성되어야 할 것이며, 이를 토대로 개발협력의 주체, 내용, 방식이 신축적으로 결정되어야 할 것이다. 이에 더해 최근 국제개발협력의 두 가지 기본 원칙인 주인의식과 참여적 개발을 북한에도 적용하되, 개혁 정책에 저항할 가능성이 높은 기득권 세력에 대한 적절한 포용과 배제 전략을 정책 설계 시 염두에 두어야 할 것이다. 이와 함께 우리정부와 민간 역시 북한을 대상으로 한 북한개발협력은 남북관계, 북핵문제, 북한과 국제사회의 협력 수준에 따라 그 형식과 내용이 달라질 것이므로, 이와 같은 대내외 정책 환경을 면밀히 추적하면서 분석하는 한편 대북 개발협력이 현실화될 때를 대비하여 국제개발협력 분야에 대한 경험과 역량을 지속적으로 축적해 나가야 할 것이다.

▌참고문헌

박형중. 『북한의 개혁·개방과 체제변화』. 해남, 2004.

_____. "북한에서 권력과 재부의 분배구조와 동태성: 1990년대 이래 분권화된 약탈." 『통일문제연구』 제21권 1호. 2009.

박형중 외. 『북한 부패 실태와 반부패 전략: 국제협력의 모색』. 서울: 통일연구원, 2012.

양문수. "소유제 변화 없는 시장화 정책: 계획과 시장의 관계." 『북한 체제전환의 전개과정과 발전조건』. 서울: 한울아카데미, 2008.

_____. "체제전환기의 경제정책과 성과." 『사회주의 체제전환에 대한 비교연구』. 서울: 한울아카데미, 2008.

이관세. "경제위기 관리 리더십과 현지지도-특성과 한계." 『현지지도를 통해 본 김정일의 리더십』. 서울: 전략과 문학, 2009.

이무철. "조정기제의 변화와 국가의 역할." 『사회주의 체제전환에 대한 비교연구』. 서울: 한울아카데미, 2008.

이상준 외. 『북한의 인프라 개발을 위한 국제사회 협력 프로그램 추진방안』. 서울: 통일연구원, 2012.

이종무·김태균·송정호. 『북한의 역량발전을 위한 국제협력 방안』. 서울: 통일연구원, 2012.

임강택 외. 『북한 경제발전을 위한 국제협력 프로그램 실행방안』. 서울: 통일연구원, 2012.

임수호. 『계획과 시장이 공존』. 서울: 삼성경제연구소, 2008.

임을출·최창용. "북한개발지원 방향과 전략: 기술지원과 PRSP의 연계." 『통일정책연구』 14(2). 2005.

_____. "경제개혁과 이행조건 그리고 공공 거버넌스: 북한 적용 가능성, 함의 및 과제." 『통일정책연구』 16(1). 2007.

장형수·김석진·임을출. 『북한 경제발전을 위한 국제협력체계 구축 및 개발지원전략 수립 방안』. 서울: 통일연구원, 2012년 12월.

장형수·박영곤.『국제협력체 설립을 통한 북한개발 지원방안』. 서울: 대외경제정책
연구원, 2000.

장형수·송정호·임을출. 『다자간 개발기구의 체계 및 활동』. 서울: 통일연구원,
2008.

장형수·이창재·박영곤.『통일대비 국제협력과제: 국제금융기구 활용방안을 중심으
로』. 서울: 대외경제정책연구원, 1998.

전홍택 편. "남북한 경제통합 시 북한경제의 한시적 분리 시나리오." 33-57,「남북한
경제통합 연구: 북한경제의 한시적 분리 운영방안」, 한국개발연구원 연구보
고서 2012-10, 2013.

정세진.『'계획'에서 시장으로: 북한체제변동의 정치경제』. 서울: 한울아카데미, 2000.

정영철.『북한의 개혁·개방』. 서울: 선인, 2004.

조한범 외.『정치·사회·경제 분야 통일 비용·편익 연구』. 서울: 통일연구원, 2013.

최봉대. "1990년대 말 이후 북한 비공식경제 활성화의 이행론적 함의."『북한 체제전
환의 전개과정과 발전조건』. 서울: 한울아카데미, 2008.

_____. "북한 도시 사적 부문의 사장화와 도시가구의 경제적 계층분화."『북한 도시
주민의 사적영역 연구』. 서울: 한울아카데미, 2008.

최완규·노귀남. "북한 주민의 사적 욕망."『북한 도시주민의 사적영역 연구』. 서울:
한울아카데미, 2008.

최창용. "2000년 이후 북한 '경제관계 일군' 분석."『KDI북한경제리뷰』2012년 12월호.

한기범.「북한 정책결정자의 조직행태와 관료정치: 경제개혁 확대 및 후퇴를 중심으
로(2000-09)」. 경남대학교 대학원 박사학위논문. 2009.

Berg, Elliot J. "Aid and failed reforms: the case of public sector management."
Foreign Aid and Development, Edited by Finn Tarp, Routledge, 2000.

Choi, Changyong. "Everyday Politics in North Korea." *Journal of Asian Studies*,
Vol.72, No.3. August 2013.

Choi, Changyong, & Jesse Lecy. "A Semantic Network Analysis of Changes in
North Korea's Economic Policy." *Governance: An International Journal
of Policy, Administration, and Institutions*, Vol.25, No.4. October 2012.

Feeny, Simon, and Ashton De Silve. "Measuring Absorptive Capacity to Foreign
Aid." *Economic Modeling*, Vol.29, No.3. pp.725-733.

Graham, Carol. "Strengthening Institutional Capacity in Poor Countries: Shoring

UP Institutions, Reducing Global Poverty." Brookings Policy Brief Series # 97 of 186. 2002.

Hansen, Henrik, and Finn Tarp. "Aid effectiveness disputed." *Foreign Aid and Development.* Edited by Finn Tarp, Routledge, 2000.

Ministry of Foreign Affairs. *Financing and Providing Global Public Goods: Expectations and Prospects.* Sweden, 2001.

Moreno, Magul et al. *Fragile States: Defining difficult environment for poverty reduction.* PRDE Working Paper 1. Aug. 2004.

_____. *Fragile States: Defining difficult environment for poverty reduction.* PRDE Working Paper 1, Aug. 2004.

Office of Development Studfies, UNDP. *Global Public Goods; International Cooperation in the 21st Century.* UNDP, 1999.

Tisdell, Clem. "Economic Reform and Openness in China: China's Development Policies in the Last 30 Years." *Economic Analysis & Policy*, Vol.39, No.2. 2009.

Todorova, Gergana, and Boris Durisin. "Absorptive Capacity: Valuing a Reconceptualization." *The Academy of Management Review*, Vol.32, No.3. 2007.

UNEP. Enhancing Capacity Building for Integrated Policy Design and Implementation for Sustainable Development, 2005, UNEP, Geneva.

제8장

북한개발지원을 위한
금융협력 과제와 한국의 역할

맹준호
국무조정실

북한개발지원을 위한 금융협력 과제와 한국의 역할

I. 서론

북한이 본격적인 경제개발을 추진하기 위해서는 중장기적 관점에서 개발 전략을 수립할 필요가 있다. 북한이 어떤 개발전략을 선택하느냐에 따라 외자유치의 속도나 규모가 달라질 수 있기 때문이다. 개혁·개방의 범위와 속도, 외자유입의 속도 및 규모 간의 연관성을 검토하는 데 있어서 체제전환국가들의 경험이 많은 시사점을 줄 수 있다. 이들 경험이 시사하는 바는 외자의 도입이 이행과 개발에 필수적인 요소이지만 외자조달의 방법 및 규모 등에서 각 국가의 경험에는 차이가 있다는 점이다.

본 장에서는 북한의 경제개발을 위한 금융협력 방안을 모색하기 위해서 동유럽, 중국, 베트남의 체제전환 경험과 경제개발 자금조달 사례를 비교·분석하여 시사점을 얻고자 한다. 특히, 체제전환 유형과 외자도입 방법과의 연관성을 분석하고, 이를 바탕으로 향후 북한이 직면할 개발전략의 선택과 이에 따른 금융협력 방안을 검토할 것이다. 또한 한국의 입장에서 북한-국제금융기구 간 협력 증진을 위하여 정부나 민간에서 해야 할 역할이 무엇인지를 제안하고자 한다.

II. 체제전환국 사례 비교

1. 동유럽 국가

1) 동유럽국가의 체제전환 과정

동유럽 국가들은 지리적으로 독일과 러시아 사이에 위치하여 중유럽으로 불리기도 하는데 모두 10개국으로 구성되어 있다. 여기서는 동유럽 국가들 중에서 상대적으로 발전된 국가들로 평가되는 폴란드, 체코슬로바키아, 헝가리 등 소위 비세그라드(Visegrad) 지역 국가에 국한하여 논의하고자 한다. 동유럽 국가들은 남미 국가들과 같이 역사적으로 외채문제가 중요한 경제현안으로 부각되어왔다. 2차 세계대전 이후 동유럽 각국에 공산정권이 들어서면서 일시적으로 경제성장이 이루어졌으나 1960년대 들어서 경제는 침체되기 시작하였다. 체제유지를 위하여 성장을 지속할 필요가 있었던 동유럽 공산국가들은 1970년대 서방의 오일달러 누적으로 대출자금이 풍부해지자 이를 이용하여 차관을 공여받았다.

그러나 폴란드와 헝가리 등의 부분적인 경제개혁 노력은 차관의 원리금을 상환하기에 필요한 성장을 끌어내는 데 실패하였고, 외채는 눈덩이처럼 불어났다. 1980년대 초 남미의 외채위기와 거의 동시에 폴란드를 비롯한 동구 국가들은 외채상환 불능을 선언하기에 이르렀다. 1980년대 말 시작된 구소련의 몰락과 코메콘체제의 해체로 동구 국가들은 기존의 수출시장도 상실하게 되어 외채상환과 경제개발을 위한 자금을 마련하는 데 더욱 어려움을 겪게 되었다. 체제전환 비용 조달이 절실한 상황에서 동유럽 국가들의 가장 시급한 과제는 과거 단절된 서방과의 관계를 회복하여 외자도입을 적극 추진하는 것이었다. 구공산정권이 차례로 붕괴되면서 동유럽 국가들은 IMF, IBRD 등의 국제금융기구에 가입하였고, 특히 IMF가 자금공여 조건으로 요구하는 급진적 개혁프로그램을 수용하였다. 충격요법(shock therapy) 혹은 big bang으로 불리었던 급진적 개혁프로그램은 가격과 교역 등의 급속한 개방, 거시 안정화, 그리고 대규모 민영화 등 세 가지 요소로 구성되었다.

2) 성과

구유고연방 국가들을 포함한 동유럽 10개국이 1988년부터 1997년까지 IMF로부터 지원받은 액수는 약 66억2천만 SDR(약 89억 달러)에 달한다. 개별국가로는 폴란드, 헝가리 등이 가장 많은 IMF 융자를 지원받았다. 이처럼 IMF는 동유럽 국가들에 대한 상당한 규모의 자금지원과 함께 시장경제 체제로의 신속한 전환과 경제개혁을 위한 정책 권고를 수행하여 왔다. 세계은행 그룹의 IBRD차관도 동유럽 국가들의 경제개발을 위한 비용조달에 중요한 역할을 담당하였다. 1998년 동유럽 국가들이 도입한 IBRD차관은 총 82억3천만 달러로 개도국 전체 IBRD차관액의 7.1%를 점하였다. 국별로는 개혁 선도국 가운데 비교적 경제규모가 큰 폴란드와 헝가리가 가장 많은 차관을 도입하였다.

동유럽 국가들의 외자유입 형태 중 국제민간자금은 주로 FDI에 의해 이루어졌다. 동유럽지역에 대한 민간자본 투자의 주요 동인은 무엇보다도 이 지역의 경제·지리적 입지와 지역경제권의 통합전망이라고 할 수 있다. 동유럽은 지리적으로 유럽의 동서와 남북을 연결하는 요충지였고, 또 인접한 러시아 및 여타 CIS지역 국가들과도 밀접히 연결되어 있다. 동유럽에 대한 외국인투자의 또 다른 유인요소는 국유기업의 민영화를 들 수 있다. 국제금융기구의 권장 하에 체제전환정책의 일환으로 추진되고 있는 대대적인 민영화가 외국인투자자에게 투자 기회를 제공하고 있는 것이다. 시기적으로 동유럽 국가들에 대한 FDI는 1980년대 말 이들 국가의 체제전환이 본격화되면서 급성장하기 시작하였으며, 특히 1992년 이후 민영화가 본격화되면서 외국자본이 대거 유입되기 시작하였다. 동유럽의 최대 FDI 유치국인 폴란드는 1990년 이후 1999년까지 약 300억 달러의 FDI 자금을 유치하였고, 헝가리가 190억 달러, 체코가 162억 달러로 그 뒤를 잇고 있다. 이처럼 동유럽 국가들에 대한 외국인투자는 폴란드, 헝가리, 체코 등 개혁 선도국에 집중되는 현상을 보이고 있다.

2. 중국

1) 중국의 체제전환 과정

중국의 개혁·개방 모델은 지방경제의 자급적 구조에 기반을 둔 신속한 시장화와 국유기업체의 점진적 개혁, 홍콩과 대만을 적극 활용한 대외개방으로 요약할 수 있다. 특히 경제특구에서의 성공적인 외자 및 기술유치 성과는 연안지방의 대외개방을 촉진시키는 결과를 가져왔다. 중국은 1970년대 말 미미한 투자환경 및 체제문제 등으로 인해 외자유치 전망이 불투명하였다. 그러나 해외의 잠재적 투자자들로 홍콩 및 대만의 경제인과 해외 화교자본가들이 있었으며, 이들은 중국의 낙후된 경제구조와 인프라, 경직된 사회주의체제에 대해 회의적인 전망을 가지고 있었다. 이에 따라 중국정부는 이들의 자본을 유치하기 위해 투자환경과 수출에 유리한 입지 제공을 위해 경제특구의 건설이 필요하다는 판단을 내리게 되었다.

중국정부가 1979년에 추진하기 시작한 경제특구 건설정책은 홍콩·대만 및 해외 화교자본과 기술의 유입을 가져왔으며, 이는 곧 중국 경제발전을 성공적으로 견인하는 주원동력이 되었다. 1993년과 1994년 홍콩 및 대만으로부터의 투자가 중국 전체 외자도입액에서 차지하는 비중의 각각 74%, 68%에 달하였으며, 이후 50%대를 유지하고 있다. 또, 막강한 화교 경제력도 중국의 자본 및 기술도입, 해외시장 개척의 원동력이 되고 있다. 2000년 현재 화교는 세계 136개국에 2,500만 명 이상이 거주하는 것으로 추산되며, 화교출신지는 광동성 67%, 복건성 23% 등 두 성이 전체의 90%를 차지하고 있다. 이들은 혈연, 지연, 방언, 직업 등의 공통점을 이용하여 동향회, 상조회, 조합, 종친회 등 수많은 네트워크를 조직하고, 정보수집 및 교류, 자금협력, 거래알선 등 경제활동에 상부상조하면서 대만과 중국의 해외시장 개척을 지원하고 있다.

2) 성과

중국정부가 세계은행 등 국제금융기구로부터 도입한 다자간 국제공적자금은 1979~1998년간 약 243억7천만 달러로 전체 외자도입 규모의 6%에 지나지 않는다. 각 연도별 비중을 살펴보면 1979~1978 2년 기간에는 11.5%를 점하여 개방 초기에 상대적으로 중요한 자금원이었다. 그러나 1983년 3.7%로 급격히 감소하였고 이후 완만한 상승세를 보여 1986년 18.5%의 비중을 나타내었는데, 이는 중국의 1979년 개혁·개방 이후 지금까지 최고치를 기록하였다. 다자간 공적 차관은 이후 다시 감소하기 시작하여 1998년에는 전체 외자도입액의 5.1%에 불과하였다. 그런데 여기서 지적하고 싶은 것은 중국이 개혁·개방 초기 국제금융기구에 가입하고 금융 및 비금융 지원을 받았으나 IMF가 공여하는 프로그램차관과 이에 따르는 급진적 구조조정 프로그램은 도입하지 않았다는 점이다. 다자간 국제공적차관을 공급주체별로 살펴보면 세계은행그룹의 IBRD차관은 1979~1998년 기간 동안 총 94억2,200만 달러, IDA차관은 84억 달러에 달하였다. IBRD차관은 주로 운송 및 에너지 부문에 투자되었고, IDA차관은 농업분야에 절반 이상인 54%가 투자되었으며, 다음으로 교육·보건, 상하수도 정비 등에 투입되었다. ADB는 중국이 1983년 3월 가입한 이후 1988년 원조를 개시하여 1998년까지 총 38억4,000만 달러를 지원하였는데, 이 중 운송 및 통신부문에 전체의 46.1%, 에너지부문에 19.2%, 그리고 사회설비 및 금융부문에 13.2%가 투자되었다.

UNDP가 중국에 제공한 금액은 1979~1998년까지 5억970만 달러로 국제금융기관 차관총액의 2%에 불과하였다. UNDP차관 공여가 금액 면에서 세계은행보다 적지만 UNDP는 중국의 개혁·개방 초기 가장 먼저 기술훈련 및 경영기법연수 등의 분야에서 대중국 프로젝트를 실시하여 왔다. 한편, 1979년부터 1998년까지 20년에 걸쳐 중국이 유치한 FDI는 실행금액 기준으로 2,648억 달러에 달한다. 이 기간 중국이 도입한 총 외자 대비 다자간 공공차관이 6%인 데 비해 FDI는 무려 65%를 점하고 있다. 이처럼 중국의 외자도입의 가장 큰 특징은 FDI의 비중이 상당히 높다는 것이다. 중국 FDI 실적을 계약금액 기준으로 크게 3단계로 구분해볼 수 있다. 1단계는 1978년 개혁개방이 시작된 후 FDI 유입이 본격화되기 전인 1989년까지이다. 2단계는 1990년 이후 중국정부가 대중 투자유치를 촉진한 결과 FDI 유입이 본격화되기 시작하여 총외자 유입의 중심이 차관으로부터 FDI로 전환되었던 시기를 포함하는 1994년까지이다. 2단계는 중국에서 외국인투자 붐이 최고조에 이르렀던 시기이다. 중국 전체 외자도입액 중에서 FDI가 차지하는 비율이 1992년 57.3%에서 1993년에는 70.6%로 증가하였고, 1993년에는 계약기준으로 연간 FDI 유입금액이 1천억 달러를 초과함으로써 FDI가 중국의 최대 외자도입원으로 부상하였다. 3단계는 외자기업관리법의 제정으로 FDI의 규제가 강화되고 우대정책이 완화된 결과 FDI(계약금액 기준)가 감소하기 시작하는 1994년 이후부터 최근까지이다.

3. 베트남

1) 베트남의 체제전환 과정

베트남은 남북통일 이후 공업화노선을 택하여 경제발전을 추진하였다. 그러나 경제적 비효율이 누적됨에 따라 1980~1982년 경제적 인센티브를 도입하기 위해 신경제정책(NEP: New Economic Policy)과 같은 부분적 자유화조치를 실시하였다. 그러나 국가에 의한 계획경제체제가 유지되는 가운데 도입된 부분적인 자유화조치는 오히려 거시경제적 불안정을 유발하였고 결국 1983년 본래의 보수적인 계획경제노선으로 되돌아갔다. 베트남은 1986년 12월 개최된 당 대회에서 경제의 자유화 및 개방을 표방한 소위 도이모이(Doi Moi: 쇄신) 노선을 채택하고 분권화를 통한 시장메커니즘의 도입 등 전면적인 경제개혁을 단행하였다. 이에 따라 1987년부터 1989년까지 전면적인 가격자유화 조치를 취하였는데, 정부 통제 하에 있는 전력, 수도, 교통, 통신, 철강, 시멘트 등 품목 이외는 모두 자유화하였다.

이와 같은 급진적 가격자유화 조치는 중국이 1978년 개혁·개방을 시작한 이후 1990년대 초까지 점진적으로 가격을 자유화한 것과는 대조적이다. 이러한 개혁이 불가피했던 배경으로 1980년대 초 시도되었던 신경제정책의 후유증과 구소련으로부터의 원조삭감으로 거시경제의 불안정성이 심화되었다는 점이 지적되고 있다.

베트남이 개혁 초기에 급진적인 개혁방식을 선택한 것은 재정의 주요 보전수단이었던 구소련의 원조중단으로 국제금융기구 및 서방선진국의 자금지원을 기대할 수밖에 없는 상황이었기 때문이다. 1989년부터 1992년까지 개혁조치는 거시경제 안정화에 크게 기여하였고 생산증가 등 긍정적인 성과를 가져왔다. 거시경제 안정화를 이룩하기 위해 베트남정부는 국영기업에 대한 보조금을 삭감하고 재정과 금융의 분리 등 제도개혁을 단행하여 대내적으로 자본축적 구조를 개혁하였다. 그러나 베트남정부는 개혁 초기 가격자유화와 경제안정화에는 큰 성과를 거두었음에도 불구하고 FDI를 포함한 대규모 해외자금이 유입되기 시작한 1990년대 초반부터 점차 개혁의 속도를 늦추어 점진적이고 단계적인 이행전략을 추진하였다. 민영화정책에 있어서 베트남은 동유럽에서 시도된 대규모 사유화(mass privatization) 또는 사유화증서(voucher) 매각 방식과 같은 급진적 민영화를 추진하기보다 소유와 경영의 분리, 보조금 철폐 및 국영기업 정리 등 국유부문의 체질강화를 목표로 하여 점진적인 개혁을 추진해 왔다.

이러한 점에서 베트남의 체제전환은 동유럽의 빅뱅모델이나 중국이 추진한 점진주의적 방식과는 다소 차이가 있다. 전통적인 개도국의 개발과정을 답습하고 있는 베트남의 개혁·개방은 IMF의 급진적 거시안정화 정책과 구조조정 프로그램을 수용하여 서방의 외자를 적극 유치하였으나 민영화과정은 매우 천천히 추진하여 동유럽의 급진적 개혁모델(big bang)에 비하여 부분적인 급진개혁모델(small bang)로 불리기도 한다. 그러나 기본적으로는 베트남의 개혁노선은 급격한 정치개혁 없이 경제개혁을 추진하고 있는 중국의 점진주의적 개혁노선에 가깝다고 할 수 있다. 농업인구가 70% 이상에 달하는 전형적인 농업기반경제에서 제반 개혁조치는 가급적 경제적 혼란을 피하면서 점진적으로 추진되었다. 다만 대외의존도가 높았던 소규모 이행경제인 베트남은 개혁 초기 구소련의 원조 중단으로 국제금융기구 등 외부지원에 의존할 수밖에 없었기 때문에 내부자본 및 화교자본의 동원이 가능했던 중국보다는 급진적 개혁노선을 선택한 것으로 평가된다.

2) 성과

베트남은 개혁·개방노선을 채택한 초기부터 경제개발을 위한 자본이 절대적으로 부족하였다. 따라서 중국식의 점진적·내향적 개발전략보다는 IMF와 세계은행 등 국제금융기구와 서방의 자금지원에 의존할 수밖에 없었기 때문에 이들 기관이 요구하는 엄격한 지원조건을 준수하는 등 대외개방을 가속화하였다. 베트남은 1987년 12월 외국인투자법을 제정하는 등 외국인 직접투자를 유치하기 위해 각종 투자유인정책과 제도적 환경의 개선에 주력하였다. 베트남에 경제성장의 동력으로서 외자가 본격적으로 유입되기 시작한 것은 1989년 이후부터다. 베트남의 캄보디아 철수를 계기로 아시아 주변국과 주요 서방국가들과의 관계개선을 도모함으로써 국제금융기관과 서방의 양허성 원조가 확대되기 시작하였다.

1980년 후반 IMF는 재정과 경제 관리에 있어서 기술원조(technical assistance)와 함께 정책조언을 제공하였고, 중앙은행제도와 관련 통화정책, 조세개혁과 예산관리 등 재정제도, 거시경제 통계작성 등에 도움을 주었다. 베트남의 외자도입은 미국의 클린턴 행정부가 1993년 7월 국제금융기관의 대(對)베트남 융자재개를 허용함으로써 본격화되었다. 세계은행 주도로 원조자문그룹(Consultative Group) 회의가 개최되기 시작하여 베트남 경제의 구조조정이 박차를 가하게 되었고, 종합적이고 체계적인 개발재원이 마련되었다. IMF 자금지원이 시작된 것은 1993년이며, 이 해에 1차로 IMF 스탠바이 협정을 통해 1억9천만 달러를 지원받았다. 이어서 1994년 거시경제안정 및 구조조정 프로그램 실시를 위해 확대구조조정융자(ESAF)로 4억8,400만 달러가 지원되었다. 이후 외자도입액은 급증하기 시작하여 1993년 3억 달러에 불과하였던 원조액이 1998년에는 12억 달러로 증가하여 국제적 지원이 지속적으로 증가하였음을 보여준다.

한편, 베트남은 국제민간자본 유치에도 많은 노력을 기울였다. 외국인 직접투자(FDI)의 경우 개방 초기에는 총 투자건수나 금액 면에서 상대적으로 소규모에 불과하였으나 1990년 6월 외국인 투자법이 개정된 이후 1991년부터 급속히 증가하기 시작하였다. 1991년 1억6천만 달러에서 1993년 9억2천만 달러, 1995년 22억4천만 달러로 증가하여 외국인투자가 대규모로 유입되었다.

4. 체제전환 경험의 비교

체제전환국가들의 초기 조건에 따라 개혁의 추진방식과 속도, 개혁의 성과 등에서 상당한 차이를 보인 것은 사실이지만, 개혁과정 자체의 복잡성과 각 국가들이 처한 개혁 초기의 특수상황 등을 감안하면 그 연관성을 명료하게 설명하기는 쉬운 작업이 아니다. 구소련 및 동구 국가들의 경우 급진적인 체제이행모델로 충격요법(shock therapy) 혹은 Big Bang 전략을 채택하였다.

이 전략은 구사회주의 혹은 국가사회주의(state socialism) 경제의 실패원인을 계획의 실패에서 찾고 그 대안으로서 가능한 한 빠른 시일 내에 시장을 도입하는 것을 골자로 하였다. 그것은 무엇보다도 단기간에 시장의 가격을 통한 자원배분 기능을 회복하자는 것이다. 이를 위해 급진적인 가격 및 교역의 자유화를 시행하였고, 이에 따른 인플레이션 문제를 해결하기 위해 강력한 통화 및 재정긴축정책이 광범위하게 실시되었다. 그리고 시장경제로의 이행을 완성하기 위해 국유기업의 사유화도 가급적 단기간에 추진하려고 하였다. 그러나 급속한 가격자유화와 안정화정책, 그리고 국유기업의 대규모 사유화를 주된 내용으로 하는 구소련 및 동유럽 국가들의 체제이행 전략은 기대와는 달리 많은 문제점을 발생시켰다. 시장경제체제로의 전환은 예상처럼 순조롭게 이루어지지 않았으며, 특히 국유기업의 사유화 혹은 민영화는 처음 개혁 프로그램에서 예정되었던 스케줄에 따라 이루어지지 못하였고 장기적인 과제로 남게 되었다.

현재 러시아에서 볼 수 있듯이 에너지 등 일부 부문은 오히려 국유기업으로 환원하는 행태를 보이고 있다. 기업보조금 지급의 축소 및 철폐, 연금 지급의 재조정, 공공부문 근로자의 정리해고 등 급속한 국가 재정지출 삭감의 결과, 산출·고용·생활수준 등이 급속하게 악화되었으며 영아사망률의 증가 등 비경제적인 비용도 크게 발생하였다. 이행경제의 이러한 문제점들은 이행전략에 관한 많은 논의를 촉발시켰으며, 특히 체제전환 과정에서 필수적으로 발생하는 이행비용의 적정한 규모, 사회 각 계층의 공정한 비용분담의 문제 등을 야기시켰다. 반면, 구소련 및 동유럽의 체제이행과는 달리 국가의 통제와 상대적으로 점진적인 이행전략을 채택한 중국 및 베트남의 경험은 체제전환 과정에서 나타나는 부정적인 요소들이 보다 잘 관리되었고 경제적 성과 역시 보다 나은 것으로 평가되고 있다.

대표적인 급진적 개혁론자인 Sachs(1994)는 충격요법(shock therapy)과 점진주의(gradualism) 모델의 성과를 비교·평가하면서 중국의 체제이행의 상대적 성공을 사회주의 국가들의 개혁 초기 산업발전 정도에 따른 체제전환 비용의 차이로 설명하였다. 농업부문이 큰 비중을 차지하는 중국의 경우 농업부문의 개혁으로 생산자원 특히 유휴 농업인구가 값싼 임금으로 제조업부문으로 공급될 수 있었으나, 이미 상당한 수준의 공업화가 진전된 동구의 경우에는 중공업을 포함한 국유부문에서 상대적으로 기술 및 교육 수준이 높은 근로자들이 자신들의 기득권에 대한 개혁요구에 격렬히 저항하였다. 이러한 점은 구소련 및 동구의 사유화과정이 지지부진하게 된 가장 큰 요인으로 지적된다.

III. 북한의 개발전략 선택과 금융협력

북한은 남한을 비롯한 외부의 지원과 7·1경제관리개선조치 등 부분적인 개혁조치로 1990년대 중반에 발생한 경제위기를 어느 정도 극복한 것으로 보인다. 그러나 외부의 지원 및 부분적인 개혁으로 본격적인 성장을 도모하기는 어려울 것이다. 북한은 이제 장기적이고 지속적인 경제발전을 이룩하기 위해서 보다 적극적인 전략적 접근이 필요한 시점이라고 생각된다. 본격적인 경제발전을 추진하기 위해서는 중장기적 관점에서 개발전략을 수립할 필요가 있다. 이에 따라 최근 북한의 개발전략에 대한 논의가 활발히 진행되고 있다. 북한이 어떤 개발전략을 선택하느냐에 따라 외자유치의 속도나 규모도 달라질 수 있다. 만약 북한이 과감한 '개혁·개방을 통한 개발전략'을 채택한다면 국제사회는 지원을 아끼지 않을 것이다.

반면에 북한이 현재와 같이 소극적인 부분적 개방을 통한 개발전략을 선택한다면 비록 핵문제가 타결되어 국제금융기구에 가입하게 되더라도 외자조달은 기대하는 만큼 이루어지지 않을 것이다. 이처럼 개혁·개방의 범위와 속도에 부응하는 외자유입의 속도 및 규모를 검토하는 데 있어서 체제전환국가들의 경험이 많은 시사점을 줄 수 있다. 앞 절에서 검토한 바와 같이 이들 경험이 시사하는 바는 외자의 도입이 이행과 개발에 필수적인 요소이지만 외자조달의 방법 및 규모 등에서 각 국가의 경험에는 차이가 있다는 점이다.

1. 동유럽의 경험과 북한

체제전환국가들의 경험을 통하여 북한의 개발전략 선택과 개발자금 조달이라는 문제, 특히 국제금융기구와의 관계에서 어떤 시사점을 얻을 수 있을까? 먼저 동구형의 급진적 개혁·개방과 국제금융기구 가입 및 국제공적자본 도입의 필요성을 강조하는 논의를 살펴보자.

조명철 외(2000)는 체제전환국가들의 경제개발비용 조달 사례를 상세히 분석하고 북한의 경제발전에 필요한 자금조달을 위한 시사점을 도출하고자 하였다. 먼저, 북한의 산업구조와 대외 의존도는 동구 국가들의 그것과 유사하기 때문에 재원조달방식도 경제특구 창설을 통한 국제민간자본 유치정책

보다 국제공적자금을 지원받는 방식으로 전환해야 한다는 것이다. 즉, 북한의 개혁·개방은 그 속도가 보다 급진적일 때 국제개발자금이 보다 신속하게 대규모로 유입될 수 있고, 이는 제도적 환경개선으로 이어져 국제민간자본을 유인하는 효과를 가져 온다는 것이다. 둘째로, 북한은 자국의 경제특성과 대외 환경 등을 고려하여 자금을 지원해 줄 수 있는 대상의 지원규모와 요구사항 등에서 개혁 초기에 가장 유리한 자금조달 방식을 선택해야 한다고 지적하고 있다. 이러한 점에서 중국의 경제특구에서는 화교자본이 결정적인 역할을 하였지만 북한의 경제특구에는 그러한 대규모 한민족 자본이 존재하지 않으므로, 북한은 국제금융기구가 제시하는 경제사회 전반에 대한 구조개혁 프로그램, 즉 동구형의 급진적 개혁모델을 수용하여 국제공적 자금을 지원받는 것이 개혁 초기에 필요하다는 것이다.

장형수(2000; 2007)는 남한 단독으로 북한 개발자금을 지원하는 데는 한계가 있으며, 가장 바람직한 방안은 국제사회의 공적자금, 특히 저리의 양허성 자금을 지원받는 것임을 강조하였다. 국제 공적자금의 조달에는 국제협력이 필수적이며 이를 위해서는 무엇보다도 북한이 국제금융기구에 가입하여야 한다. 따라서 현재의 국제금융질서 하에서는 북한이 국제금융기구에 가입하고 국제적 신인도를 확보하지 않으면 북한개발에 필요한 대규모 국제민간자본을 유치하기가 불가능하다는 것이다.

윤덕룡(2005)은 동유럽, 중국, 그리고 북한의 산업구조 및 정치환경 등을 비교하면서 북한은 산업구조가 동국 국가들과 유사한 형태이고, 또 1990년대 경제위기를 겪으면서 중국처럼 국내저축을 통한 자본축적이 불가능한 상황이므로 북한 외자도입의 필요성과 국제금융기구의 지원을 받기 위한 방안을 검토하였다. 또, 전통적인 경제개발계획보다 최근 국제사회의 표준적인 개발전략으로서 민간부문의 참여와 사회부문개발 투자가 강조되고 있는 '빈곤감소전략(PRS: Poverty Reduction Strategy)'이 국제금융기구에 가입하려는 북한에도 유효한 전략이 될 수 있다는 주장도 있다. 이러한 논의들은 북한이 개발전략 선택에 있어서 반드시 급진적 개혁·개방으로 나가야 한다고 주장하고 있지는 않지만, 국제금융기구에의 가입과 외자조달을 통한 개발을 강조하고 있다는 점에 공통점이 있다. 그러나 동유럽 국가들의 체제전환 경험을 북한의 개발전략으로 채택하기에는 무리가 있다고 보아진다.

그 이유로는 첫째, 동유럽과 북한의 산업구조가 유사하다는 주장에 관하여 북한의 경우에는 1990년대 중반의 경제위기를 겪으면서 공적 부문은 사실상 붕괴되었기 때문에 북한의 산업구조가 폴란드나 체코 등 동구 국가들의 그것과 유사하다는 주장은 무리가 있다. 북한은 경제위기를 거치면서 농업부문의 비중이 매우 커졌을 뿐만 아니라, 동구의 경험에서 보는 것처럼 공적 부문의 기득권이 중앙정부의 개혁·개방정책에 반대할 만큼 강한 저항력을 가지고 있지는 않을 것이다. 둘째, 폴란드나 헝가리 등 동유럽국들은 2차 세계대전 이후 공업화의 진전 및 성숙한 시민사회를 배경으로 소련이 억지로 강요한 공산주의체제 및 국가주의에 저항해 왔으며, 이는 자유시장 경제체제로 가기 위해서는 어떠한 희생도 치르겠다는 국민적 컨센서스가 형성 가능하게 하였으며, 이러한 국민적 합의하에 1980년대 말 IMF 등이 제시한 급진적 체제전환 프로그램도 수용이 가능하였던 것이다. 동구의 이러한 정치사회적 배경을 고려하면, 성숙한 시민사회의 부재와 함께 개혁·개방을 주저하고 있는 북한이 정치적으로 리스크가 큰 급진적 개혁을 채택하기에는 무리가 있음을 알 수 있다.

2. 중국·베트남의 경험과 북한

한편, 국내에서 진행되고 있는 북한의 개발전략에 관한 논의들은 구소련 및 동유럽이 추진한 급진적인 충격요법보다 중국·베트남의 점진적 접근에 의한 이행전략을 보다 강조하고 있는 것으로 보인다. 즉, 이행과 개발이라는 이중의 과제를 추진하여 온 중국과 베트남의 성공적인 개혁·개방 경험은 동일한 과제를 안고 있는 북한에 체제전환모델로서 많은 시사점을 줄 수 있다는 것이다. 또, 북한의 개발 및 이행과정에서 국가의 역할의 중요성을 강조하거나, 과거 한국의 경제개발 5개년계획 등 전통적인 개발모델이 도움이 될 것이라는 견해도 제시되었다.

　여기에서 우리는 북한이 급격한 체제변화가 없이도 국제금융기구에 가입하고 개발자금을 지원받을 수 있는가 하는 문제를 제기해 볼 수 있다. 먼저 역사적인 관점에서 공산권 국가들과 국제금융기구들과의 관계를 살펴보자. 대체로 공산권 국가들은 자신들의 경제체제를 보다 개방적이고 시장 지향적으로 경제개혁을 하지 못할 경우에는 IMF나 세계은행 등 국제금융기구의 회원국이 되지 못했다. 세계은행의 모기구인 국제부흥개발은행이 1944년에 제2차 세계대전 기간 중 연합국에 의해 설립되었을 때 소련도 회원으로 참가를 희망하였지만 거절당하였다. 그리고 냉전으로 세계가 양대 진영으로 나누어짐에 따라 세계은행은 전적으로 비공산권 국가에만 가입을 허용하였다.

　첫 번째 예외는 유고슬라비아의 경우인데, 1948년 소련연방으로부터 탈퇴하자 서구 국가는 유고슬라비아에 대한 세계은행의 차관을 허용한 바가 있다. 소련연방의 붕괴 이후 모든 동구의 옛 공산 국가와 소 연방에서 분리된 신생국가들이 빠른 속도로 세계은행의 회원국이 되었다. 공산주의 국가들 중 현재 지구상에서 세계은행의 회원국이 아닌 국가는 쿠바와 북한뿐이다. 1979년 미국이 중국 본토 정부를 승인하고 중국의 세계은행 회원국 지위를 지지함에 따라 중국은 1980년에 회원국으로 가입하였다. 이후 중국은 경제개혁 프로그램에 따라 세계은행과 좋은 관계를 발전시켜 왔으며 은행으로부터 기술적 지원과 차관도입 등 많은 도움을 받게 되었다. 남베트남은 오랜 기간 동안 IMF와 세계은행의 회원국이었지만 전쟁이 끝났을 때 회원국 지위는 하노이 정부로 넘겨졌다. 상당한 논란과 미국의 반대도 있었지만 세계은행은 1979년 베트남 농업발전기금을 대부하였다. 그러나 그 후 미국으로부터의 압력과 다른 서방국가들의 인권문제 이슈 제기로 대부가 중단되기도 하였다. 1986년 베트남정부는 자체적으로 경제개혁 프로그램을 시도했으며, 1990년과 1993년 사이 세계은행과 베트남은 경제정책에 관한 정책대화를 시작하여 1993년이 되어서야 IMF, 세계은행과 관계를 정상화하고 자금지원을 받게 되었다.

　세계은행 총재인 Paul Wolfowitz는 2006년 일본에서 열린 기자회견에서 체제변화가 국제금융기구 가입의 필수조건이 아님을 지적한 바 있다. 그는 "세계은행이 북한에 원조를 시작하기 전에 북한정부는 무엇을 할 필요가 있는가? 북한의 체제변화가 이를 위해 필요한 선결조건인가?"라고 질문하면서 중국정부의 경제개혁 사례를 언급하며, 일단 경제개혁을 시작하면, 중요한 정치적 변화 없이도 은행은 회원국 지위를 부여하고 실질적 지원을 할 수 있도록 정치적 지지를 할 수 있다는 가능성을 시사했다.

북한의 경우 안보와 군사 이슈 등으로 상황이 복잡하게 얽혀 있다. 북한의 국제금융기구 가입과 관련하여 고려할 사실은 6자회담이 성공적으로 진행될 경우 회원국 가입을 위한 충분한 정치적 지원이 있을 것이라는 점이다. 국제금융기구 회원국 지위는 북한에 안보 및 군사 이슈에 관한 동의를 포함하는 대타협의 구성요소가 될 경제 지원 패키지 중 하나로 제안될 것이다. 비공식 접촉이나 기초적 회담이 6자회담과 병행하여 시작할 필요가 있다. 그러나 회원국 지위에 대한 공식 고려와 세계은행의 북한에 대한 실질적 지원은 핵 문제에 관한 협의가 성공적일 경우에만 가능할 것이다. 중국과 베트남의 개혁·개방 방식이 점진주의적 접근을 취하고 있다면 이 중에 어느 것이 북한에 더 적합한 모델이 될 수 있는가를 검토할 필요가 있다. 체제전환국들은 경제개발비용을 외자로 조달하는 방식은 각국이 상이한 양태를 보이고 있는데, 그 이유 중에서 중요한 것은 내자동원의 능력과 외채규모를 포함한 대외의존도를 들 수 있다.

1) 국내재원 동원 및 외채규모

중국은 개혁 초기 국내의 높은 저축률을 활용할 수 있는 상황 하에서 굳이 급진적 개혁으로 해외자금을 유도할 필요가 없었으나, 베트남과 동구의 경우 국내재원조달이 어려워 해외자본유입에 유리한 환경을 조성하기 위해서는 체제개혁을 급진적으로 추진할 수밖에 없었다. 내자동원의 어려움은 결국 외채의 누적으로 나타난다. 북한의 외채규모를 정확히 알기는 불가능하나, 상당 규모의 외채가 누적되어 있을 것으로 여겨진다. 이러한 현상은 향후 북한이 개발전략을 선택함에 있어서 중국보다 베트남의 사례를 따라 최소한 개혁 초기에는 급진적인 개혁정책이 필요함을 시사하고 있다.

2) 거시경제 안정성

내자동원 능력과 외채규모의 차이는 체제전환국가들이 개혁 초기에 경험하는 거시안정화 문제와 직결되어 있다. 외채규모가 큰 국가는 결국 수요를 억제하여야 하고, 이는 공급 측면의 애로와 중첩되어 물가불안으로 이어진다. 중국·베트남의 개혁과정에서 드러난 차이점 가운데 가장 두드러진 것은 바로 이 거시경제 안정화의 차이이다. 전반적으로 중국의 개혁은 상대적으로 베트남에 비해 훨씬 유리한 조건에서 출발하였고 그 성과도 좋았다. 제도개혁이라는 측면에서는 거의 유사한 조치와 순서를 보여주고 있지만 거시경제 관리라는 측면에서는 매우 큰 차이점을 보여주고 있다. 중국의 경우에는 개혁의 초기 단계(1979~1984)에서 물가·임금체계를 재조정하는 문제는 크게 중요시되지 않았다. 이 시기에는 기업이 시장의 수급상황에 맞추어 생산을 조절하고 일정한 범위에서 자율적으로 가격을 결정하는 것이 허용되었으며, 원재료가격, 농업수매가격, 그리고 식료품소매가격의 인상 등이 이루어졌다. 그러나 전반적으로 볼 때 개혁 초기 사회적 안정문제 등을 고려하여 물가억제정책과 함께 생산증대를 통한 공급확대정책을 병행하였다. 1984년이 되어서야 중국은 보다 본격적인 가격체계의 개혁을 시작하였다.

그러나 베트남의 경우 경제개혁은 초기부터 상당히 급진적인 임금 및 물가 인상조치와 함께 시작되었고, 이와 같이 임금과 물가의 급상승으로 개혁과정에서 극심한 인플레이션을 경험하였다. 1980년대 초반 물가상승률은 120~200%대에 달하였고 1983년에 가서야 개혁에 따른 공급증대로 어느 정도 물가를 진정시킬 수 있었다. 베트남 인플레이션의 근본적인 원인은 임금 및 가격인상에 따른 전반적 가격체계의 재조정, 그리고 재정부문에서 물가 및 임금인상에 따른 재정지출의 팽창과 재정적자 확대, 통화증발과 물가상승이라는 악순환 등이었다. 공급부족도 베트남에서 중요한 인플레 원인 중의 하나로 지적되고 있다. 이 점은 중국의 거시안정 문제와 대비되는데, 중국의 경우 물가상승은 대체로 과도한 투자와 수요팽창에 따른 경기과열 때문에 발생하였다.

이처럼 개혁진행 과정에서 중국은 경기호조와 제도개혁에 따른 물가인상 압력을 적절히 통제하는 것이 가능하였던 반면, 베트남에서의 경제개혁은 제도개혁과 함께 내부의 심각한 거시경제 불균형을 반영하여 초반부터 급격한 물가·임금인상 조치로 대응하였고, 이로 인한 사회적 고통을 감수할 수밖에 없었다. 베트남의 이러한 경제안정화 문제는 1990년대 초반 구소련 및 동유럽의 체제전환 과정에서의 경험과 매우 유사하다. 베트남의 인플레이션은 1980년대 초부터 거의 10년 동안 지속되었고 1994년에 이르러야 안정화가 달성되었다고 평가되고 있다.

북한은 개혁을 시작한 후에 경제안정의 문제에서 심각한 물가불안을 겪을 것으로 보인다. 이 점에서 북한은 베트남과 많은 유사성을 보여 줄 것으로 판단되지만 북한에서의 상황은 더 심각할 수도 있다. 북한은 2002년 임금 및 물가 조정을 포함한 7·1경제관리개선조치 이후에도 농업 및 공업의 생산증대라는 측면에서 가시적인 성과를 내지 못하고 있는 것으로 판단된다. 여전히 식량생산은 정상수요를 기준으로 연 200만 톤 이상이 부족하며 일상생활에 필요한 공산품의 경우 약 80%를 수입에 의존하고 있는 실정이다. 이에따라 북한은 중국 물가에 직접적으로 영향을 받고 있으며 2002년 이후 연 400%에 달하는 인플레를 겪고 있는 것으로 알려지고 있다.

이러한 7·1경제관리개선조치의 전개과정을 고려할 때 향후 북한은 경제개혁 과정에서 정책 우선순위 설정 및 추진속도의 적합한 선택이 이루어지지 못할 경우 거시경제적 문제가 발생하게 될 가능성이 크다. 개혁 초기에 북한경제는 임금 및 가격체계의 재조정을 시작으로 물가상승에 직면하게 되고, 이에 더하여 높은 중공업 부문의 비중, 독점적 산업구조, 노동인구를 포함한 생산요소의 비이동성 등으로 인한 공급애로가 발생하고, 이로 인해 극심한 인플레이션을 겪을 수 있다. 산업구조조정에 의한 북한경제의 비교우위가 발생하기 전에는 북한 원화의 평가절하 등으로 외환부족 현상이 해소되기는 어려울 것이며, 개혁과정에서 필수적인 수입수요 증가는 심각한 경상수지 적자를 야기할 것이다. 또, 개혁정책의 추진은 산업구조조정과 가

격 보조금 지출, 인센티브제도 개선 등을 위해 재정지출의 급속한 증가가
요구될 것이지만 투자재원 및 재정지출 증가 여력은 매우 제한되어 있어
재정적자의 누적과 이로 인한 인플레이션이 나타날 가능성이 크다.

위와 같은 거시경제적 부담에 대해 북한은 단계적인 개혁조치를 통해 경
제효율성을 높이고 이를 재투자하는 방식으로 개혁의 부작용을 최소화하는
접근방식이 필요하다. 더구나 체제불안으로 과감한 개혁·개방을 주저하고
있는 북한은 정부의 강력한 지도 하에 점진적 개혁을 추진할 것이라는 점이
다. 우선 개혁 초기 단계에서 북한은 체제안정을 유지하면서 위로부터의 개
혁을 통해 점진적으로 대외개방과 개혁을 추진하게 될 것이다. 소유제도의
개혁이나 국영기업 민영화는 점진적으로 진행하게 될 것이다. 점진적 개혁
모델이 목표로 하는 미시적 조정에 의한 제도개혁이 진행됨과 동시에 국가
의 적극적인 역할을 통한 계획과 시장의 공존이 북한 경제개혁의 주된 요소
가 될 것이다. 북한은 여타 사회주의국가의 경험에 비추어 개혁으로 인한
거시경제적 불안정을 해소하고 안정화를 달성하여 본격적인 경제개발에 착
수하기까지는 더 많은 시간이 소요될 것으로 판단된다. 이러한 점에서 남북
한 경제협력과 국제금융자본의 지원 등을 통하여 북한경제 개혁과정에서의
거시경제적 불안정을 최소화하고 개혁에 필요한 시간을 단축하려는 노력이
필요하다.

3) 대외 여건

또 중국과는 달리 북한에 대해 적대적인 국제환경을 지적할 수 있다. 이
점에서는 미국과의 적대적인 관계를 극복하고 국제금융기구의 자금을 도입
하여 결국에는 점진적인 개혁·개방에 성공하였다고 평가되는 베트남의 사
례가 시사하는 바가 크다. 베트남은 1978년 캄보디아 침공으로 인한 국제적
고립과 이듬해 중·월 전쟁 이후 지속되어 온 전비부담, 그리고 구소련의
원조지원 중단 등으로 경제위기를 겪게 되었다. 특히 미국이 주도하는 경제
제재조치가 계속되면서 국제금융기관 및 서방 주요국과의 관계개선에 있어
많은 어려움에 봉착하게 되었다. 그러나 1989년 베트남군의 캄보디아 철수

를 계기로 서방국가들의 베트남 진출이 본격화되고 미국은 1990년 8월부터 캄보디아 문제를 중심으로 한 인도차이나 반도의 평화정책을 위해 베트남과 대화를 재개하기 시작하였다. 미국은 1993년 7월 국제금융기관의 대(對)베트남 융자재개를 허용하는 등 부분적인 경제제재조치를 해제하였다. 그 뒤 IMF, 세계은행, ADB 등 국제금융기관의 지원이 시작되었고, 세계은행 주도의 원조국회의가 개최되기 시작하였으며, 1994년 2월 마침내 미국은 베트남에 대한 경제제재조치를 전면 해제하였다.

3. 북한의 재원조달 방식

북한은 베트남의 사례를 벤치마킹하여 국제금융기구에 가입하고 이들 기관이 권유하고 있는 경제사회 전반에 대한 구조개혁 프로그램을 이행하면서 국제공적자금을 지원받는 것이 바람직하다. 그러나 북한이 국제금융기구 등을 통한 자금 도입을 원한다 하더라도 북한이 외채문제 해결이나 거시경제 안정화 등을 위해 IMF 등 국제금융기구들이 제공하는 급진적 개혁 프로그램을 받아들여 급격한 시장경제체제로의 변화를 수용할 것인가 하는 문제가 있다. 북한이 국제금융기구에 가입하고 금융지원을 요청하는 경우 두 가지 시나리오를 생각할 수 있다. 하나는 동구나 베트남의 경우와 같이 국제금융기구의 구조조정차관을 도입하고 그 조건으로 요구하는 단기적 거시안정화 프로그램을 포함한 급진적 개혁정책을 수용하는 시나리오이고, 다른 하나는 중국의 외자도입정책을 벤치마킹하여 체제전환과 구조조정을 위한 지원보다는 프로젝트차관 도입에 역점을 두면서 국제민간자금 유치에 노력하는 시나리오이다.

중국은 1981년에 IBRD와 IDA로부터 자금을 빌리기 시작하였고, 이후 적극적인 경제개혁 프로그램을 수행해 왔지만 세계은행으로부터 구조조정 자금은 빌린 적이 없으며, 은행으로부터 빌린 자금은 모두 투자 프로젝트와 기술지원에 사용되었다. 중국은 개혁개방 초기 국제금융기구에 가입하고 금융 및 비금융 지원을 받았으나 IMF가 공여하는 프로그램차관과 이에 따르는 급진적 구조조정 프로그램은 도입하지 않았다는 점을 유의할 필요가 있다. 베트남정부는 1986년 도이모이 경제개혁 프로그램을 실행하기 시작하여 1990년경 세계은행과 접촉하고 경제정책에 관해 정책대화를 나누기 시작하였다. 1993년에 처음으로 투자 프로젝트 차관이 이루어졌고 첫 번째 구조조정 신용대출이 1994년에 이루어졌는데, 이때는 베트남이 체제전환을 위한 개혁을 강력하게 추진하기 시작한 시점이었다. 1990년대 나머지 기간 동안 투자 프로젝트는 구조조정차관보다 국제금융기구 금융지원 프로그램에서 보다 큰 역할을 수행했다.

2001년 이래로 구조조정차관이 증가하고 있는데, 이는 정부개혁 프로그램의 국제적 신인도 및 세계은행과 15년 이상 발전시켜 온 관계를 반영하는 것이다. 중국과 베트남에서의 경험에 비추어 보면 북한은 국제금융기구와의 초기 국면에서 단기 구조조정차관을 받기를 기대하지 않아야 할지도 모른다. 북한이 경제개혁을 성실히 수행하는 방향으로 나아가고 이들 개혁에 관해서 은행과 깊은 대화체계를 수립한다면 이러한 형태의 금융지원이 유용할 것이다. 그러나 초기에는 투자 프로젝트와 기술지원을 전반적인 개발전략의 금융지원 수단으로 사용하는 데 집중하거나 개혁 프로그램에 관한 자문을 받는 수단으로서 활발한 정책 대화를 수행하는 데 집중해야 할 것이다.

재원조달의 측면에서 체제전환 및 개혁·개방 경험이 북한에 주는 시사점은 무엇보다도 개발과 원활한 체제이행을 위해서 국제사회의 안정적인 지원이 필요하다는 것이다. 베트남이 개혁 초기부터 적극적으로 노력하였던 바와 같이 북한은 경제개발에 필요한 해외자본을 유치하기 위해 법적·제도적 환경을 마련해야 한다. 이를 위해서는 현재 진행되고 있는 핵협상의 조속한 타결과 북미관계 개선에 주력하여 국제금융자본이 유치될 수 있도록 여건을 조성해야 한다. 특히 IMF와 세계은행, ADB 등에 가입하여 국제적 금융커뮤니티로부터 신인도를 인정받는 것이 꼭 필요하다. 여기서 주목할 것은 베트남이 국제금융기구와 관계정상화 3~4년 전부터 이미 다양한 형태의 연수, 세미나, 교육훈련프로그램을 통해 기술적 지원을 받아왔다는 사실이다. 북한은 개혁이 진행되고 시장경제적 여건이 어느 정도 갖추어지면 베트남의 사례에서 보는 바와 같이 개혁의 속도를 조절하면서 FDI 등 국제민간자금을 유치하는 방안을 강구할 수 있을 것이다.

위에서 본 바와 같이 중국의 개혁·개방 초기 여건과 북한의 여건이 상이함에도 불구하고 북한이 중국의 경제특구 설립을 통한 국제민간자본 유치정책을 본받아 실시한 특구정책은 실패하였다. 중국의 경제특구에서는 화교자본이 결정적인 역할을 하였지만 북한의 경제특구에는 화교자본과 같은 대규모 자본을 공급할 수 있는 해외한민족자본이 적다. 이는 북한의 나진·선봉 경제특구가 설립된 이래 15년 동안 외자유치 실적이 매우 저조한 것을 보면 알 수 있다. 북한은 다양한 형태의 해외자금을 유치하는 노력을 경주해야 한다. 중국은 개혁 초기에 주로 경제특구를 통한 FDI 유치로 개발자금을 충당하였지만 국제공적자금유치를 위해서도 적극적인 노력을 기울여 왔다. 한편, 동유럽 국가들도 국제금융기구의 공적자금 유치에 노력하였으나 FDI 유치를 위한 노력도 병행하였다. 이 외에도 체제전환국가들은 양자 간 국제공적자금, 포트폴리오투자, 상업차관 방식 등 다양한 방법으로 개발자금을 조달하기 위해 노력하였다.

IV. 국제금융기구를 통한 신탁기금 활용

국제금융기구들은 경제개발의 필요성에 직면한 북한을 도울 수 있는 능력과 경험을 가지고 있다. IMF는 지원국가와 투자자에게 확신을 주는 데 필수적인 북한의 금융상황과 경제실적에 관한 통계 및 정보를 준비하는 데 도움을 줄 수 있다. 북한이 거시경제와 재정·금융 분야에 관한 투명한 기초적 통계자료에 대한 요구사항을 충족하지 못한다면, 국제사회로부터 인도적·정치적 개발지원과 민간투자의 수혜자가 되기 어렵다. 대부분의 원조지원

국가들에게 양자 간 이행조건을 만족시키기 위해서는 신뢰할 수 있는 거시경제 틀을 필요로 하며, 이 틀에 대한 IMF의 승인은 대규모 공적개발자금(ODA)을 북한에 지원하는 데 중요한 결정요인이 된다. 이는 이미 파리클럽에 상정 중인 북한의 외채문제 해결에도 결정적 역할을 할 것이다. 외채문제의 해결은 북한이 ODA를 동원하는 능력 외에도 투자자들에 대해 국가신용등급과 투자환경을 개선시키는 데도 매우 중요하다.

세계은행그룹도 북한에 중요한 파트너가 될 것이다. 세계은행은 계획경제에서 시장경제로의 체제전환을 지원하는 분야 외에 분쟁 종결 후 인도주의적 원조에서 개발원조로의 재건과 전환을 지원하는 분야에서도 국제적 경험을 보유하고 있다. 더욱이 세계은행은 과거 남한, 중국, 러시아와 차관공여자로서 밀접한 관계를 맺어 왔고, 미국, 일본과도 양대 주주로 관계를 맺고 있다. 이처럼 세계은행은 6자회담 당사자 국가와 밀접한 위치에 있으며, 미래에 북한이 과감한 개혁정책을 시작한다면 이를 위한 프로그램 수립에 필요한 지식과 경험이 준비되어 있다. 자문그룹을 통하여 세계은행은 북한과의 정책대화, 원조 동원과 실현에 효과적인 협력을 수행할 수 있다.

아시아개발은행(ADB) 또한 북한의 미래에 중요한 역할을 할 것이다. 세계은행과 마찬가지로 ADB는 양자 간 혹은 세계은행을 통한 투자자본과 기술적 지원을 제공하는 데 도움을 줄 수 있다. ADB는 이미 TRADP(두만강유역개발 프로그램)에 필요한 연구의 참여를 통하여 동북아지역 개발을 지원해 오고 있는데 여기에는 북한이 참여하고 있다. 북한에 대한 국제금융 커뮤니티의 개발지원을 고려하기 전에 과거 북한에 대한 원조경험을 살펴보고 교훈을 얻을 필요가 있다. 1990년대 국제사회가 북한을 위해 공적자원을 동원하는 경험에서 보면 원조지원국가의 정치적 이해와 북한의 리더십 간에서 높은 긴장이 발생하였고, 또 다른 한편에서는 북한의 인도적 개발과 경제적 개발 요구 사이에 괴리가 발생하였다. 북한은 외부원조 제공을 정치화하려는 경향이 매우 높았는데, 이것은 북한주민의 삶을 개선하기 위하여 주어진 원조의 효과를 감소시키며 개혁의 인센티브를 왜곡하였다.

앞서 언급한 것처럼 6자회담을 성공리에 마치고 세계은행에서 북한의 회원국 지위에 대해 정치적 지지가 있더라도 회원국 지위가 완결되는 과정에는 대략 1~2년 정도 시간이 걸릴 것이다. 그 기간 동안 세계은행은 비회원국과 관련된 자금을 지원할 수 없으며, 이는 세계은행이 북한당국과 정책대화를 개시하거나 다른 투자 프로젝트의 사전적 준비를 하는 것을 제한할 수 있다. 이 문제에 관해 일각에서 북한과의 초기 활동 지원을 하기 위해서는 세계은행이 관리하고 양자 간 원조방식으로 재정지원을 하는 신탁기금의 창출을 제안한 바 있다. 신탁기금은 일종의 세계은행과 외부 지원국가들 간의 재정적·협정 하에서 지원국이 세계은행에 특정 개발 관련 활동의 지원을 하기 위해 자금을 맡기는 제도이다. 신용기금은 세계은행 활동에 중요한 재정 수단이 되었는데, 투자 프로젝트, 훈련 및 능력 배양, 여타 기술지원 준비 등에 사용되었다. 공식 회원국 지위를 얻는 과정에 있거나 회원국 부적격 국가로 남아 있는 국가나 정치적 실체에 대해 세계은행이 신탁기금을 지원한 사례가 있다: 구소련(1991), 가자지구(1993), 보스니아 헤르체고비나(1995), 코소보(1999), 동티모르(1999) 세계은행 협정문은 은행의 자원과 시설은 "전적으로 회원국의 이익을 위한 것"임을 분명히 하고 있지만, 은행의 집행부는 비회원국에 대한 지원이 회원국 전체의 이익을 위한 것일 때에는 지원이 허용된다고 결정하였다.

이 경우 신탁기금은 외부 지원가로부터의 자금지원으로 성립되며, 세계은행의 순수입으로 전환되어 비회원국 영역 내에 서 긴급건설, 기술지원, 경제발전에 지원하도록 사용된다. 최근에 세계은행은 수단, 아프가니스탄, 이라크와 같이 특수한 상황에 직면한 회원국을 위해서도 특별 신탁기금을 설립하였다. 이 특별 신탁기금은 세계은행 이사회의 결의에 따라 설립되며, 각 국가의 상황에 따라 제정되는 규범과 절차에 따라 운용된다. 신탁기금은 참여하는 지원가들로부터 재정 출원을 받아 주로 보조금 형식으로 분배된다. 세계은행이 자금의 수탁인으로 지명될 경우 자금 사용 프로그램을 승인한다. 동티모르 기금의 경우, 세계은행과 제휴한 ADB가 수행기관의 역할을 맡았다. 북한의 경우 사용목적이란 측면에서 가장 가능성 있는 신탁기금은 정책 대화, 전략개발, 개혁프로그램, 프로젝트 준비, 훈련 및 능력배양에 지원하는 기금이다. 신탁기금은 여러 해 동안 회원국에서 이런 활동을 지원하기 위해 사용되었다.

예를 들면 가장 규모가 큰 장기 신탁기금 중 하나는 일본이 1990년부터 지원하고 있는 '정책과 인적자본 개발자금'이다. 이들 신탁기금은 대부분 세계은행이 자금을 지원하기 전에 프로젝트 준비를 위해 사용되었다. 빈곤감축 전략을 준비하는 저소득국가에의 능력배양을 지원하는 다자지원 신탁기금도 있다. 2004년 세계은행은 긴장상태 하의 저소득국가를 위해 2,500만 달러의 신탁기금을 설립하였는데, 이 자금은 초기에 세계은행의 정치적 개입과 제도개혁을 촉진하기 위해 만들어진 기금이다. 이러한 신탁기금의 다양한 경험을 통해 북한을 위한 신탁기금은 궁극적으로 북한과 세계은행, 그리고 여타 잠재적인 지원 사이의 건설적 관계를 수립하는 데 중요한 기여를 할 것임을 시사해 준다. 6자회담이 성공적으로 해결되면 북한을 위해 특별히 책정되는 신탁기금을 만들기가 상대적으로 쉬울 것이다.

새로운 기금이 설립되면 합법적 협약을 통해 자금이 사용될 수 있는 목적과 자금에 대한 관리 등을 구체적으로 규정할 필요가 있다. 분쟁 후 지역 특별 신탁기금의 장점은 이 기금이 인도적 지원에서 개발지원으로 전환하는 가교 역할을 한다는 점이다. 경제 재건과 개발을 위한 원조 시작을 통하여 이 기금은 안보환경 개선을 위한 정치적 목적의 원조로부터 평화적 체제전환으로의 가교역할을 수행한다. 특히 체제전환을 활성화하기에 적절한 순간에 북한을 위한 특별 신용기금을 설치하자는 아이디어는 매우 호소력이 있다.

북한이 핵문제 해결 등 대담한 안보정책의 전환을 채택하겠다는 결정만으로도 지원 국가들은 기꺼이 북한을 위해 이러한 기금을 설립할 것이다. 이 기금을 둘러싼 특정 역할과 절차는 한반도의 특수 상황에 맞추어 논의될 필요가 있지만, 이것은 그다지 어려운 문제는 아닐 것이다. 기금의 관리는 이 목적을 위해 창립된 새로운 실체나 혹은 분쟁 후 상황에서 특별 원조를 제공한 경험을 보유하고 있는 UN, UNDP, 세계은행과 같은 다자기구가 맡을 것이다.

세계은행이 여타 분쟁 후 상황을 위해 특별 신용기금을 설립한 경험이 있다는 사실은 북한을 위해 설립될 기금의 관리, 모니터링, 보고체계 등을 수립하는 데 많은 도움이 될 것이다. 이 기금을 설립하려면, 이사회가 세계 은행이 책임을 지고 북한과 업무 관계를 진행한다는 권한을 부여하는 결의 안을 채택해야 한다. 북한에 대한 특별 신탁기금 설립은, 첫째, 단기간 내에 북한이 국제금융기구에 가입하기 힘들다는 점과, 둘째, 국제금융기구 가입 이 주요 관계국 간에 합의되더라도 그 실현에 있어 상당한 시차가 필요하므 로 과도기에 시급한 자금지원을 가능하게 한다는 점, 셋째, 국제금융기구 가입 시와 비교하여 자료제출 의무조항과 정책협의 의무가 상대적으로 약하 므로 북한의 입장에서도 부담이 적다는 이점 등을 고려할 때 적극적으로 검토해 볼 수 있는 방안이다. 하지만, 국제금융기구의 자금지원이 동반된 특별 신탁기금 설립도 역시 미국과 일본의 입장에 큰 영향을 받는다는 점을 고려해야 한다.

V. 북한개발지원 모색을 위한 우리정부의 역할

한국은 통일비용의 분담을 위해 국제금융기구의 활용을 통한 북한의 개 발을 적극 지원할 필요가 있다. 우리정부 및 민간이 할 수 있는 일은 국제지 원이 가능한 상황이 올 때를 대비하여 실무적 준비를 하는 것이다. 6자회담 타결과 핵문제 해소 등 정치적 해결이 가시화되고 있는 현 시점에서 보다 경제적이고 실무적인 문제를 검토하여야 할 것이다. 따라서 정치적 타결 시 어떤 형태로 어떤 조직이 주체가 되어 국제지원을 추진할 것인가 하는 문제 와 국제금융기구로부터 지원이 이루어지기 전에도 필요한 지원이 가능하도 록 대비가 필요하다.

1. 개발전략 수립 지원

지금까지 북한은 체제불안 때문에 개혁·개방에 소극적인 태도를 보여 왔으나, 최근 베트남 공산당 서기장의 북한 초청 등 개혁·개방을 보다 적극적으로 벤치마킹하려는 움직임이 가시화되고 있다. 남한과 국제사회는 개혁·개방을 확대·심화시키는 것만이 북한이 발전할 수 있는 길임을 기회 있을 때마다 설득하여야 한다. 한국은 북한이 국제사회의 일원으로 진입하도록 하기 위해 국제사회와의 교류를 확대하도록 유도하고, 특히 국제금융커뮤니티의 조직, 규범과 원칙 등에 대해 이해시키려는 노력이 필요하다. 따라서 북한이 국제규범에 부합하는 개발전략을 수립하도록 설득하고 지원하는 구체적인 방안을 마련해야 한다. 향후 북한의 개발전략 수립과 본격화될 대북지원에 있어 국제규범의 준수가 중요한 이슈로 대두될 것이기 때문이다. 따라서 북한에 대한 장래의 지원 프로그램도 투명한 국제 규범에 맞춰 수립되고 집행되어야 하며, 지원국가나 기구들 간에 일관된 정책 협조에 바탕을 둘 필요가 있다.

2. 다자협력의 틀 제공

한국으로서는 남북한 경협 차원에서 발생하는 대규모 자금수요가 한국의 부담능력을 크게 초과하는 상황이므로 북한개발을 위해서는 대규모 해외자금 유치방안이 시급히 요청되고 있다. 그러나 민간베이스에 의한 재원조달은 국제공적 부문의 개발 성과가 어느 정도 궤도에 올라야 본격화될 수 있고 이는 북한의 경우에는 더욱 그러할 것이다. 한국의 역할은 개발 초기에 북한 지원을 위한 국제공적자금을 최대한 조성할 수 있도록 다자간 국제협력의 틀을 짜는 일이다.

국제사회의 안정적인 지원을 확보하기 위해서는 북한의 경제개발을 효율적으로 추진할 수 있는 국제적 조정채널이 마련되어야 한다. 현재 북핵문제

를 계기로 형성된 6자회담이 자연스럽게 국제사회의 대북 지원을 위한 조직
으로 발전할 수 있도록 유도하는 것이 바람직하다. 현재의 국제기구 시스템
에서는 북한에 대한 국제기구의 지원은 미국의 동의가 가장 중요하다. 북핵
문제의 진전에 따라 북한지원을 위한 지원단을 구성해야 한다. 정치적 타결
이 이루어진 상황에서 북한에 대한 지원을 신속히 수행하기 위해서는 양자
간 지원형식을 취하는 것이 가장 용이한 방법이다. 물론 양자 간 지원도
가급적이면 전체 협의체를 통해 조화를 이룰 수 있도록 구성하는 것이 필요
하다.

3. 신탁기금 설립 지원

본격적인 지원이 이루어지기 전에 가능한 지원은 인도적 지원과 기술적
지원이 될 것이다. 그러나 인도적 지원이나 기술적 지원은 단기적이고 임시
처방적인 지원이 될 수 있으므로 북한에게 근본적인 경제적 활로를 제공하
기는 어렵다. 대안으로 생각할 수 있는 제도는 국제기구의 신탁기금을 활용
하는 방법이다. 여기서 북한 특별 신탁기금을 설립하는 방안이 제안될 수
있다. 신용기금 설립 문제와 관련하여 지난 2000년 5월 IBRD 상임이사회가
IBRD 회원국이면서 테러지원국으로 지정되어 있는 이란에 대해 이례적으
로 신용기금 지원을 결정한 전례에 비춰볼 때, 이 문제에 대한 미국의 의지
가 중요하다. 이러한 지원이 가능하기 위해서는 북한의 개혁의지 표명과 국
제사회에 대한 지원성 홍보가 긴요하다. 대북 지원에 대한 특별 신탁기금
설립에 대해 국제적 여론을 조성하고 북핵 폐기 이후 국제사회의 대북관이
변화하면 이를 적극 추진해야 한다.

설립된 신탁기금은 무엇보다도 북한의 훈련 및 능력배양에 사용되는 것
이 바람직하다. 남한은 중국·베트남 등 체제전환국들이 개혁·개방과정에
서 국제금융커뮤니티와의 관계개선을 위해 어떤 노력을 해 왔고, 이들로부
터 경제개발을 위해 구체적으로 어떠한 도움을 받았는지를 이해하도록 도울

필요가 있다. 체제유지에 대한불안 속에서 개혁·개방·개발의 추진이라는 미묘하고 어려운 과제를 앞두고 있는 북한은 공산당 통치체제를 유지하면서 개혁을 성공적으로 추진하고 있는 중국과 베트남의 경험이 많은 시사점을 줄 수 있다. 남한은 체제전환국가들의 다양하고 복잡한 경험을 보다 심도 있게 연구하고, 가능하다면 국제기구 전문가, 북한의 개발 담당 파트너와 함께 세미나, 학습 등을 통하여 공동으로 연구할 수도 있을 것이다. 혹은 별도로 미국 등 주요 국가의 북한 및 동북아문제전문가, 국내외 NGO 등이 참여하는 국제포럼을 만들고 이를 운영하기 위한 연구기금 설립을 추진할 수도 있을 것이다.

또 북한이 국제사회와의 협력을 확대하기 위해서 북한에 대한 시장경제 교육 지원도 중요한 과제이다. 북한은 시장경제교육에 대한 열의가 매우 강하며, UNDP 등 UN기구 주도의 시장경제 교육 및 기술습득 지원사업에 적극적으로 응해 왔다. 북한은 1990년대 이후 변화된 국제경제 질서에 적응하기 위한 방안으로 2000년대 들어 시장경제이론과 국제통상, 회사법 등을 학습하기 위한 연수생을 해외로 파견하고 있으며, 이는 매년 약 50%씩 증가 추세에 있다. 북한과 국제사회와의 관계가 더욱 진전된다면 국제기구를 통한 북한 정부인원과 경제관리 인력에 대한 교육을 활성화할 필요가 있다. 이는 향후 북한이 국제금융기구 가입 시 각종 경제통계 작성과 북한경제의 효율성 증대를 위한 자문 및 실행계획 작성에 매우 중요한 역할을 하기 때문이다.

VI. 결론

본 장에서는 북한의 경제재건을 위한 재원조달 방안을 모색하기 위해서 동유럽, 중국, 베트남의 체제전환 경험과 경제개발자금 조달사례를 비교·분석하였다. 여기에서는 동유럽 국가들의 체제전환 경험을 북한의 개발전략으로 채택하기에는 무리가 있다고 판단하였다. 그 이유로는 첫째, 북한의 개발전략으로 동유럽모델을 선호하는 견해는 동유럽과 북한의 산업구조가 유사하다는 것을 강조하지만 북한은 1990년대 중반의 경제위기를 겪으면서 공적 부문은 사실상 붕괴되었다는 사실을 지적하고자 한다. 북한은 경제위기를 거치면서 농업부문의 비중이 매우 커졌을 뿐만 아니라, 동구의 경험에서 보는 것처럼 공적 부문의 기득권이 중앙정부의 개혁·개방정책에 반대할 만큼 강한 저항력을 가지고 있지는 않을 것이다. 둘째, 폴란드나 헝가리 등 동유럽국들은 2차 세계대전 이후 공업화의 진전 및 성숙한 시민사회를 배경으로 공산주의체제 및 국가주의에 저항해 왔으며, 자유시장 경제체제로 가기 위해서는 어떠한 희생도 치르겠다는 국민적 컨센서스가 형성되었다. 이러한 배경 하에서 폴란드 자유노조와 같은 시민사회의 등장과 이후 역할에서 보는 바와 같이 1980년대 말 구소련의 해체가 시작되자 동유럽의 시민사회는 IMF 등이 제시한 급진적 체제전환 프로그램도 적극 수용하였다. 동구의 이러한 정치사회적 배경에 비하여 시민사회의 형성이 일천하고 개혁과·개방을 주저하고 있는 북한이 정치적으로 리스크가 큰 급진적 개혁을 채택하기에는 무리가 있을 것으로 보인다.

최근 북한의 경제개발모델 선택과 관련하여 국내에서 상당히 많은 논의가 진행되고 있는데, 이들 논의는 남북한에 주어진 여건을 감안하여 중국과 베트남이 밟아온 점진적인 접근을 제안하고 있다. 그러나 중국과 베트남은 외자도입의 속도, 유형 등에서 상당한 차이점을 보여 주고 있다. 그중에서 중요한 것은 내자동원의 능력과 외채규모를 포함한 대외의존도를 들 수 있다. 중국은 개혁 초기 국내의 높은 저축률을 활용할 수 있는 상황 하에서 굳이 급진적 개혁으로 해외자금을 유도할 필요가 없었으나, 베트남과 동구의 경우 국내재원조달이 어려워 해외자본유입에 유리한 환경을 조성하기 위해서는 체제개혁을 급진적으로 추진할 수밖에 없었다. 내자동원의 어려움은 결국 외채의 누적으로 나타난다. 이러한 점은 막대한 외채를 지니고 있는 북한이 개발전략을 선택함에 있어서 중국보다 베트남의 사례를 따라 최소한 개혁 초기에는 급진적인 개혁정책을 채택하는 것이 효과적이라는 점을 시사하고 있다.

내자동원 능력과 외채규모의 크기는 체제전환국가들이 개혁 초기에 경험하는 거시안정화 문제와 직결되어 있다. 외채규모가 큰 국가는 결국 수요를 억제하여야 하고, 이는 공급 측면의 애로와 중첩되어 물가불안으로 이어진다. 중국·베트남의 개혁과정에서 드러난 차이점 가운데 가장 두드러진 것은 바로 이 거시경제 안정화의 차이이다. 중국의 경우에는 개혁 초기 사회적 안정문제 등을 고려하여 물가억제정책과 함께 생산증대를 통한 공급확대 정책을 병행하였다. 그러나 베트남의 경우 경제개혁은 초기부터 상당히 급진적인 임금 및 물가 인상조치와 함께 시작되었고, 극심한 인플레이션을 경험하였다. 베트남의 인플레이션은 임금 및 가격인상에 따른 전반적 가격체계의 재조정, 그리고 재정부문에서 물가 및 임금인상에 따른 재정지출의 팽창과 재정적자 확대, 통화증발과 물가상승의 악순환 등에 기인한다. 공급부족도 베트남에서 중요한 인플레 원인 중의 하나로 지적되고 있다. 이 점은 중국의 거시안정문제와 대비되는데, 중국의 경우 물가상승은 대체로 과도한 투자와 수요팽창에 따른 경기과열 때문에 발생하였다.

북한은 개혁을 시작한 후에 경제안정의 문제에서 심각한 물가불안을 겪을 것으로 보이며, 이 점에서 베트남과 많은 유사성을 보일 것으로 판단된다. 북한은 2002년 임금 및 물가 조정을 포함한 7·1경제관리개선조치 이후 연 400%에 달하는 인플레를 겪고 있는 것으로 알려지고 있다. 이러한 7·1경제관리개선조치의 전개과정을 고려할 때, 향후 경제개혁 과정에서 정책 우선순위 설정 및 추진 속도의 적합한 선택이 이루어지지 못할 경우 거시경제적 문제가 발생하게 될 가능성이 크다.

결론적으로, 북한은 내자동원 능력이나 거시안정화 등에서 중국보다 베트남의 사례와 보다 더 유사하다고 보인다. 따라서 북한은 개발전략 선택에 있어 베트남의 개혁·개방모델과 외자도입 방안을 연구하고 벤치마킹할 필요가 있다. 베트남은 외자유치의 필요성과 대내안정화를 위해 개혁 초기에는 가격자유화 등 급진적인 조치를 단행하였으나, 이후 정부의 적절한 개입과 조정으로 개혁의 속도를 조절하면서 안정적인 성장을 이룩하는 데 성공한 것으로 평가되고 있다. 북한도 국제금융커뮤니티의 지원으로 개혁이 시작되고 시장경제적 여건이 어느 정도 갖추어지면 베트남의 사례에서 보는 바와 같이 개혁의 속도를 조절하면서 FDI 등 국제민간자금도 유치하는 방안을 강구할 수 있을 것이다.

▌참고문헌

권 율. "베트남 개혁·개방모델이 북한에 주는 시사점." 『수은북한경제』 2005년 여름호.

김석진. "대북 개발지원의 과제와 추진방향." 『KIET 산업경제』. 2006.5.

_____. "개발전략 수립의 국제적 경험과 북한에 대한 시사점." 『수은북한경제』 2006년 여름호.

김영윤. "북한 경제개발의 방향과 과제." 『수은북한경제』 2006년 봄호.

남성욱. "6자회담 이후 북한경제개발을 위한 국내 및 국제사회 재원조달 방안." 한국산업은행 창립 50주년 기념 세미나 발표문. 2004.4.30.

박형중. "중국과 베트남의 개혁과 발전—북한을 위한 모델?" 통일연구원, 2005년 12월.

배종렬. "북한개방을 위한 경제모델의 모색: 한국의 경험." 『수은북한경제』. 2005년 여름호.

안병민·성원용. 『북한 교통인프라 현대화를 위한 재원조달 방안연구: 프로젝트 파이낸싱을 중심으로』. 한국교통연구원, 2006.

오승렬. "북한경제에 대한 중국 경제발전모델의 시사점." 『수은북한경제』 2005년 여름호.

윤덕룡. "북한경제 발전을 위한 국제기구의 역할." 통일연구원 2005 개원 기념 학술회의 『북한경제의 변화와 국제협력』 발표자료집, 2005.4.7.

_____. "한반도 인프라 개발을 위한 재원조달과 국제협력." 『국토』(통권 289호), 2005년 11월호.

이석기. 『북한의 산업발전 전략과 남북경협』. 산업연구원, 2005.

임을출. "북한개발지원 방향과 전략: 기술지원과 PRSP의 연계." 『통일정책 연구』(14권 2호). 2005.

_____. "북한개발협력을 위한 주요 쟁점과 과제." 『KINU 정책연구시리즈』(2006-03). 통일연구원, 2006.

_____. "개발협력을 위한 국제규범: 북한 적용의 가능성과 한계."『수은북한경제』
    2006년 여름호.
장형수. "북한의 경제재건을 위한 다자간국제협력방안."『세계경제』2000년 5월호.
_____. "재원 조달방안과 추진방식."『통일경제』. 2000.9.
조동호 외.『북한경제 발전 전략의 모색』. 한국개발연구원, 2002.
조명철·권 율·이철원·김은지.『체제전환국의 경제개발비용 조달』. 대외경제정책
    연구원, 2000.

제**9**장

결론:
새로운 한반도 건설을 위하여

김중호

한국수출입은행

| 제9장 | 결론: 새로운 한반도 건설을 위하여 |

1953년 1인당 GDP가 67달러에 불과했고 세계 109위로서 최빈국 그룹에 속하였던 한국은 60년이 지난 2013년 현재 1인당 GDP 2만6천 달러 수준에 이르고 세계 15위의 경제 선진국 대열에 들어서게 되었다. 한국이 '한강의 기적'이라고 불릴만큼 급속한 경제성장을 경험할 수 있었던 원인들 중 하나는 바로 국제사회의 개발지원이라고 말해도 과언이 아닐 것이다. 국제사회의 다양한 지원과 협력이 없었다면 한국이 전쟁폐허에서 경제재건을 시도하고 나아가 경제건설을 통해 경제 선진국으로 발돋움하는 과정은 한참 지체되었거나 아예 불가능했을지도 모른다. 한국은 2009년 11월 OECD의 DAC(Development Assistance Committee, 개발원조위원회)에 가입함으로써 개발도상국들에게 공적개발원조(ODA)를 제공하는 공여국으로 변모하게 되었다.

그러나 공여국으로 공식 탈바꿈하기 훨씬 이전부터 한국은 개발지원의 경험을 다양하게 축적해왔다. 두 가지 주요 정부 기금을 활용하여 개발지원을 제공해왔는데, 하나는 해외 개발도상국들의 개발사업을 지원하기 위해 1987년에 설립된 대외경제협력기금(EDCF: Economic Development Co-operation Fund)이고, 또 하나는 남북간 교류협력 사업들을 지원하기 위해 1991년에 설립된 남북협력기금(IKCF: Inter-Korean Cooperation Fund)이

〈그림 1〉 수출입은행 연도별 기금 지원 현황

(단위: 백만 원)

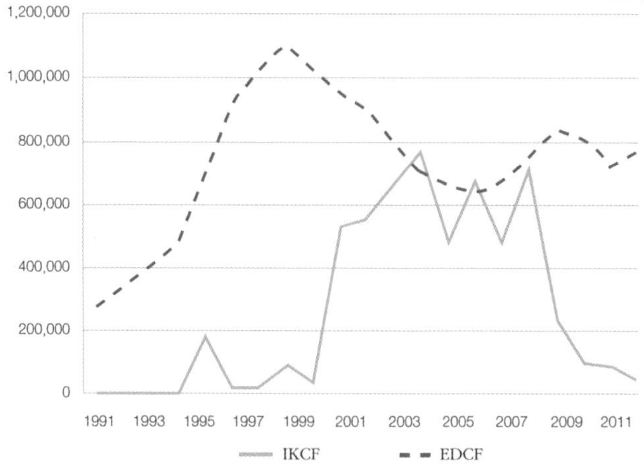

자료: 한국수출입은행

다. 이 두 기금은 모두 정책금융기관인 한국수출입은행이 수탁관리하고 있다.

〈그림 1〉에서 보듯이, 대외경제협력기금(EDCF)의 지원 추이는 설립 이후부터 10년간 상승세를 보이다가 1997년의 아시아 경제위기를 계기로 축소되었으나 그 이후로는 한국의 일관된 ODA 정책에 따라 매년 6천~8천억 원 수준에서 개발지원을 유지하고 있다. 남북협력기금(IKCF)의 경우는 이와 다른 양상을 보이는데, 설립 이후 10년간 간헐적인 지원에 머물러 있었으나 2000년 남북정상회담을 계기로 큰 폭의 상승세를 보였고 2008년 금강산 피격사건을 기점으로 급격한 하락세를 보이고 있다. 우리의 해외 개발지원은 중장기 사업계획에 따라 안정적인 집행 추이를 보이는 반면, 대북 개발지원은 한국 내 정치 변동과 남북관계에 따라 급격한 변동을 보이고 있다.

우리의 개발지원 추이를 통해 다음과 같은 시사점을 얻을 수 있다. 첫째, 지난 20년 이상의 기간 동안 한국이 해외 개도국과 북한을 상대로 축적해 온 개발지원 경험과 지식은 이미 상당한 수준에 이르렀기 때문에 앞으로 해외개발뿐만 아니라 한반도와 동북아 개발을 위해 한국의 선도적인 역할이 필요하다. 둘째, 남북관계의 불안정성으로 인해 우리의 대북 지원이 근본적인 한계에 부딪혀 있기 때문에 이를 극복하고 보완하기 위해서는 우리의 대북 지원을 국제협력과 연계하여 추진할 필요가 있다. 셋째, 선진 공여국으로서의 역할을 충실히 수행하기 위해 향후 한국의 개발지원 역량을 더욱 강화해야 하며, 특히 개발에 필요한 재원 조달 및 활용 방안을 체계적으로 수립할 필요가 있다.

〈그림 2〉는 북한개발이 국제협력의 이슈로 제기되고 추진될 경우, 남북협력과 국제협력의 연계 속에서 북한개발지원을 위해 단계별로 조달 가능한 재원의 종류를 보여주고 있다. 북한개발을 위한 협력 초기에는 정치적 리스크로 인해 남북협력기금과 한국 ECA 자금 등이 주요 재원으로 투입될 것이다.[1] 북한의 경제개발 의지와 협력태도가 보다 명확해지면서 개발협력의 활성화 단계로 넘어가면 다자개발은행(MDBs: Multilateral Development Banks)이나 외국의 ODA 등 국제공적개발자금이 투입될 것이다.[2] 국제공적개발자금의 규모가 생각보다 크지는 않더라도 그것이 중요한 이유는 이 자금의 투입 이후에 국내외 민간 자금의 대량 유입이 가능해지기 때문이다. 국제개발기구들이 북한에 무상지원이나 대출을 제공한다는 것은 이미 북한 정부의 협력 의지가 확인되고 투자환경의 개선이 약속된 상태임을 시사하는 것이기 때문에 민간 투자자들은 국제개발기구들에 의해 평가되고 보장되는 투자처에 관심을 두기 마련이다. 경협성숙기로 접어들면 정치적 리스크가 축소되고 상업성이 증대된 투자 환경에서 ECA 자금을 포함한 다양한 국내외 민간자금이 투입되어 북한개발이 더욱 확대될 것이다.

---

1) ECA(Export Credit Agency, 수출신용기관)는 자국기업의 수출촉진을 위해 정부에서 설립한 기관으로 한국수출입은행(한국), 미국수출입은행(미국), JBIC(일본) 등이 있음.
2) MDB(Multilateral Development Bank, 다자개발은행)는 WB(세계은행)와 각 지역 개발을 위해 설립된 개발은행인 ADB(아시아), IDB(중남미), AfDB(아프리카), EBRD(유럽) 등이 있음. 그리고 ODA(Official Development Assistance, 공적개발원조)는 각국이 개도국의 경제·사회발전과 복지증진을 위해 제공하는 유무상 양허성자금으로 ODA를 제공하는 기관으로 USAID(미국), JICA(일본), AFD(프랑스), KfW(독일) 등이 있음. 우리의 경우에는 EDCF와 KOICA가 유상과 무상을 각기 담당하고 있음.

〈그림 2〉 남북 경제협력 단계별 주요 재원

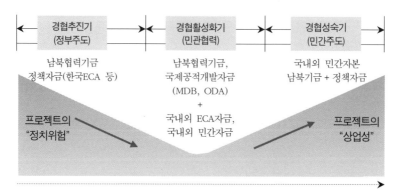

이와 같이 정부주도의 시기에서 출발하여 정부와 민간이 협력하는 시기를 지나고 민간이 주도하는 시기로 나아갈 때 국내재정과 국제공적자금, 그리고 국내외 민간자금 등 다양한 재원들이 복합적으로 융합된다면 개발의 시너지가 극대화될 것으로 예상된다.

북한개발을 위한 국제협력은 여러 가지 측면에서 필요성과 시의성을 갖는다.[3] 안보적 측면에서 볼 때, 북한개발을 위한 국제협력은 북한으로 하여금 비핵화 결단 및 이행을 촉진하도록 만드는 인센티브로 기능할 것이기 때문에 체계적인 추진이 필요하다. 최악의 시나리오로서 등장하는 북한의 급변사태를 상정한다 해도 북한 내부 및 동북아 지역의 안정화를 위해서 국제협력체계의 구축은 매우 절실히 요구된다.

경제적 측면에서는, 북한개발을 위한 국제협력이 북한경제의 악화로 인한 북한 주민의 생활고 및 북한 체제의 불안정 해소를 위해 필요할 뿐만 아니라 남한의 저성장 국면을 돌파하고 지속가능한 성장동력 확보를 위해 한반도 및 동북아 협력을 추진하는 중요한 전략적 통로로서도 중요한 의미

---

3) 다음을 참조 바람. 김중호, "대북 경제협력의 방향 모색 — 국제개발협력의 접근법과 시사점을 중심으로," 한국의 개발협력 2012년 제2호(서울: 한국수출입은행, 2012), pp.115-116.

를 갖는다.

북한개발을 위한 국제협력은 한반도를 둘러싼 열강의 제로섬(zero-sum)적 갈등대립구도를 상호보완적 협력구도로 전환하기 위해 필요하다는 지정학적 의미를 내포할 뿐만 아니라, 시장경제 및 자유무역 확산과 더불어 지역 및 국제 경제질서 재구축 과정에서 한국의 경제 수준을 향상시키고 통일한국의 미래 역할을 증대해야 한다는 지경학적 중요성도 갖는 것이라 하겠다.

이에 덧붙여, 장기적인 미래건설의 측면에서 보면, 북한개발을 위한 국제협력은 한반도 통일과정에서 화해와 협력의 환경을 조성할 뿐만 아니라 새로운 한반도 건설을 위한 기초 다지기를 위해서도 매우 중요한 과제라 할 수 있다.

그러므로 이 책에서 북한개발을 위한 국제협력의 추진 과제와 전략은 다양하게 논의되었다.

제2장은 북한개발지원의 효과성을 제고하기 위해서는 전문성 강화와 더불어 독립적인 정책능력의 중요성, 그리고 우리정부와 국제사회 간 공조(harmonization)의 강화 필요성 등을 강조하였다.

제3장은 북한정부가 경제난 극복과 사회 안정을 추구하며 대외 협력관계를 모색하는 등 개혁·개방 촉진 요인들을 선택한다면 북한의 국제개발지원 수용 역량도 함께 향상될 것이고, 이는 북한이 만성 침체를 벗어나게 하는 새로운 성장동력 확보의 계기가 될 것으로 평가하고 있다.

제4장은 북한이 개혁개방을 해야만 도와줄 수 있다는 것보다는, 북한의 개혁개방이 촉진되도록 하루 빨리 북한의 국제사회 편입을 유도하는 접근법이 더욱 효과적이라는 전략 아이디어를 제시하고 있다.

제5장은 북한의 국제금융기구 가입 이전에 남한과 관련국들이 자금을 출연하여 다자공여 신탁기금을 조성할 수 있으며, 이는 초기에 유엔개발그룹이 관리하는 기금 형태로 운용하다가 북한의 대외관계 개선 정도에 따라 세계은행이 주관하는 기금을 설립하여 복수 신탁기금 형태를 갖추는 것이 효과적이라고 강조하고 있다.

제6장은 독일 통일 후 동독 지역에 대한 EBRD의 지원 사례분석을 통해

한반도 통일 후 북한 지역에 대한 EBRD의 지원 가능성을 시사하고 있는데, EBRD의 지원 조건이 소득수준이 아니라 시장화와 민주화이므로 정치적 통일 이후 북한지역의 소득수준이 개발지원의 수준을 넘더라도 EBRD의 지원 가능성이 높다고 평가하고 있다. 또한 EBRD의 핵문제 해결 전문성과 지원 경험으로 인해 북한 핵문제 해결과정에서 중요한 역할을 수행할 수도 있음을 시사하고 있다.

제7장은 북한개발을 위한 국제협력의 기본 방향이 북한 스스로 개혁과 개방을 추진하고 집행할 수 있는 정치적·행정적 역량을 갖추도록 지원하는 것임을 강조하면서, 국제금융기구가 체제전환국들에게 제공한 시장화 교육, 개발역량 강화프로그램 등 기술지원(technical assistance)의 사례들을 분석하고 우리의 과제를 제시하였다.

제8장은 체제전환 유형과 재원조달방식의 차이를 설명하기 위해 동유럽, 중국, 베트남 등의 사례를 분석하였는데, 국내 자본축적이 어렵고 외자도입을 통해 개발자금을 조달할 수밖에 없는 북한으로서는 외채 및 거시안정화 문제, 대외 환경 등에서 유사성을 보이는 베트남의 개혁·개방과 외자조달 사례를 바람직한 벤치마킹 방안으로 제시하였다.

색인

필자 소개(가나다순)

┃ 김중호

현 | 한국수출입은행 북한개발연구센터 연구위원

미국 University of Hawaii 정치학 박사

연구분야: 북한 대외경제정책, 남북경제협력, 북-미 관계 등

┃ 맹준호

현 | 국무조정실 개발협력정책관실 대외협력팀장

영국 University of Manchester 개발정책학 박사

연구분야: 개발협력, 개도국 성장 및 발전 모델, 국제노동이주와 빈곤 등

┃ 윤덕룡

현 | 대외경제정책연구원 선임연구위원

독일 Universität zu Kiel 경제학 박사

연구분야: 금융정책, 체제전환, 통일경제 등

▌이종운

현 | 극동대학교 교양학부·국제개발대학원 교수
영국 Sussex University 개발학 박사
연구분야: 국제개발협력, 북한경제, 북한개발지원 등

▌장형수

현 | 한양대학교 경제금융대학 교수
미국 Brown University 경제학 박사
연구분야: 북한경제, 북한개발협력 등

▌최창용

현 | KDI 국제정책대학원 교수
미국 Syracuse University 공공정책학 박사
연구분야: 국제개발협력, 체제전환, 공공정책 등